Revue européenne
de recherches sur la poésie

2020, n° 6

Revue européenne de recherches sur la poésie

Fondée et dirigée par Giovanni Dotoli

PARIS
CLASSIQUES GARNIER
2021

FONDATEUR ET DIRECTEUR DE LA PUBLICATION

Giovanni DOTOLI (Bari, Paris)

VICE-DIRECTEUR

Encarnación MEDINA ARJONA (Jaén)

COMITÉ SCIENTIFIQUE

Claude BLUM (Paris), Béatrice BONHOMME (Nice), Stefano BRONZINI (Bari), Pierre BRUNEL (Paris), Concetta CAVALLINI (Bari), Arthur COHEN (Paris), Bruna DONATELLI (Rome), Carme FIGUEROLA (Lleida), Bernard FRANCO (Paris), Ralph HEYNDELS (Miami), Encarnación MEDINA ARJONA (Jaén), Danguolė MELNIKIENĖ (Vilnius), Pedro MÉNDEZ ROBLES (Murcia), Marco MODENESI (Milan), M. J. MURATORE (Columbia), Catherine PAINE-MIDDLEBUSH (Columbia), Angelo RELLA (Szczecin), Paola SALERNI (Rome), Àngels SANTA (Lleida), Mario SELVAGGIO (Cagliari), Giovanni TATEO (Lecce), Carlota VICENS-PUJOL (Îles Baléares), Reiner ZAISER (Kiel), Jia ZHAO (Zhejiang), Zosi ZOGRAFIDOU (Salonique)

RÉDACTEURS EN CHEF

Giovanna DEVINCENZO (Bari), Marcella LEOPIZZI (Lecce)

RÉDACTEURS

Celeste BOCCUZZI (Bari), Mario SELVAGGIO (Cagliari)

RÉDACTION

Les propositions d'articles, les ouvrages pour comptes rendus ainsi que les propositions de comptes rendus doivent être envoyés à la rédaction :

M. Giovanni DOTOLI
Dipartimento di Lettere Lingue Arti
Università degli Studi di Bari Aldo Moro
Via Garruba, 6 – 70121 Bari (Italie)
Tél. : 0039 080 571 74 41 – Télécopie : 0039 080 571 75 33
giovanni.dotoli@uniba.it

ISBN 978-2-406-11317-1
ISSN 2492-7279

SOMMAIRE

ESSAIS / *ESSAYS*

COMPTES RENDUS / *REVIEWS*

ESSAIS

VERS UNE EUROPE DE LA POÉSIE

Des nations littéraires
aux réseaux transnationaux des agglomérations

« L'union des États-nations, ce serait une Amicale des Misanthropes. Cela peut s'écrire, non se faire. Car ou bien vous faites une Amicale, mais vous n'êtes plus des misanthropes. Ou bien vous restez misanthropes, et alors toute possibilité d'Amicale est exclue[1]. » Défenseur d'une Europe de la culture, Denis de Rougemont a souligné dès les années 1950 un « énoncé contradictoire » du désir d'union des nations sur le continent, dont la poésie pourrait confirmer les apories. Le projet européen a donné la priorité aux harmonisations entre les États sur plusieurs plans : économie, administration, éducation, sécurité. Pourtant, la recherche d'un socle social commun, dont les difficultés se révèlent nombreuses, semble encore reléguer la culture, tout particulièrement pour ses composantes littéraires, à des débats ultérieurs.

Bien que la création du Centre Européen de la Culture[2], puis de la Fondation européenne de la culture en 1954, marque un intérêt pour cette question dans l'après-guerre, la diversité des politiques culturelles menées sur le continent indique combien ce domaine relève encore des États, des territoires locaux dans de nombreux cas[3]. Ce fonctionnement l'emporte d'autant plus lors des situations de crise, pour défendre une « identité » singulière face à la puissance des grands groupes mondialisés. « Europe des nations » ou « Europe des régions » fondent alors les débats sur la construction du continent ; mais qu'en est-il de la poésie ?

---

1   Denis de Rougemont, « Stratégie de l'Europe des régions », *Bulletin du Centre européen de la culture et Courrier fédéral*, Printemps 1974, https://www.unige.ch/rougemont/articles/bcec/197401_p3

2   Nicolas Stenger, *Denis de Rougemont, Les intellectuels et l'Europe au XXᵉ siècle*, Rennes, PUR, 2015.

3   Anne-Marie Autissier, *L'Europe de la culture, Histoire(s) et enjeux*, Maison des Cultures du Monde/Actes Sud, 2005, p. 287.

Bien qu'elle se conçoive comme « universelle » depuis longtemps, la poésie en Europe est traversée par des organisations avant tout nationales et régionales, qui rendent l'identification continentale délicate[4]. Après la guerre, les initiatives pour fédérer les festivals de musique ou de cinéma ont paru plus aisées à mener que celles consacrées au livre[5]. Si, selon les imaginaires du XIXe siècle, les œuvres littéraires d'une langue révèlent le « génie des civilisations », il est difficile de traiter d'un « parler européen » ou d'une « littérature européenne » ; dans cette veine, d'un « génie européen ». Une littérature continentale se situerait bien loin des volontés essentialistes qui sous-tendent l'homogénéité nationale : *« une » langue qui donne « une » littérature représentant « un » peuple sur « un » territoire*[6]. Bâtir ce « supernationalisme du continent » serait contradictoire : y a-t-il vraiment des poètes « européens » ? Pourquoi n'existe-t-il pas de littérature continentale, alors qu'une fonction sociale majeure de la littérature consiste à rassembler des communautés ? Faut-il envisager un socle d'éducation commun pour les poésies européennes ? Toutes ces questions pourraient nous hanter si elles ne reproduisaient constamment la logique nationale élaborée dès le XIXe siècle, sans ouvrir de nouvelles interrogations.

LES ORGANISATIONS POÉTIQUES
ET LA CONSOLIDATION DES COMMUNAUTÉS

Tant par ses contenus que par sa portée symbolique, la littérature reste déterminante pour forger l'identité des communautés[7]. L'organisation de la poésie regroupe un grand nombre d'individus (auteurs et acteurs), qui participent et révèlent les valeurs ou les modes de reconnaissance au sein

---

4   Pascale Casanova, *La République mondiale des Lettres*, Paris, Éditions du Seuil, 1999.
5   Une cartographie récente de la Fondation européenne pour la Culture montre que la préoccupation philanthropique concernant les arts place la littérature en dernière position dans les intérêts consacrés aux grands domaines culturels, après les musées, les arts de la performance, les arts visuels ou multidisciplinaires. EFC, https://static1.squarespace. com/static/526e5978e4b0b83086a1fede/t/5c8113869b747a7918a7d91a/1551963036212/ Mapping_ArtCulture-WEB-version.pdf
6   Anne-Marie Thiesse, *La Fabrique de l'écrivain national*, Paris, Gallimard, 2019.
7   Jean-Luc Nancy, *La Communauté désœuvrée*, Paris, Christian Bourgois, 1986. Sandra Laugier, Albert Ogien, *Le principe démocratie*, Paris, La Découverte, 2014.

des territoires. Dans son discours d'inauguration du Centre européen de la Culture, Denis de Rougemont refusait à juste titre l'idée d'un « plan Schuman » pour la culture après la guerre, le « spectre menaçant, armé d'ennui mortel, de la "culture organisée". Mieux vaudrait point de culture du tout, que de la culture organisée[8] ». Il prenait surtout position face à Louis Aragon et au rapport Jdanov sur le contrôle prolétarien de la création.

Pourtant, la poésie en Europe a pris plusieurs modes d'organisation, qui sont souvent restés dans l'ombre de la critique. Cette dernière s'est avant tout centrée sur l'histoire des poètes, l'étude esthétique et herméneutique des textes, la circulation des formes ou l'intertextualité sur le continent, sans forcément questionner les modes de reconnaissance publique qu'elles cautionnaient. Or, depuis le XIXe siècle, nous savons combien l'investissement des disciplines littéraires (dans une dichotomie entre langue parlée localement *vs* langues étrangères) conduit à une consolidation de l'esprit des nations[9]. Le manque d'analyse des organisations poétiques laisse sans interrogation plusieurs présupposés (la constitution des canons, des corpus ou des patrimoines) ; ce que Michel Callon nomme les « boîtes noires » des réseaux et des organisations[10]. Quelles sont les « boîtes noires » de la poésie en Europe ? Comment les conflits littéraires les révèlent-elles ? Que reconnaît-on ? Qui met-on en avant dans les différents territoires d'Europe ? Que dresse-t-on en modèle ? La réponse s'apparente à une forme de reconnaissance pyramidale assez caractéristique : d'abord, les poètes de la langue nationale qui ont une stature internationale (le poète-héros de la libération, les grands romantiques, les modernes, les prix Nobel) ; ils sont mis au rang des poètes « universels » en plusieurs langues ; puis viennent les poètes nationaux sans reconnaissance internationale ; enfin, les poètes locaux ou régionaux, en lien avec les poètes vivants du monde entier. Cette forme pyramidale, organisée selon le « méridien[11] » du territoire national, caractérise les modes de reconnaissance.

---

8   Denis de Rougemont, « Naissance du Centre », Fragments d'un discours pour l'inauguration du Centre européen de la culture à Genève, le 7 octobre 1950. En ligne, URL : https://www.unige.ch/rougemont/livres/ddr1970cde/4#note7
9   Michel Espagne, *Le Paradigme de l'étranger : Les chaires de littérature étrangère au XIXe siècle*, Paris, Éditions du Cerf, 1993.
10   Madeleine Akrich, Michel Callon (dir.), *Sociologie de la traduction : textes fondateurs*, Paris, Mines Paris Les Presses, « Sciences sociales », 2006.
11   Pascale Casanova, « Le méridien de Greenwich : Réflexions sur le temps de la littérature », dans Lionel Ruffel (dir.), *Qu'est-ce que le contemporain ?*, Nantes, Éditions Cécile Defaut, 2010, p. 113-145.

Tous les pays ne sont évidemment pas égaux dans l'accès à l'« universalité » : les grandes nations littéraires détiennent plus de « capital symbolique » que les petites nations ou les pays multilingues, qui peinent à construire une littérature nationale[12]. Les grandes capitales industrielles de la littérature (New-York, Paris, Londres, Francfort...) détiennent la majorité des prix Nobel et garantissent une sélection vers l'universalité, alors que les petites nations misent sur les « particularismes » de leur langue ou de leur culture. Il est marquant d'observer, lors des congrès internationaux de théorie de la poésie, un grand nombre de critiques en italien qui prennent appui sur un corpus du XIVe siècle (Dante-Pétrarque), les chercheurs en français sur le XIXe et le début du XXe siècle (de Baudelaire aux surréalistes), les spécialistes en espagnol sur le *Siglo de Oro* ou les poètes associés à la République. Ces spécialités se fondent sans le dire sur le corpus scolaire, principalement consolidé au lycée. Il n'existe guère de grande nation sans poète national, qui démontre non seulement une maîtrise de la langue, mais surtout un besoin d'autonomie face à une domination (souvent marquée par une autre langue), ainsi que des particularités dans le comportement ou les thèmes. Ce « canon » poétique correspond alors à un « âge d'or » de la langue nationale, au rayonnement politique ou économique du territoire.

S'il est possible d'étudier l'Europe de la poésie par la circulation des formes et des auteurs, nous considérons plutôt ici des nécessités fonctionnelles : qu'est-ce qui est valorisé ? En quoi la reconnaissance répond à des logiques associées aux territoires (nations, régions), aux rôles des institutions et aux langues ? Certes, la politique culturelle est absente des grands traités, comme celui de Maastricht, mais elle fait partie des institutions[13], et la poésie apporte des grands textes et des principes qui échafaudent un « esprit européen ». Peut-être est-il alors difficile de bâtir la « communauté de destins » du continent sans considérer les organisations et les fonctions de la poésie ?

---

12 Pascale Casanova, *La République mondiale des Lettres*, Éditions du Seuil, 1999.
13 David Alcaud et Jean-Miguel Pire, « Sociologie de la politique culturelle européenne. Stratégies et représentations des acteurs dans un processus d'institutionnalisation contrarié », *Sociologie de l'Art*, 8/1, 2006, p. 131-161.

LA REPRODUCTION DES « NATIONS LITTÉRAIRES » DANS LES RÉGIONS (1960-1990)

Depuis le xixᵉ siècle, la littérature a servi de consolidation pour le modèle « national ». L'organisation des États-Nations a été guidée par la constitution d'une « identité » propre, l'élaboration d'une histoire de la littérature (proche d'une histoire des « rois » et des « batailles », avec des « pères » ou des « héros »), une éducation à la langue par ladite littérature, le déploiement du « canon » national par la scolarité, la conservation et la valorisation du patrimoine[14]. La « littérature nationale » d'un territoire se distingue culturellement des autres États. Cette valorisation s'appuie dans les faits sur un « réseau national » efficace, par l'éducation avant tout, en lien avec des industries littéraires ou des groupes de communication qui détiennent la presse. Enseignants, chercheurs, traducteurs, journalistes collaborent avec les éditeurs et la chaîne du livre pour une politique culturelle nationale, souvent implicite, mais qui détermine bon nombre des « problématisations » et des « mobilisations » des acteurs.

La poésie participe également au réseau national, notamment pour construire une généalogie des grandes figures de la nation (sous la forme de la filiation masculine). Les ventes n'ont que peu d'importance, dans la mesure où les corpus de poésie sont étudiés en classe, tout comme les poètes donnent souvent leur nom aux écoles, aux rues ou aux institutions. Malgré des propos sur la portée « universelle » des œuvres, les poètes eux-mêmes montrent une forte motivation pour participer à une histoire nationale, qui sert de lieu principal de reconnaissance. Plus que l'imaginaire national, c'est donc la puissante visibilité donnée par le « réseau national » qui suscite la plus forte mobilisation des acteurs du livre et de la poésie.

À partir des années 1970, nous constatons une reproduction de ces systèmes nationaux sur des échelles plus restreintes, considérées comme

---

14   Pascale Casanova, *op. cit.*, 1999, écrit : « Le patrimoine littéraire est lié aux instances nationales. La langue étant à la fois affaire d'État (langue nationale, donc objet de politique) et "matériau" littéraire, la concentration de ressources littéraires se produit nécessairement, au moins dans la phase de fondation, dans la clôture nationale : langue et littérature ont été utilisées l'une et l'autre comme fondements de la "raison politique", l'une contribuant à ennoblir l'autre. »

des «périphéries littéraires». Une telle dynamique participe aux efforts de «décentralisation» des États. Le déploiement d'équipements culturels dans des bassins urbains, avec des bibliothèques, des universités, des écoles d'art, des capacités d'édition et le soutien d'une presse régionale, amène les politiques publiques à reprendre le système national sur un territoire. Ainsi, la «reproduction nationale» se trouve par exemple au centre des affirmations francophones en Europe dans les années 1960, face à la puissance littéraire de Paris. Le modèle national est redéployé sur d'autres échelles, plus restreintes, comme en Wallonie ou en Suisse romande[15].

L'«émancipation» à l'égard du pouvoir central apparaît telle une «démocratisation», quand bien même elle reproduit son fonctionnement sur une autre échelle. La «démocratisation» de la culture est devenue un des mots d'ordre des politiques publiques, que ce soit pour l'accès aux équipements, les animations, les créations ou les festivals. Plusieurs mouvements politiques «populaires» ont porté ces actions dès les années 1930 ou même après la guerre, et ils ont cherché à «démocratiser» la culture, à la sortir des seuls Beaux-Arts ou des théâtres lyriques[16]. Cette volonté accompagne dans les années 1960 une «démocratisation» des études supérieures et de la recherche. Il est ainsi possible de se réapproprier l'héritage culturel national et «universel», pour l'étendre «à tous».

Les premiers festivals prennent position face aux politiques patrimoniales réservées à une élite. En France, les initiatives de Malraux soulignent une conception jacobine de la nation littéraire par le déploiement des Maisons de la Culture, dont les Maisons de la poésie seront une réplique. Les phases typiques des processus de démocratisation, du haut vers le bas, se perçoivent à travers des actions spécifiques : rendre le patrimoine accessible «à tous», par-delà les grandes institutions, notamment par le biais d'associations[17]. La place de la «création» artistique reste au premier plan, mais les publics sont amenés, comme pour les théâtres populaires, à être davantage mis en contact avec les arts[18].

---

15 Voir Antonio Rodriguez, «De la reproduction nationale des poésies francophones aux réseaux mondialisés», Romuald Fonkua *et al.* (dir.), *Poésies francophones : un état des lieux*, Paris, Hermann, à paraître.

16 Philippe Poirrier, «Les collectivités territoriales et la culture : des beaux-arts à l'économie créative», dans Philippe Poirrier (dir.), *Politiques et pratiques de la culture*, Paris, La Documentation française, 2010, p. 66-67.

17 Anne-Marie Autissier (dir.), *L'Europe des festivals, De Zagreb à Edimbourg, points de vue croisés*, Toulouse, Culture Europe / Les Éditions de l'Attribut, 2008.

18 Frédéric Poulard, dans Philippe Poirrier (dir.), *op. cit.*, 2010, p. 105.

Tous les États-Nations ne représentent pas le même poids international, littérairement parlant. Plus l'industrie du livre y est développée et le patrimoine valorisé, plus une tradition se trouve traduite et échangée dans le concert des nations. La culture des échanges internationaux remonte à l'idée de « *Weltliteratur* » de Goethe : « Goethe propose, outre les traductions, des contacts entre les écrivains des différentes nations et enfin, comme plate-forme, des revues et des journaux à orientation internationale[19]. » Dans le système de distribution et d'échange du livre, les capitales littéraires des grandes nations européennes et nord-américaines l'emportent largement dans la compétition des prix Nobel. Ainsi, l'Asie ou l'Afrique ont largement été sous-représentées. De la même manière, les auteurs issus des petites nations européennes doivent passer généralement par une reconnaissance de l'industrie littéraire des capitales.

REPRÉSENTER LA DIVERSITÉ DE LA PRODUCTION
SUR LES SCÈNES VIVANTES (1990-2020)

La poésie vit sur une frange par rapport aux « lois du marché » de l'édition. Les ventes ou les traductions ne déterminent pas forcément le prestige, qui passe par des formes de reconnaissance liées aux pairs, aux revues ou à la participation aux grands événements littéraires. Si « crise » de la poésie il y a eu au début du XXIe siècle, elle tenait surtout à l'écart entre une surproduction (en nombre de poètes et de livres)[20] et une perte de la visibilité médiatique[21].

La diversité des pratiques a pris une place déterminante en poésie, notamment par la coexistence des formes populaires ou des arts considérés

---

19 Joseph Jurt « 6. Le champ littéraire entre le national et le transnational », dans Gisèle Sapiro (dir.), *L'Espace intellectuel en Europe. De la formation des États-nations à la mondialisation XIXe-XXIe siècle*. Paris, La Découverte, 2009, p. 201-232. URL : https://www.cairn.info/l-espace-intellectuel-en-europe--9782707157805-page-201.htm

20 Ce phénomène touche de nombreux arts, sous des formes industrielles ou non, comme pour la musique par exemple : voir Françoise Benhamou, « Industries culturelles, mondialisation et marchés nationaux », dans Philippe Poirrier (dir.), *op. cit.*, 2010, p. 209-210.

21 Gisèle Sapiro, Jérôme Pacouret, Myrtille Picaud (dir.), « Transformations des champs de production culturelle à l'ère de la mondialisation », *Actes de la recherche en sciences sociales*, vol. 206-207, n° 1, 2015, p. 5.

comme « mineurs » venant du slam, de la chanson ou du rap et, d'une forme plus proche de l'« art contemporain », le *Spoken words* ou la performance. Cette concurrence dans la visibilité s'est portée progressivement sur la poésie littéraire et les lectures publiques de livres dans les festivals, qui ont eu tendance à revoir les têtes d'affiche dans la programmation : la capacité à mobiliser un public, la presse ou les réseaux sociaux était déterminante, mais aussi celle de donner de la voix et du corps, parfois de manière plus spectaculaire. À la place des collections prestigieuses, les performances ou les lectures les plus surprenantes, parfois théâtralisées ou « artistiques », ont été valorisées. Cette tendance, qui s'est développée avec les festivals de poésie, a ainsi contribué à transformer les phénomènes de « démocratisation » en une « diversité » à représenter[22], notamment pour souligner l'intégration des minorités, non sans reconduire certains clichés[23]. Le dépassement de la hiérarchie attendue entre les arts majeurs (la poésie dans les livres) et les arts mineurs (la chanson ou le slam) a rendu la sélection plus horizontale, en redistribuant les formes de reconnaissance.

La tendance d'une culture « pour tous », typique de la démocratisation, s'est ainsi transformée en une culture « de tous ». Les acteurs ont considérablement augmenté tandis que le marché et la reconnaissance publique de la poésie sont devenus plus restreints. Parallèlement, l'industrie littéraire s'est détachée d'un investissement sur la production contemporaine. Cette situation a correspondu aux décentralisations des années 1970 et à la valorisation politique du rôle des associations culturelles dès 1980. Cette « satellisation » accompagne un mouvement de revendication vers une professionnalisation des acteurs littéraires, tout particulièrement des auteurs, mais qui reste difficile à mettre en place en poésie. Aussi, les festivals et la culture événementielle deviennent déterminants en poésie, non seulement pour un régime de la visibilité[24], mais également pour un régime de la professionnalisation. Le mot d'ordre « respecter et promouvoir » se fait typique de la culture événementielle.

---

22 Oriane Calligaro, « From "European Cultural Policy" to "Cultural Diversity" ? The changing core values of European Cultural Policy », *Politique européenne*, n° 45, Paris, 2014.

23 Il serait possible de s'intéresser à la « capitalisation » symbolique des figures de la diversité par un « marketing des marges », comme l'a écrit Graham Huggan, à partir de la diversité postcoloniale. Voir notamment : Graham Huggan, *The Postcolonial Exotic – Marketing the Margins*, London, Routledge, 2002.

24 Voir Olivia Rosenthal et Lionel Ruffel (dir.), *La Littérature exposée (2)*, *Littérature*, n° 192, 2018.

Dans ce contexte, l'État n'a plus de rôle tutélaire, mais devient partenaire, dans une idéologie associative et de démocratisation à large échelle. Il invite ses institutions à des médiations pour un « large public ». Parallèlement, les festivals, salons et autres événements littéraires participent souvent à la promotion des territoires. Le soutien public, parfois accompagné par celui des fondations privées, sous-tend des contre-dons en termes de visibilité et d'animation culturelle. Le soutien à l'organisation devient un moyen de rendre les villes ou les régions attrayantes. Cette « territorialisation des politiques culturelles[25] » transforme les villes et les régions en espaces déterminants pour le déploiement d'acteurs importants de la poésie aujourd'hui.

Dans cette nouvelle configuration, les capitales de l'édition ne jouent plus le même rôle. Si l'industrie littéraire parvient encore à capter les principaux auteurs, les poètes liés à ces maisons d'édition ne sont plus forcément les figures les plus cotées des festivals. Au contraire, la logique des festivals tend à proposer en permanence des découvertes, des jeunes talents, et les figures confirmées des centres littéraires se trouvent alors dans une échelle de valeurs plus horizontale[26]. Même lors des rencontres internationales, certains réflexes encore valables au début du XXIe siècle, comme une sélection des écrivains des principales maisons d'édition, tendent à disparaître. Dans le domaine francophone, les poètes, les projets innovants et les éditeurs actifs en poésie ne sont plus regroupés à Paris, qui devient une scène vivante parmi d'autres.

LA DENSIFICATION CULTURELLE
DES AGGLOMÉRATIONS INTERCONNECTÉES (2010-2020)

De nombreuses études ont montré une territorialisation des politiques culturelles depuis une vingtaine d'années. Les principales agglomérations européennes et leurs bassins environnants investissent abondamment dans le domaine culturel. Pour être attractives, notamment auprès des

---

25 Philippe Poirrier, *Les Politiques culturelles en France*, Paris, La Documentation française, 2016.
26 Emmanuel Négrier *et al.*, *Le public des festivals*, Paris, Michel de Maule, 2010.

cadres et des investisseurs dans les secteurs à haute valeur ajoutée, les villes jouent sur l'offre culturelle (par les biais des institutions), mais aussi sur la scène vivante. La « qualité de vie » fait désormais partie des critères d'élection pour les lieux de résidences, et elle s'articule à une esthétisation des existences[27]. L'élaboration d'événements, festivals de musique, de cinéma, de théâtre, en salle ou en plein air, permet de nouveaux dispositifs. La poésie se retrouve disséminée dans les transports urbains (métro, bus), sur des affiches, parfois aussi sur les murs avec des graffitis ou des pochoirs. Elle appartient sous des formes variées aux centres-villes comme aux friches industrielles reconverties, aux quartiers écoculturels investis dans les périphéries. Par la diversification, la poésie n'est plus associée à quelques institutions ancrées dans les centres urbains, mais à une pluralité d'acteurs (institutions publiques, bibliothèques, maisons de la poésie, fondations, associations, cafés littéraires, festivals) répartis dans le bassin de l'agglomération, selon des rapports centre-périphérie plus dynamiques. En somme, la même logique se reproduit sur des échelles différentes : les régions « se démocratisent » face aux capitales, la production « se démocratise » par la diversité face à l'homogénéité des arts majeurs, les périphéries des agglomérations (banlieues, zones industrielles, petites villes à proximité) « se démocratisent » face aux institutions centralisées.

Ce « décentrement » permanent se trouve désormais face à de nouveaux défis : la dématérialisation de la culture, les échelles de la mondialisation par-delà la diffusion nationale du livre ou de la presse (entre local et global) ; toutes deux associées aux supports numériques. Ces défis touchent directement la poésie, qui se réinvente constamment sur les supports de son temps. Si la musique et le cinéma passent par le *streaming* depuis les années 2010, la littérature est restée fortement rattachée au fonctionnement du livre depuis le début du XXIe siècle (le « livre numérique » et les liseuses ont connu un essor restreint). Pour la poésie, le « livre numérique » n'a pas semblé probant, et la plupart des publications de haut niveau passent encore par des ouvrages imprimés. En revanche, la « dématérialisation » des objets culturels a bien touché ce domaine par les événements littéraires, qui répondent aux modes des concerts en musique. Les auteurs se font connaître par ce biais, mènent leur promotion par des tournées et tentent de vivre de leurs

---

27   Gilles Lipovestski, Jean Serroy, *L'Esthétisation du monde*, Paris, Le Seuil, 2013.

performances. Dans ce contexte, certaines destinations sont devenues incontournables, et les échanges s'accroissent entre les lieux qui produisent des festivals de poésie.

La poésie relève progressivement des « villes créatives », à forte densité artistique et avec des réseaux d'innovation, plus que des systèmes nationaux. Comme il est relativement indépendant de l'industrie privée, ce genre permet de mieux observer les transformations actuelles. Les agglomérations et leur bassin culturel deviennent des points nodaux de l'activité poétique, non seulement en raison des maisons d'édition, mais parce que la « vie littéraire » y est importante. Loin d'être concentrée dans les institutions centrales, qui restent néanmoins des macro-acteurs, l'activité poétique se déroule dans le maillage des lieux culturels avec des partenariats typiques des réseaux contemporains. En somme, les réseaux littéraires apparaissent comme étant plus significatifs pour représenter ces villes qu'un échantillon d'auteurs nationaux. Telle ville possède tel musée, tel département artistique ou académique, qui donnent un élan aux manifestations poétiques et regroupent les acteurs. Aussi, certaines villes se trouvent valorisées par les activités littéraires qui s'y déroulent, articulant les différents acteurs locaux et favorisant les échanges avec d'autres agglomérations. Une telle articulation des échelles, associée à la diversité, garantit une offre de qualité. La nouvelle donne déplace les centres d'intérêt : alors qu'ils étaient fondés sur l'édition et le prestige des collections au XXᵉ siècle, les critères dépendent davantage de l'innovation multidisciplinaire, de l'alliance de la création aux nouvelles technologies.

Face à une compétition plus mondialisée et une volonté d'être attractives sur plusieurs échelles, les agglomérations ne peuvent plus miser sur le seul patrimoine national, qui serait mis en valeur par une diplomatie « inter-nationale » selon les perspectives de la *Weltliteratur*. La présentation d'auteurs « nationaux » à l'étranger relève d'une stratégie développée dans les salons ou les festivals par les États à la fin du XXᵉ siècle, mais qui paraît moins adaptée aux essors des réseaux poétiques contemporains. Une des valorisations littéraires les plus importantes des territoires passe par le patrimoine[28]. Or, les agglomérations et leur bassin ne sont pas suffisamment valorisées par les choix des capitales nationales. Elles préfèrent montrer leur attractivité plus directement. Pour ce faire,

---

28   Luc Boltanski, Arnaud Esquerre, *Enrichissement. Une critique de la marchandise*, Paris, Gallimard, coll. « NRF essais », 2017.

elles passent, en raison même de l'impératif de la diversité, par des constructions « transnationales[29] ». Les institutions locales peuvent récrire une histoire des mouvements de population, des « mosaïques merveilleuses[30] » ; des poètes exilés, migrants, voyageurs, venus s'installer ou célébrer ces lieux[31]. En plusieurs langues, composé de poètes européens prestigieux et mondialement connus, ce patrimoine « transnational » des agglomérations offre les composantes typiques des attentes actuelles : une valorisation du territoire, de la diversité, une articulation des échelles (local/global), de l'innovation. Mais cette approche montre parfois une opposition de plus en plus marquée entre les villes et les campagnes, entre une culture propre à la compétition mondiale et un retour des clôtures nationales ou régionales.

VERS LES RÉSEAUX EUROPÉENS DE POÉSIE : DENSIFICATIONS ET INTERCONNEXIONS

Les agglomérations montrent leur attractivité culturelle et littéraire en gagnant du « poids » dans les réseaux mondiaux. Par le biais du patrimoine « transnational », elles mettent en avant la richesse et la variété de leurs réseaux littéraires, qui eux-mêmes se trouvent liés aux circulations internationales. De ce point de vue, l'effet Bilbao ou Arles, pour la photographie, a pu stimuler des investissements culturels, et souligne l'importance d'une politique culturelle pour relancer des bassins industriels délaissés[32]. Néanmoins, ces investissements coûteux

---

29   Jahan Ramazani, « La poésie lyrique : inter-générique, transnationale, translinguistique ? », traduit par Philip Lindholm, dans Antonio Rodriguez (dir.), *Théories du lyrique. Une anthologie de la critique mondiale de la poésie*, Université de Lausanne, février 2020. URL : http://lyricalvalley.org/blog/2020/02/15/la-poesie-lyrique-inter-generique-transnationale-translinguistique/. Voir plus largement : Jahan Ramazani, *A Transnational Poetics*, Chicago, The University of Chicago Press, 2015.

30   Marie-Anne Guérin, « Le patrimoine culturel, instrument de la stratégie de légitimation de l'Union européenne. L'exemple des programmes Interreg », *Politique européenne*, vol. 25, n° 2, 2008, p. 231-251.

31   Voir par exemple dans le cas suisse : Antonio Rodriguez, Isabelle Falconnier (dir.), *Le Poème et le territoire*, Lausanne, Éditions Noir sur Blanc, 2019.

32   Luc Boltanski, Arnaud Esquerre, *op. cit.*

et risqués ne peuvent être appliqués à l'ensemble des territoires. Plus flexibles et concrètes me semblent la densification littéraire des territoires et les interconnexions entre agglomérations « créatives ». Si une « Europe de la poésie » apparaît désormais, c'est bien celle des synergies et des dynamiques entre bassins urbains.

Dans ce cadre, les collaborations du réseau littéraire l'emportent sur les rivalités entre institutions, la fragmentation du milieu et la satellisation des acteurs. Au contraire, la synchronisation et les problématiques communes du réseau dans les bassins culturels deviennent déterminantes dans la compétition mondiale. Comme les attentes de consommation culturelle, notamment après la pandémie de Covid-19, passent par le numérique, les formes de création multimédia et les plateformes sont d'autant plus préconisées[33]. Davantage qu'un réseau qui additionne les objets et met en conflit les acteurs, les agglomérations gagnent à présenter les nouveaux « dispositifs créatifs » qui associent poètes, artistes, chercheurs et ingénieurs. En somme, plus le réseau poétique se rapproche de l'Acteur-Réseau[34], plus le territoire bénéficie d'une attractivité littéraire. Une telle mission apparaît notamment grâce aux politiques de médiation des musées, des bibliothèques ou d'impacts sur le territoire des recherches artistiques et académiques. Ces actions de médiation, qui semblaient marginales au début du siècle, sont devenues un élément fédérateur, d'intermédiations, pour regrouper les acteurs de la poésie[35].

L'harmonisation des cultures numériques et de l'imprimé, des villes mondialement connectées et des campagnes enclines à se protéger derrière le nationalisme (appliqué à l'État ou à la région), tout comme la gestion écologique des ressources culturelles (face à la surproduction de nouveautés) apparaît dans une série de problèmes partagés par les agglomérations et leur bassin culturel. La poésie, en tant que symbole du livre réservé à une élite, donne un instrument particulièrement visible pour les volontés de démocratisation, de représentation de la

---

33 Je renvoie par exemple à la mesure « Close distance » de la fondation Pro Helvetia en Suisse en 2020.

34 Paul Marc Collin et al., « VIII. *Michel Callon et Bruno Latour*. La théorie de l'Acteur-Réseau », Thierry Burger-Helmchen (dir.), *Les Grands Auteurs en Management de l'innovation et de la créativité*, Paris, EMS Éditions, 2016, p. 157-178.

35 Voir Antonio Rodriguez, « Le développement du réseau Poésie : Du Printemps de la poésie à la Vallée lyrique », forumlecture.ch, revue de littératie dans la recherche et la pratique, « Espaces poétiques », 1/2019 (en ligne) : https://www.forumlecture.ch/sysModules/obxLeseforum/Artikel/654/2019_1_fr_rodriguez.pdf

diversité et désormais de l'innovation, de l'organisation ainsi que de la distribution de la reconnaissance. La tâche qui apparaît alors pour les acteurs, comme pour les poètes, consiste peut-être à sortir de la capitalisation individuelle de légitimité à l'échelle nationale pour oser modeler l'avenir des réseaux littéraires en Europe. C'est une question d'imaginaire collectif et d'analyse des motivations dans les organisations contemporaines qui surmonte le désir de reconnaissance associé aux héros littéraires romantiques (vision, génie, distinction, marginalité). Cela peut apporter une « poétisation » des territoires au quotidien, avec une pluralité des vues sur la poésie et une volonté d'amener le plus grand nombre vers des ententes possibles. Outre par l'esthétique des œuvres ou la recherche des formes du langage, la poésie contribue à méditer sur les « instruments spirituels » de notre temps et les organisations qu'ils peuvent engager. L'Europe de la poésie n'est ainsi plus un rêve vain, mais une réalité déjà en cours, insuffisamment pensée et considérée peut-être, qu'il nous reste à déployer dans l'harmonisation plus fine des trois modes d'organisation évoqués.

Antonio RODRIGUEZ
Université de Lausanne

LE POÈTE ET LE PEINTRE

Note sur un « lieu » de la poésie amoureuse, de Pétrarque à Gaspara Stampa

Deux sonnets de Pétrarque, « *Per mirar Policteto a provar fiso* » (*Rvf* 77) et « *Quando giunse a Simon l'alto concetto* » (*Rvf* 78), sont consacrés au portrait de Laure peint par l'artiste siennois Simone Martini[1]. Ce portrait est perdu et ce n'est pas lui qui a été à l'origine de la longue tradition figurée représentant la dame aimée du poète[2]. Le premier sonnet, ordonné autour d'une narration, rappelle l'élaboration quasi miraculeuse du portrait de Laure par le peintre. Il s'ouvre sur une comparaison négative : la beauté de la dame aimée est telle que même le célèbre sculpteur Polyclète et ses illustres rivaux n'auraient pas su la voir. En effet, cette beauté pure est d'origine céleste, elle est cachée aux yeux des hommes par les voiles de leur condition terrestre. C'est par un rare privilège que le peintre siennois avait pu la contempler au paradis, pour venir en porter témoignage, sur terre, à travers la forme visible d'un portrait peint.

Le nom du sculpteur grec Polyclète, placé à l'incipit avait été transmis par Pline L'Ancien, qui le mentionne à plusieurs reprises dans son *Histoire naturelle*, en particulier dans le livre XXXIV, qui donne une liste des principaux artistes de l'Antiquité. Pétrarque possédait un manuscrit du texte de Pline[3] ; il avait évoqué cette liste dans les *Epistolæ familiares*

---

1 Pétrarque, *Canzoniere*, éd. R. Antonelli, G. Contini, D. Ponchiroli, Turin, Einaudi, 1964, p. 109-110. Sur l'artiste, voir Giorgio Vasari, *Les Vies des meilleurs peintres, sculpteurs et architectes*, édition critique sous la direction d'André Chastel, Paris, Berger-Levrault, 1981, t. 2, p. 215-222 ; sur l'œuvre, *L'opera completa di Simone Martini*, introd. G. Contini, apparati critici e filologici di M.C. Gozzoli, Milan, Rizzoli, 1970.

2 Florence, Bibl. Laurenziana, ms 41.1. Le portrait est reproduit dans Daniele Maira, « 'Laure d'Avignon', literarische und politische Mythenbildung einer Muse in der französischen Renaissance', in Luigi Collarile & Daniele Maira (éd.),, *Nel Libro di Laura*, Bâle, Schwabe Verlag, 2004, p. 65-89.

3 BnF, mss Latins 6802. Voir Loredana Chines, *I veli del poeta*, Rome, Carocci Editore, 2000, p. 48 et 65.

(V, 17) et il y fit allusion dans le sonnent, en mentionnant Polyclète, « *con gli altri ch'ebber fama di quell'arte* » (v. 2). Mais en reprenant le nom du sculpteur grec, il développait aussi, dans un nouveau contexte, une allusion de la *Divine comédie* (*Purgatoire*, X, 31-33) :

> *Esser di marmo candido e addorno*
> *D'intagli sì, che non pur Policleto,*
> *ma la natura lì avrebbe scorno.*

À la suite de ces vers, Dante avait proposé la somptueuse *ecphrasis* d'un bas-relief décrivant l'histoire de l'Empire romain, une œuvre divine, en déniant à un artiste la capacité de la représenter. Ainsi, loin d'être une simple référence érudite mais arbitraire, qu'aurait pu remplacer n'importe quel sculpteur grec, le nom de Polyclète prenait sens dans le lien de filiation poétique reliant Pétrarque à Dante, et la beauté de Laure à la création divine.

À la célébration du portrait dans le premier sonnet, fait pendant, dans le second, l'expression de l'insatisfaction. Le poète-amoureux regrette que le peintre, en dépit de la sublime conception qui l'avait conduit à prendre le pinceau, n'ait pas su donner la parole aux traits merveilleux de la dame aimée. Cet échec le conduisait à s'épancher : le sourire si réel de la dame ainsi représentée lui avait donné à croire qu'elle accepterait enfin de satisfaire son désir amoureux ; mais en lui parlant, elle n'avait pas répondu à son attente. Le sonnet s'achève sur une louange de Pygmalion, renforcée par une invocation qui fonde une comparaison implicite : heureux le sculpteur grec, qui avait obtenu de sa statue mille fois les faveurs que le poète avait vainement désiré obtenir de la dame dont il contemplait le portrait. Pétrarque connaissait le mythe de Pygmalion par les *Métamorphoses* d'Ovide (X, 243-297), qui narrent la transformation d'une statue d'ivoire en femme vivante. Dans le *Triomphe de l'Amour*, le poète avait déjà évoqué la figure du sculpteur accompagné de sa créature : « *Pigmalion con la sua donna viva* » (II, 184)[4].

Les deux sonnets semblent se contredire : à la célébration de Martini succède la déception ; à la dévalorisation de l'art des Anciens incapables de concevoir la beauté divine succède la célébration de Pygmalion. En réalité, s'ils s'opposent, c'est pour se compléter, à la manière d'un

---

4   Voir Loredana Chines, '*Di selva in selva ratto mi trasformo*'. *Identità e metamorfosi della parola petrarchesca*, Rome Carocci Editore, 2010, p. 38-41.

diptyque. Le premier sonnet met en jeu trois oppositions successives : une opposition entre Polyclète et Martini ; une opposition entre le paradis et le monde terrestre ; une opposition implicite entre le peintre et le poète. La première recouvre elle-même une opposition entre l'art des Anciens, illustré par la sculpture, et l'art moderne, illustré par la peinture, entre l'antiquité païenne et l'art chrétien. La deuxième oppose la beauté céleste et la beauté terrestre ; la première, la beauté véritable, est directement liée au dessein divin ; elle s'exprime dans l'âme et ne peut être vue qu'avec les yeux de l'âme ; en revanche, la beauté terrestre est une illusion, alors que la condition mortelle, déterminée par une faute originelle, est comme un voile qui empêche les yeux d'apercevoir la beauté céleste. Cette conception était l'avatar chrétien de l'idéalisme néo-platonicien. Dans une *canzone* (*Rvf*, 70, v. 35-37) précédant le sonnet du portrait, le poète avait déploré ce voile corporel qui l'empêchait de voir. Il le présentait comme la conséquence d'une faute personnelle, qui rendait nécessaire une médiation, une intercession pour qu'il puisse contempler la véritable beauté de Laure. Dans le premier sonnet du diptyque, la relation entre le peintre et le poète combine ainsi une relation de faveur (la « *cortesia* » faite par le peintre), une relation de dépendance et une opposition implicite. Le poète est le commanditaire du portrait, son maître d'ouvrage ; mais il reconnaît la grâce qui avait été accordée au peintre, reçu au paradis pour contempler la beauté céleste, et la faveur que celui-ci lui avait faite en réalisant le portrait. Pourtant, le peintre n'est qu'un intermédiaire, pour une expérience sublime qui est accordée au seul poète : c'est lui qui est conquis par la beauté ainsi révélée, lui seul qui est capable de la voir *ici-bas*, à la différence des autres hommes et des artistes eux-mêmes, en dépit de sa propre condition terrestre, dont il a conscience qu'elle le rend misérable. En louant Martini pour le portrait qu'il a peint de Laure, c'est son propre statut privilégié de poète amoureux que célèbre Pétrarque.

Le second sonnet dissocie les deux personnages du poète et de l'amoureux. Il évoque l'expérience du second contemplant le portrait, pour déplorer la déception qui accompagne cette contemplation : le portrait ne répond pas à son désir. Dans sa perfection visuelle, il n'est qu'une peinture muette et sans esprit, et d'une certaine manière, il fait apparaître l'incapacité du peintre à rendre son objet vivant. Cet argument n'est pas en contradiction avec le premier sonnet. Le portrait de

Laure peint par Martini n'est pas dévalorisé ; il témoigne parfaitement de la beauté sublime de la dame aimée, mais il est mis à l'épreuve du regard terrestre de l'amoureux et de son désir. L'expérience que relate Pétrarque met en évidence non pas une contradiction entre les deux sonnets mais une contradiction dans la *persona* qu'il représente, entre son statut privilégié de poète et de chrétien, et sa condition charnelle d'homme de désir. Alors qu'il aurait eu la possibilité de faire l'expérience de la beauté divine à travers une conversation de nature spirituelle, il reste poussé par une *libido* qu'il méprise chez les autres et qu'il déplore en même temps ne pas pouvoir assouvir. Le poète formule ce ressentiment en recourant au mythe de Pygmalion, le sculpteur qui a su créer une figure vive pour en jouir, tout en négligeant le fait que, dans la tradition poétique qui l'a diffusée, la métamorphose n'est pas l'effet de l'art, mais un miracle, dont l'artiste avait bénéficié en tant qu'amoureux, adorateur de la déesse de l'Amour.

Le mythe de Pygmalion permet à Pétrarque d'insister par contraste sur l'incapacité du peintre Martini à rendre vivant et parlant le portrait de Laure, et de souligner sa propre déception amoureuse, tout en conservant la possibilité de valoriser cette déception en termes poétiques et religieux. Pygmalion n'est pas un « double » de Pétrarque ni pour lui un modèle de création artistique. À aucun moment de son œuvre, celui-ci ne cherche à faire de sa propre création poétique un substitut érotique destiné à l'assouvissement de son désir. Au contraire, Pygmalion, un homme de désir et d'un désir assouvi « mille fois », est pour lui un repoussoir, qui lui fait comprendre et lui faire accepter par contraste la nature spirituelle et non pas charnelle de l'amour de Laure. Le *Canzoniere* est, en termes poétiques, le récit d'une conversion, à travers la conversation spirituelle avec Laure, dont progressivement, à travers une subtile progression, le poète apprend à entendre la voix et à accepter la parole. Ce sonnet illustre ainsi la force des images et la puissance séductrice de la beauté terrestre mise en œuvre par l'art des Anciens, mais il apparaît, dans l'ensemble du recueil où il prend sens, comme une étape décisive dans un itinéraire qui mène le poète-amoureux à la grâce, d'autant plus difficile qu'il est scandé de tentations dont il révèle la séduction.

Le second sonnet du diptyque opposait le portrait peint par Martini au désir de l'amoureux Pétrarque. Autant que l'incapacité du peintre à rendre un portrait parlant, son argument mettait en lumière la faiblesse de l'amoureux, encore incapable de se libérer des pesanteurs terrestres et des voiles du désir. Le poète en tant que tel n'y était pas évoqué, et la comparaison entre le peintre et le poète, esquissée dans le premier sonnet, n'était pas directement en jeu.

Pétrarque concevait la poésie sur un mode spécifique, de nature oratoire, intellectuelle et morale, très étranger à l'art de peindre. Dans les deux sonnets adressés à Martini, il distinguait le poète-amoureux et le peintre pour les opposer. C'est à Giorgio Vasari, dans la seconde moitié du XVIᵉ siècle, que l'on doit l'interprétation des deux sonnets réunis, selon les clés de la comparaison entre les arts, du *paragone*, et c'est lui qui insista sur la supériorité du poète, dans le cadre social d'une opposition entre les arts mécaniques et libéraux[5]. Considérant Martini comme un peintre estimable mais du second ordre, il l'estimait heureux d'avoir été distingué par un écrivain célèbre qui lui avait apporté « la gloire et un renom éternel en récompense d'un petit portrait ou d'un autre geste aimable[6] ». Vasari n'attribuait pas l'infériorité de la peinture à une faiblesse intrinsèque d'ordre artistique, à une incapacité à représenter le réel. Il ne déplorait pas qu'elle fût muette ; il insistait sur une faiblesse extrinsèque, liée à sa conservation : la peinture reste inférieure par nature aux autres arts plastiques, la sculpture et l'architecture, qui mettent en œuvre des matériaux solides. Les lettrés contemporains de Vasari opposaient volontiers la survie de la statuaire antique à la disparition quasi-totale des œuvres peintes, dont la mémoire ne subsistait que dans les écrits de Pline. Pour survivre, il fallait à la peinture le secours de l'écrivain qui nommait le peintre et décrivait ses tableaux. Ce n'était pas son œuvre, fragile et effaçable, qui donnait au peintre son éternité, mais le discours de l'historien et du poète. Le portrait original de Laure a été perdu. Il était comme l'allégorie de la faiblesse et de la fugacité de la peinture. Vasari écrivait la *Vie* de Martini à la lumière de la réception littéraire de Pétrarque et du culte qui lui était alors voué à Florence. Il justifiait son propre ouvrage, un livre consacré aux *Vies* des artistes, en développant ce paradoxe : la poésie et les lettres seules donnent une réputation aux peintres et à leur œuvre.

5　Sur l'utilisation de la référence pétrarquienne dans la littérature artistique, voir Federica Pich, « Petrarca nei trattati d'arte del Cinquecento : due riflessioni », *Italique*, XXII, 2019, p. 105-130.

6　G. Vasari, « Vie de Simone Martini… », cit., p. 215.

Pour commenter l'œuvre modeste de Martini, Vasari mettait en jeu le *paragone* entre le poète et le peintre, en adaptant et en modernisant un ancien « lieu » de la célébration lyrique, la célébration de l'art de poésie comme « *carmina [...] monumenta* » (Properce, III, II, 18), comme « *monumentum ære perennius* », selon la formule d'Horace (*Odes*, III, 30, v. 1), un monument qui n'est pas soumis au temps et qui l'emporte sur tous les autres arts. Pétrarque avait eu, sans doute, lui aussi l'ambition d'édifier une œuvre éternelle, mais dans la perspective d'une éternité divine, dans la conscience chrétienne de sa propre labilité d'homme et de poète.

En réalité, Vasari ne développait qu'un aspect du *paragone*, il négligeait un second argument qui fondait celui-ci, la capacité de la poésie à comprendre les réalités sublimes et à les représenter selon ses moyens propres, mieux que la peinture et les autres arts visuels selon les leurs. Cet argument reposait sur une analogie entre les deux arts, qui faisait de la poésie une peinture en mots. Aristote avait rappelé que le poète était, comme le peintre, un « imitateur du réel » (*Poétique*, 25, 1460b). Reprenant un aphorisme de Simonide déclarant que la peinture était une poésie muette et la poésie une peinture parlante, Horace, dans un vers de son *Art poétique*, avait fait une comparaison : « *ut pictura, poesis*[7] ». Cette formule n'avait pour lui que la portée d'une analogie, destinée à comprendre les divergences dans l'appréciation d'une œuvre. Mais, détachée de son intention première, elle finit par être interprétée comme une définition de la poésie, non sans contradiction avec l'autre définition de celle-ci comme chant, portée par Horace lui-même, et elle constitua le fondement de la conception classique de l'art poétique, dont elle caractérisait la fin et les moyens, une vive représentation, tout comme elle ordonna la théorie humaniste de la peinture[8].

Dès le début du siècle, l'Arioste, dans le chant XXXIII de l'*Orlando furioso*, avait clairement formulé le *paragone* sous ses deux aspects. L'exemple des peintres de l'Antiquité, dont les noms n'étaient connus que par les témoignages des écrivains (« *mercé degli scrittori* »), confirmait la supériorité des Lettres pour assurer l'immortalité d'un nom. Le poète donnait également une liste des peintres modernes, dont les noms étaient connus

---

7   Horace, *De arte poetica liber*, v. 361.
8   Voir Rensslaer W. Lee, *Ut pictura poesis. A Humanistic Theory of Painting*, New York, Merton, 1967.

LE POÈTE ET LE PEINTRE

directement des premiers lecteurs de l'*Orlando furioso* et dont les œuvres étaient visibles pour eux :

> Leonardo, Andrea Mantegna, Gian Bellino,
> duo Dossi, e quel ch'a par sculpe e colora,
> Michel, più che mortale, Angel divino ;
> Bastian, Rafael, Tizian, ch'onora
> non men Cador, che quei venezia e Urbino,
> et gli altri di cui tal l'opra si vede[9].

Il mentionnait tous ces noms illustres pour illustrer l'incapacité des artistes à représenter les choses non encore advenues, le futur, que seuls les devins, et partant, les poètes qui les représentent dans leurs poèmes, étaient capables de décrire sur un mode prophétique[10] · Ces vers constituaient en même temps une autre variation sur l'*ecphrasis* à fonction prophétique de la *Divine comédie* (*Purgatoire*, X, 31-33), intertexte des deux sonnets de Pétrarque, que l'Arioste actualisait, en relation à la peinture de son temps.

Les deux sonnets du *canzoniere* évoquant le peintre Simone ont été lus, interprétés et parfois imités dans leur portée spirituelle. Torquato Tasso composa une admirable variation sur les mots du premier, en substituant le nom de Phidias à celui de Polyclète, pour dire la beauté sublime cachée sous le voile de la réalité terrestre[11]. Plus fréquemment et sous un aspect plus limité, ces sonnets ont été imités pour la ressource formelle inédite qu'ils offraient en langue vernaculaire : la mention du peintre, sur la base topique d'une référence à des artistes de l'Antiquité, ou sous la forme renouvelée de la mention à des artistes contemporains[12]. Dès les années 1520, dans son recueil *Gelosia del Sole*, le poète napolitain Girolamo Britonio (1491-1549), un membre du cénacle de la marquise de Pescara, Vittoria Colonna, proposa une série de variations sous ces deux aspects. D'une part, dans un premier sonnet, « *Con fervido pensiero, et inquieto* », adressé à la dame aimée, jouant d'une subtile reprise des termes et de certaines rimes, il combinait l'anecdote des deux sonnets

---

9   Arioste, *Orlando furioso*, XXXIII, ii, v. 2-7, éd. Lanfranco Caretti, Turin, Einaudi, 1966, p. 984.
10   *Ibid.*, XXXIII, iv, v. 1-4, p. 985.
11   Torquato Tasso, « Nudo era il viso, a cui s'agguaglia in vano/ opra di Fidia », *Rime*, éd. B. Basile, Rome, Salerno editrice, 1994, II, n° 992 ; L. Chines, *I veli del poeta*, cit., p. 46-48.
12   Voir Lina Bolzoni, *Poesia e ritratto nel Rinascimento*, éd. Federica Pich, Bari, Laterza, 2008.

pétrarquiens, la mention de Polyclète, qu'accompagnaient Praxitèle et Phidias, et l'évocation de Pygmalion dans le cadre d'une comparaison avec le poète amoureux. Britonio mettait en en évidence l'incapacité des premiers à rendre la beauté céleste de la dame que le poète aurait souhaité exprimer dans ses vers, pour déplorer l'incapacité du poète-amoureux à obtenir de sa dame, « *di sensi priva* », comme Laure, la faveur que Pygmalion avait obtenue de voir, suivant ses prières, sa statue se transformer en femme[13]. D'autre part, dans une suite de trois sonnets consacrés à un portrait de la dame célébrée, Vittoria Colonna elle-même, il reconstruisait le diptyque pétrarquien originel[14]. Dans les deux premières pièces, il déplorait l'échec du peintre, un certain Paulo, identifié par la critique avec le peintre d'origine vénitienne Paolo degli Agostini[15]. Pour ce faire, le poète inversait les termes de la louange que Pétrarque avait adressée à Martini dans son premier sonnet, dont il reprenait les termes : l'auteur du portrait que contemplait Britonio n'était pas monté au ciel avant que son modèle en fût descendu, et la représentation qu'il donnait de la dame restait cachée par le « *mortal velo* » de la beauté terrestre. Dans le troisième sonnet, Britonio reprenait la structure de *Rvf* 78, mais sans introduire la référence à Pygmalion : le poète admirait le portrait et sa force expressive, il y reconnaissait les traits et y lisait toute une histoire d'amour, faite de cruauté et de dédains. Mais il déplorait que ce beau portrait ne fût pas doué de vie :

> *In ocio omai vivrebbe la Natura*
> *Paulo, se tu potessi ai tuoi dissegni*
> *Dar moto e spirto come dai pittura.* (Sonnet 344, v. 12-14)

La faute en incombait au peintre, mais aussi à la Nature, qui en formant un être d'une telle perfection aurait dû former en même temps un peintre capable de la représenter.

En dépit du fait qu'ils avaient été rédigés à Naples, qui n'était pas une capitale des arts visuels, les sonnets de Britonio sont probablement les premiers à évoquer un artiste contemporain dans le cadre d'un discours

---

13 Girolamo Britonio, *Gelosia del sole*, éd. Mikaël Romanato, Genève, Droz, 2019, p. 315.
14 *Ibid.*, sonnets 342-343, p. 577-579.
15 Voir Mario Rotili, *L'Arte del Cinquecento nel regno di Napoli*, Naples, Società editrice napoletana, 1976, p. 127. On attribue à Paolo degli Agostini un beau portrait du poète Sannazaro (New Orleans, Isaac Delgado Museum of Arts).

amoureux. À leur suite, les deux sonnets de Pétrarque trouvèrent une pertinence nouvelle, au moment où, en Italie, le développement de la peinture s'accompagna d'une individualisation et d'une identification des artistes. D'un côté, dès le début des années 1540, à Venise, pour rendre hommage à l'ambassadeur d'Espagne don Diego de Mendoza, l'Arétin se servit de ce motif, en évoquant le portrait que Titien avait fait du destinataire, si vivant, qu'il semblait parler, « *sì vivo in pittura / che nel silenzio suo par che favella*[16] ». En même temps, il suscitait les conditions d'une émulation poétique. Alessandro Piccolomini, à Sienne, lui répondit par un sonnet dont la pointe inversait ironiquement l'éloge d'une peinture parlante en un modèle silencieux, « *se tacete, alcuno / scorger non può de due Mendozi il vero*[17] ». D'un autre côté, en 1556, Benedetto Varchi, en déplorant la mort du peintre Pontormo dans un sonnet adressé au peintre Bronzino, son élève, faisait d'un peintre l'objet d'un éloge poétique[18]. Cet exemple reste exceptionnel, les artistes modernes ne firent que rarement l'objet d'une célébration poétique autonome en tant que créateurs. La mention même d'un nom de peintre restait rare, à la mesure de la rareté des liens personnels entre poètes et peintres, et du peu d'attention que les premiers pouvaient porter à l'art de leur temps. De façon générale, la mention du peintre restait limitée : elle servait à enrichir les formes topiques de la célébration poétique, celle des princes et des dames, dont se multipliaient alors les portraits.

La poésie amoureuse se confondait, dans bien des cas, avec une poésie de cour, dans laquelle le poète était chargé de chanter une dame au nom d'un prince. Dans ce cadre, la ressource formelle que constituait le nom de l'artiste ainsi mis en œuvre pouvait s'exprimer sous trois figures distinctes ou combinées, impliquant une relation par comparaison, analogie ou métaphore entre trois instances, l'artiste, l'amoureux, le poète. Suivant le modèle même qu'avait donné Pétrarque dans la structure complexe du diptyque des sonnets *Rvf* 77 et 78, ces différentes figures faisaient elles-mêmes l'objet de combinaisons, de variations et d'enrichissements.

---

16   Pietro Aretino, *Lettere*, éd. Paolo Procaccioli, Rome, Salerno, 1997-2002, II, p. 219 ; voir Rossand Arques, « I sonetti dell'arte. Aretino tra Apelle e Pigmalione », *Letteratura e arte*, I, 2003, p. 203-212.

17   Alessandro Piccolomini, « *Sopra il ritratto de l'illustrissimo Signor don Diego de Mendozza che fece Tiziano* », v. 13-14, in *I cento sonetti*, éd. Franco Tomasi, Genève, Droz, 2015, p. 132-133.

18   Benedetto Varchi, « *Bronzin, dove poss'io fuggir…* », in *Lirici europei del Cinquecento*, éd. Gian Mario Anselmi *et alii*, Milan, BUR, 2004, p. 516.

Le portrait s'imposait comme une évidence de la relation amoureuse célébrée par la poésie. La première figure développée sur le « lieu » ainsi déterminé s'inscrit habituellement dans une narration qui relate la commande et l'exécution d'un portrait, fictif ou réel de la dame aimée :

> *Cercai dipinta aver la vostra figura,*
> *Ond'il pittor con arte oltra misura,*
> *Per non parer a sì degna opra stolto,*
> *Lo cor m'aperse [...]*. (v. 4-7)[19]

Le sonnet du *cavalier* Cassola, un poète mentionné par Du Bellay[20], ne nomme pas directement le peintre. Il évoque la commande du tableau, substitut à la dame absente, et développe la fiction d'un portrait copié au vif sur celui que le poète portait dans son cœur. Le portrait en projet ou achevé donnait parfois au poète-amoureux l'occasion d'une description détaillée des beautés de la dame, en forme d'*ecphrasis*.

Plus riche, la deuxième figure est une variation sur le « lieu » de la surenchère, en une comparaison négative à valeur d'insistance, qui met en évidence l'incapacité du peintre ou du sculpteur, souvent encore un sculpteur grec, à égaler la nature, dans la représentation qu'il donnait de la beauté réelle de la dame, ou la beauté telle que l'amoureux l'éprouvait. Dans le cadre de la poésie amoureuse, cette figure, portée par les deux sonnets de Pétrarque, est la plus fréquente. Elle a été plusieurs fois reprise par les pétrarquistes italiens et français. En Italie, le célèbre recueil des *Rime diverse*, publié en 1545 par Lodovico Domenichi chez Gabriel Giolito a été un des modèles de concentration et de diffusion du néo-pétrarquisme en général et de la forme du sonnet en particulier. Deux sonnets développent cette figure en faisant mention de noms d'artistes. Le premier, un sonnet rapporté de Vincenzo Martelli, célèbre un personnage, dont la sculpture, la peinture, la poésie peuvent exprimer la beauté terrestre, « *ch'a i sensi è mostro* », mais sont incapable, réunies, de dire la valeur qui le rend immortel :

---

19 *Rime diverse di molti eccellentissimi autori*, Venise, G. Giolito, 1545, éd. Franco Tomasi e Paolo Zaja, Padoue, Edizioni RES, 2001, p. 335. Sur ce recueil, voir Franco Tomasi, « Alcuni aspetti delle anthologie liriche del secondo Cinquecento », in Monica Bianco et Elena Strada (éd.), *'I più vaghi e i più soavi fiori. Studi sulle antologie di lirica del Cinquecento"*, Alessandria, Edizioni dell' Orso, 2001, p. 77-112.

20 Joachim du Bellay, *L'Olive*, seconde préface, *Œuvres complètes*, 1, éd. Henri Chamard, Paris, STFM, 1908, ²1982, p. 20.

Se Lisippo ed Apelle e 'l grande Omero
Col martel, co i colori e con l'inchiostro [...]
Dunque i marmi, i color, le pure carte [...] (v. 1-2 ; 9)[21].

Le second sonnet, dû au libraire napolitain Marcantonio Passero, célèbre de la même manière, comme une variation sur le premier, une dame, dont les arts réunis ne peuvent exprimer que « *la minor parte* » :

Né 'l Bembo, o 'l Buonaruoti o Raffaello
Di voi potrebbe in asse, in marmo e 'n carte
Notar, scolpir, pinger la minor parte
Co 'l color, con la penna e col martello. (v. 1-4)[22]

Publiée dans le même recueil et composée dans les mêmes années, les deux pièces divergent par le nom des artistes évoqués : des anciens chez Martelli, des modernes chez Passero. Dans les deux cas pourtant l'intention est la même : la surenchère met en évidence, sur un mode allusif, la capacité du poète moderne, auteur du sonnet, à concevoir et à exprimer seul la valeur du personnage célébré, ou la capacité du poète amoureux à concevoir une qualité qui échappe au regard extérieur de l'artiste. La comparaison se déploie en une première antithèse, qui oppose, dans le cadre de la fiction poétique, le peintre et le personnage de l'amoureux ou ses substituts, pour confirmer que ce dernier est plus capable de concevoir et de ressentir la beauté de la dame aimée.

La troisième figure propose une comparaison explicite entre le peintre et le poète. Elle servait, de façon réflexive à célébrer la poésie, dont elle mettait en évidence les virtualités, en opposant l'art du peintre et l'art du poète, la peinture muette et l'art fugace du premier à la parole vive et à la durée de l'œuvre du second. Par ces termes, adaptés au contexte de la poésie amoureuse, cette comparaison enrichit le *paragone* classique entre la poésie et la peinture, fondé sur l'immortalité conférée par le seul poète et sur la capacité à donner à voir, qui avait été développé par l'Arioste dans le contexte du *romanzo* et de la poésie épique. Un cas intéressant de variation contradictoire a été donné par

21 *Rime diverse*, p. 15 ; sur Vincenzo Martelli (mort en 1556), *ibid.*, p. 436. Du Bellay imita ce sonnet, « Face le ciel (quand il vouldra revivre / Lisippe, Apelle, Homere [...] », *L'Olive*, XIX, éd. citée, p. 42.
22 *Rime diverse*, p. 311 ; sur Passero, voir p. 441.

Gaspara Stampa, dont le recueil des *Rime* avait été publié en 1554, en une édition posthume[23]. Dans son *canzoniere*, la poétesse chantait sa passion pour le comte Collaltino di Collalto. À l'inversion du discours amoureux traditionnelle, elle faisait d'un homme l'objet du désir amoureux. S'ajoutait à son propos l'expression d'une irréductible inégalité de rang entre une *cortegiana onesta* et un grand feudataire impérial. Le *paragone* servait à formuler cette double contradiction, en un ensemble de quatre sonnets, variations sur le diptyque pétrarquien, préparée par une précise allusion à celui-ci dans le sonnet XIX (« *Mira...fisso* [...] *mirando fisso* »). Le sonnet LV, « *Voi, che 'n marmi, in colori, in bronzo, in cera...* », est une invocation aux représentants des différents arts plastiques, afin qu'ils fassent le portrait de la « *più bella creatura* » produite par Dieu, en la représentant avec deux cœurs, le sien et celui que la poétesse lui avait offert. Le sonnet LVI, « *Ritraggete poi me da l'altra parte...* », renouvelle cette invocation, pour que les artistes fassent le portrait de la poétesse elle-même, un portrait double, capable de la représenter éprouvant à la fois la joie et la tristesse. Le sonnet LVII, « *A che, signor, affaticar invano...* », était adressé à l'amant. La poétesse-amoureuse demandait à quoi bon solliciter des artistes, et en particulier Michel-Ange et Titien, de faire son portrait, alors qu'elle le portait dans son propre cœur, sinon afin de donner de lui une représentation plus gracieuse que celle, « *un pochetto incostante e disdegnoso* », qu'elle en conservait. Ces deux portraits révélaient deux faces d'un même personnage, sans aucune contradiction, dans la logique complexe des rapports amoureux. Enfin, le sonnet LVIII, « *Deh perché non ho io l'ingegno e l'arte...* », est une déploration : la poétesse regrettait de n'avoir par l'art de Lisippe et d'Apelle, un couple déjà évoqué par Martelli, de ne pas savoir faire par écrit ce qu'ils auraient fait par la peinture et la sculpture, en représentant les « *due stelle* », les deux étoiles par le charme desquelles elle avait été touchée. Elle pleurait à la fois une passion inégale et le regret d'être incapable de peindre en vers ce qu'elle ressentait :

---

23 Voir Adriana Chemello, « Tra 'pena' e 'penna'. La storia singolare della 'fidelissima Anassilla' », dans « *L'una e l'altra chiave* ». *Figure e momenti del petrarchismo femminile europeo*, actes du colloque, Zürich, 2004, éd. Tatiana Crivelli, Giovanni Nicoli et Mara Santi, Rome, Salerno Editrice, 2005, p. 45-78 ; *De Dante à Chiabrera*, Genève, Droz, 2007, t. II, p. 160-161, n° 337.

E piango ch'atta a pinger non mi sento
Al mondo il mio bel sol quanto devria[24].

Contrairement à la tradition lentement élaborée depuis Pétrarque, Gaspara Stampa semblait inverser le *paragone* et reconnaître la supériorité des arts visuels. En réalité, il s'agissait d'une subtile et dernière variation sur le lieu de la surenchère par une figure de réticence, une prétérition, destinée à mettre en évidence l'excès de la passion : l'ensemble de son *canzoniere*, qui ne cessait de dire l'expérience amoureuse dans toute sa richesse et sa complexité, apparaissait au contraire comme la réfutation en acte de cet apparent aveu d'impuissance. L'inversion du *paragone* servait à effacer la figure de la poétesse, pour insister sur celle de l'amante, dont l'*èthos* confirmait la véracité de son discours, non plus poétique mais amoureux.

Jean BALSAMO
Université de Reims

---

24 Gaspara Stampa, *Rime*, LVIII, éd. Gustavo Rodolfo Ceriello, Milan, Rizzoli, 1954, p. 35.

PROSE POÉTIQUE ET POÈME EN PROSE

Une tentative pour éclaircir
le chaos terminologique

INTRODUCTION

Dès sa préfiguration avec le *Gaspard de la Nuit* d'Aloysius Bertrand (1842), le poème en prose s'est vu configurer des manières les plus diverses. Tant sa structure que l'organisation textuelle ont toujours été présentes dans les débats pour définir ce qu'est un poème en prose. De manière parallèle, les critiques se sont toujours demandés quant aux limites de ce genre ; du fait que le poème en prose peut être visuellement similaire au conte, au vers libre, même à la nouvelle, la frontière générique de celui-ci a été, le plus souvent, embrouillée.

Le problème sous-jacent est, à notre avis, une base théorique fragile, floue. À cause du manque de précision, le travail de délimitation entre le poème en prose et les genres formellement voisins se prouve presque impossible. Au début du XXᵉ siècle, en pleine effervescence des mouvements d'avant-garde, le poème en prose se trouvant disloqué, Lefèvre arrive à se demander « qu'est-ce que le poème en prose ? ». Néanmoins, même dans ce contexte d'expérimentation générique, ce critique se croit capable de tirer quelques lignes rouges : « S'il est difficile de le définir directement, on peut voir, tout au moins, ce qu'il n'est pas : il n'est ni le vers libre ni la prose rythmée » (p. 243). Il lui soupçonne une délimitation formelle, bien sûr, mais la tâche d'isolement des caractéristiques particulières au poème en prose étant encore à faire, Lefèvre ne peut que donner quelques précisions plutôt vagues.

La naissance du poème en prose fut favorisée, naturellement, par la lyrisation de la prose depuis le XVIIᵉ siècle. C'est ici que la dénomination « prose poétique » surgit et se répand ; l'étiquette de « poème en prose » est aussi utilisée par les critiques, qui n'ont aucun problème lors du mélange des deux termes. De cette manière, on pouvait trouver un « poème en prose » inséré dans un texte ou une « prose poétique » dans les journaux intimes. En fait, l'application de ressources techniques diverses comme l'allitération, la recherche de métaphores ou d'images évocatrices et suggestives suffisait à cette époque-là pour attribuer à une prose quelconque n'importe quelle de ces deux étiquettes. Le chaos terminologique, du point de vue du XXIe siècle, était notoire.

Cette poétisation de la prose était bien justifiée de la part des auteurs. Elle cherchait à élargir les domaines de la production poétique, ce qui fut achevé au XIXe siècle et plus manifestement au XXe. Les réticences lectoriales, voire l'obstacle principal à surmonter en ce qui concerne l'acceptation d'une poésie hors le vers, furent progressivement adoucies grâce aux incursions des auteurs tant du XVIIe siècle que du XVIIIe. Aullón de Haro souligne ce rôle du lecteur à propos de la perception du poétique (p. 30) :

> *Es sabido por experiencia común que la poesía es reconocible en la experiencia de distintas formas de discursos. El lector constata con frecuencia una gran cualidad poética en, por ejemplo, un pasaje de novela, o un trozo de ensayo, lo cual hace patente la separación de la sustancia estética poesía de los límites de género.*
>
> « On sait, à cause d'une expérience commune, que la poésie peut être perçue dans l'expérience de diverses formes de discours. Le lecteur constate fréquemment une grande qualité poétique dans, par exemple, un passage de roman, ou dans un morceau d'un essai, ce qui évidence la séparation de la substance esthétique poésie des limites de genre. »

Pourtant, la condition de genre presque hybride du poème en prose, toujours à mi-chemin entre la poésie et la prose, a conditionné la réception publique de celui-ci et, en conséquence, l'établissement d'une frontière générique solide. Utrera Torremocha en rend compte (p. 12) :

> *La continua tensión entre ambos polos, síntoma de su modernidad, es, al mismo tiempo, la dificultad mayor para definir el género y distinguirlo de otras modalidades afines.*
> « La tension constante entre les deux pôles [le poétique et le prosaïque], symptôme de sa modernité, est, en même temps, la difficulté principale pour définir le genre et le distinguer des autres modalités similaires. »

Dans cet article nous tenterons de fournir une délimitation du poème en prose à travers l'utilisation des traits fondamentaux soulevés par Suzanne Bernard (p. 14-15) : brièveté, unité organique et gratuité.

Nous essayerons d'utiliser ces critères pour établir la frontière entre le poème en prose et la prose poétique, à la recherche de la constatation de notre hypothèse : la prose poétique et le poème en prose diffèrent non par une question formelle ou rhétorique, sinon par une question de nature. La prose poétique étant une forme et non pas un genre, nous pourrons constater la présence de prose poétique dans plusieurs formes du discours, tandis que les catégories du poème en prose marquent assez clairement l'éventail de possibilités du genre.

LA PROSE LITTÉRAIRE ET LA RECHERCHE DU LYRISME : LES PRÉCURSEURS

La naissance du poème en prose au XIXᵉ siècle fut partiellement préparée par les expérimentations littéraires des écrivains précédents. Comme nous avons dit dans l'introduction, sans le bouleversement des rôles préfixés des entités « prose » et « poésie », la communauté conformée par les écrivains et par les lecteurs n'aurait jamais conçu « l'idée d'une disjonction nécessaire entre *poésie* et *versification* (Bernard, p. 19). Cette libération a lieu partout dans l'art français : la rigidité de la littérature avant le XIXᵉ siècle est partagée, par exemple, par la musique. Le XVIIIᵉ siècle verra l'apogée de la musique baroque, célèbre précisément par la rigueur des procédés de composition. Cette période, suivie par la période classique après 1750, ne connaîtra un assouplissement des règles de composition (ou plutôt une dislocation de celles-ci) qu'après les influences du *Sturm und drang* dans la musique de Beethoven, vers le tournant du siècle[1].

L'engagement auctorial par rapport à cette rigueur de composition était, cependant, divers. Il y avait une différence qualitative entre ceux qui écrivaient en prose et ceux le faisant en vers. Ces derniers étaient bien plus contraints, tandis que les premiers profitaient d'une certaine

---

1   La poésie ayant toujours été associée à la recherche de musicalité, nous pouvons bien accepter la description de Bernard : « La poésie [...] associée à la musique pendant des siècles, a subi, tout ce temps, le joug du rythme musical » (p. 20). L'intoxication de la littérature à cette époque-là par l'intransigeance de la composition baroque semble, à nos yeux, manifeste.

liberté pour faire et défaire avec le langage. Plusieurs exemples de ces licences compositrices ont parcouru l'histoire de la littérature occidentale : dès l'antiquité gréco-latine jusqu'au XVIIIᵉ siècle, en passant par le moyen âge, on a toujours pratiqué une typologie de prose « lyrique » empruntant des ressources techniques de l'élaboration textuelle poétique. Utrera Torremocha en témoigne (p. 28) et souligne le rôle de cette liberté quant à la poétisation progressive de la prose :

La existencia de la prosa rítmica de calidad para determinados géneros literarios y la imposición de los distintos subgéneros novelísticos herederos de la épica en prosa favorecen la adaptación, cada vez mayor, de la prosa como medio literario.

« L'existence de la prose rythmique de qualité pour certains genres littéraires et l'imposition des divers sous-genres romanesques héritiers de l'épique en prose favorisent l'adaptation, de plus en plus, de la prose en tant que domaine littéraire[2]. »

Cette tradition ouvrira la porte de la poésie aux textes construits en prose à l'époque qui nous intéresse. Le *Télémaque* de Fénelon (1699) peut être soulevé comme l'un des premiers exemples, puisqu'il s'agit d'une prose de ton épique dont l'effort de rythmisation interne, les images et d'autres ressources rhétoriques est manifeste : « Calypso ne pouvait se consoler du départ d'Ulysse. Dans sa douleur, elle se trouvait malheureuse d'être immortelle. Sa grotte ne résonnait plus de son chant ; les nymphes qui la servaient n'osaient lui parler. Elle se promenait souvent seule sur les gazons fleuris dont un printemps éternel bordait son île » (Fénelon, p. 1).

D'autres œuvres reprendront ce type d'écriture : *Les Incas, ou La destruction de l'Empire de Pérou* de Marmontel (1776) ou, par exemple, Grainville, déjà au XIXᵉ siècle, et *Le dernier homme* (1805). Toutefois, le véritable point d'inflexion quant à la réception de la prose en tant que véhicule du matériau poétique est, à notre avis, les traductions et les pseudo-traductions qui étaient très à la mode au XVIIIᵉ siècle.

Si pour les auteurs ces textes contribuent à la libération progressive du langage prosaïque, en le rapprochant de plus en plus au ton intime de la poésie, pour le public ils constitueront un véritable changement de paradigme. Les textes à l'origine en vers traduits maintenant en prose

---

2   Utrera Torremocha entend ici « littéraire » comme « poétique », soit la possibilité d'un genre donné de se définir comme véhicule de l'expression lyrique, de l'intimité de l'auteur.

prouvent que la poéticité peut être trouvée hors le système articulatoire du vers, ce qui allait à l'encontre de la conception générale persistant jusqu'à cette époque-là. Ainsi, les traducteurs (ou pseudo-traducteurs) vont cultiver une prose focalisant sur le travail des images, du pouvoir évocatoire des mots ou des sujets, afin de compenser en quelque sorte l'absence du vers. Les véritables traductions eurent une acceptation telle que les pseudo-traductions vont naître peu après : les *Chansons madécasses* de Parny (1787), par exemple, n'ont réellement aucun correspondant versifié. Bernard (p. 24) témoigne de ce fait : « La traduction mettait en lumière cette vérité (alors nouvelle) que la rime et la mesure ne sont pas tout dans un poème ; que le choix du sujet, le lyrisme, les images, la structure du poème et ce que Poe appellera "l'unité d'impression" sont autant d'éléments capables de provoquer le mystérieux choc poétique. »

La quantité de textes produits sous ces prémisses est considérable : on compte les traductions des *Eddas*, l'*Iliade* et l'*Odyssée* par Houdar de la Motte, Virgile par l'abbé Desfontaines, Ossian, les *Ydilles* de Gessner... Toutes ces publications contribueront à la transformation de la perspective lectoriale quant à la poéticité. La prose n'est plus le langage aride de la science ; elle peut être aussi envahie par la poésie. Vadé (p. 21) témoigne du rôle des traductions ou des pseudo-traductions à propos de la conception d'une poéticité hors le vers : elles « vont contribuer pour leur part à dissocier dans l'esprit des lettres poésie et forme versifiée », point d'inflexion sans lequel le poème en prose n'aurait pu être développé.

Mais ce ne fut seulement le côté du public qui éprouva un tel changement. En ce qui concerne les auteurs, les traductions vont ouvrir la porte à une liberté stylistique auparavant inexistante. Sous prétexte de recréer l'ambiance poétique de l'œuvre en vers, les écrivains de ce type de textes pourront donner libre cours à l'utilisation de bien de ressources techniques jadis absentes de la production prosaïque[3].

Au XVIIIe siècle il y a, donc, un « glissement qui permet à la prose de devenir instrument poétique, parallèlement – et parfois supérieurement – au vers » (Vincent-Munnia, p. 83). Il s'agit de la naissance d'une nouvelle conception quant aux « possibilités » littéraires de la prose : outre le développement d'une intrigue romanesque, ce qui était tout à

---

3   Bernard propose que l'évolution de la prose à cette époque-là arrive même aux sujets : « En d'autres temps, au lieu d'employer la prose "ornée", c'est en vers que l'on aurait traité du Printemps ou de l'Innocence » (p. 34).

fait courant, on commence à normaliser la présence de passages de ton intime, associés plutôt au registre poétique qu'au prosaïque.

En conséquence, l'apparition de la terminologie « prose poétique » pour ces œuvres est inévitable. Prose, par la forme s'étendant au-delà de la fin de la ligne jusqu'à la formation de paragraphes ; poétique, par la recherche voulue d'aspects généralement restreints au vers, tels que l'utilisation des pieds rythmiques et ceux que nous avons déjà commentés.

Plusieurs œuvres surgissent tout au long du XVIIIᵉ siècle défiant les normes d'une séparation générique claire. À la prose « poétique » que nous venons d'introduire et, bien sûr, à la prose scientifique des encyclo-pédies (libre d'artifices rhétoriques), on ajoute à cette époque-là la prose préromantique de Rousseau entre autres. Il s'agit de la popularisation des journaux, des autobiographies ou des fausses autobiographies où l'on entremêle la narration d'événements et l'exaltation dix-neuvièmesque des passions de l'auteur. Utrera Torremocha témoigne de cela (p. 35) :

> *La aparición de diarios íntimos, autobiografías, confesiones, meditaciones, cartas y escritos personales concebidos como desahogo y expresión del alma del artista son portadores de la auténtica poesía, identificada ahora no con el artificio sino con la sinceridad y el sentimiento.*

> « L'apparition de journaux intimes, autobiographies, confessions, méditations, lettres et d'écrits personnels conçus comme le soulagement et l'expression de l'âme de l'artiste sont les porteurs de la vraie poésie, identifiée maintenant par la sincérité et le sentiment et non par l'artifice. »

L'intimité de l'auteur gagne ainsi une place au sein de l'écriture pro-saïque dont elle n'avait jamais profité. Déjà au XIXᵉ siècle, ce processus a pour résultat la création de typologies textuelles hybrides jouant volontiers avec les limites de toutes les conceptions génériques traditionnelles. Le lyrisme, autrefois enfermé sous sa forme versifiée, est maintenant introduit dans des textes qui, au moins en apparence, passent par de la prose pure. Néanmoins, toute ressource technique typique de l'écriture prosaïque se trouve ici disloquée. La présence d'une intrigue, le développement d'un ensemble de personnages, de leur histoire et de leur psychologie ou l'établissement des repères temporels : la voix personnelle de l'auteur rompt avec la cohérence linéaire du roman pour éclater et s'adonner à l'expression de ses passions : « Tout est fini, tout est passé ! C'est moi maintenant qui dois mourir et mourir sans espoir ! – Qu'est-ce donc que la mort ? Si c'était le néant… Plût à Dieu ! Mais Dieu lui-même ne peut faire que la mort soit le néant » (Nerval, p. 71).

Si au XVIIIᵉ siècle les limites génériques commencent une démarche inexorable vers leur disparition, au XIXᵉ siècle lesdits précurseurs du poème en prose (Lefèvre-Deumier, Rabbe, Forneret, Guérin) se chargeront de finir cette tâche : l'étiquetage générique devient souvent infructueux, voire impossible. Sous l'étiquette « Poëmes », Guérin présente *Le Centaure*, un texte exposant bien de ressources techniques empruntées au langage poétique mais s'étendant jusqu'à la formation de paragraphes (p. 375) : « J'ai reçu la naissance dans les antres de ces montagnes. Comme le fleuve de cette vallée dont les gouttes primitives coulent de quelque roche qui pleure dans une grotte profonde, le premier instant de ma vie tomba dans les ténèbres d'un séjour reculé et sans troubler son silence. »

Poème en prose ? Prose poétique ? Prose lyrique ? Ce type d'écriture dépasse le concept d'étiquette générique comprise à la manière traditionnelle. C'est ainsi qu'il faut se demander quant à la pertinence et à la justesse de la classification en genres, particulièrement en ce qui concerne les problèmes causés par l'introduction du poétique au sein de la prose.

LE CHAOS DES ÉTIQUETTES GÉNÉRIQUES.
PROSE POÉTIQUE : GENRE OU TYPOLOGIE ?

La dénomination générique constitue un sujet brûlant pour la critique littéraire du fond des âges. La fiabilité dans le discernement du genre d'une œuvre dépend exclusivement de la capacité de définition de l'étiquette générique correspondante. Si une étiquette générique a un support théorique solide, elle sera en mesure de définir avec précision un large éventail d'œuvres. Si, par contre, la base théorique vacille, l'étiquette peut devenir trompeuse et elle sera plus un problème qu'une solution. Comme nous l'avons présenté tout au long de cet article, les étiquettes de « poème en prose » et de « prose poétique » ont eu de nombreuses interprétations et applications différentes. Au XVIIIᵉ siècle (mais aussi au XIXᵉ et même pour quelques critiques du XXᵉ), tout texte écrit en prose dans lequel un certain lyrisme puisse être perçu pourra être classé de manière interchangeable comme l'un des deux concepts. Ces étiquettes semblent synonymes, comme le précise Vincent-Munnia (p. 48) : « Alors même que la notion de poésie en prose n'est pas encore définitivement reconnue, celles de "prose poétique", de "prose cadencée" et de "poème en prose" semblent parfois complémentaires et parfois concurrentes. »

Les fluctuations quant à l'usage de ces étiquettes peuvent être illustrées à travers trois exemples. Cherel (p. 40) emploie le terme « poésie en prose » pour faire référence à Chateaubriand, Fénelon, Balzac ou Aloysius Bertrand, ce qui attire notre attention par les différences formelles entre les typologies textuelles développées par ces écrivains. Morice (p. 151) voit une « prose plastique » dans les poèmes en prose de *Gaspard de la Nuit*, et Jechova (p. 5) invite à redéfinir le terme « poésie en prose » comme « les divers modes d'expression poétique qui ont recours, dans des proportions variables, à la prose », en mêlant ainsi tous les termes précédents.

Pour tenter de fournir une solution à ce véritable chaos terminologique, nous croyons qu'il faut se demander tout d'abord quant à la naissance du poème en prose en tant que genre. Baudelaire, avec ses *Petits poèmes en prose*, sera le premier à individualiser cette typologie textuelle. Même s'il s'agit d'un témoignage plutôt vague, la *Lettre à Arsène Houssaye* essaie de délimiter génériquement ce que les textes que Baudelaire voulait publier prétendaient être : des textes autonomes (métaphore du serpent) partageant tous quelques caractéristiques formelles (la musicalité, l'ondulation de la rêverie). Cette description a beau être floue, elle constitue le premier cas de l'utilisation de la locution « poème en prose » en un sens plus ou moins fermé, dont Vincent-Munnia rend compte : « poème en prose » est chez Baudelaire « une formule plus uniformisée renvoyant à une entité poétique et générique et non plus seulement à une "manière littéraire" » (p. 10). Quant à Bertrand, bien que ce soit le précurseur désigné par Baudelaire lui-même, on ne lit que la locution « fantaisies », sans qu'il y ait une apologie de construction générique. Ainsi, si nous considérons que le poème en prose tel que nous le connaissons aujourd'hui n'apparaît qu'avec Baudelaire, nous pouvons assumer que l'utilisation de cette étiquette générique avant cette date peut être erronée ou, du moins, anachronique.

Toutefois, et même si nous laissons de côté l'argument concernant Baudelaire, la question qui émane de ce problème terminologique est celle que les critiques du XVIIIᵉ siècle et du XIXᵉ n'ont jamais tenté de résoudre : cette « prose poétique », constitue-t-elle un genre en lui-même ? La « prose poétique », peut-elle être comparée au même niveau que « poème en prose » ou s'agit-il, par contre, d'une différence qualitative entre les deux termes ?

Selon notre critère, le poème en prose représente un genre littéraire en soi-même. Ses qualités formelles peuvent être discutées, mais sa constitution générique est de nos jours incontestable, soutenue celle-ci par la brièveté, l'unité organique et la gratuité ou non-narrativité soutenues par Bernard (1959). Le concept de prose poétique, par contre, peut être bien plus ample et, surtout, il peut être trouvé dans une très grande variété de typologies textuelles. La prose poétique, telle que nous la concevons aujourd'hui, est « un type d'écriture [...] et non pas un genre poétique » (Vadé, p. 11).

Les critères minimums du poème en prose que nous venons de citer ont toujours formé une espèce de délimitation générique du poème en prose. Même si le genre est stylistiquement hétérogène, ses fondements théoriques sont solides : le critique peut s'en servir pour distinguer un poème en prose d'un autre genre similaire. Deux de ces critères nous intéressent spécialement : la brièveté et l'unité organique ou autonomie. Quant au premier, il a été souligné par beaucoup de critiques et d'auteurs. Bernard disait que la brièveté est « plus particulière au poème en prose [...]. Plus que le poème en vers, le poème en prose doit éviter les digressions morales ou autres, les développements explicatifs » (p. 15). Lefèvre, par exemple, propose que « la prose est plus longue ; elle n'a pas une organisation aussi strictement délimitée et son style est très différent du style du poème en prose : la phrase, dans le poème en prose, doit être plus continûment sobre » (p. 245). Des critiques plus modernes ont repris cette idée, comme Sandras, « soucieux de rendre visible la totalité d'un effet, [le poème en prose] est contraint à la brièveté et à l'autonomie » (p. 43), Vadé, « la découpe générale du texte, associée à la brièveté et assurant son autonomie, apparaît donc comme décisive pour un poème en prose » (p. 180) ou Roumette entre autres : « Le poème en prose se veut petit, non par manque d'ambition, mais parce qu'il se veut à l'image de l'expérience poétique, moment d'intensité où l'âme se ramasse, se remet en cause et se concentre » (p. 18). De plus, dans ces témoignages nous pouvons constater que plusieurs critiques font

référence non seulement à la brièveté mais aussi à la condition individuelle, voire autonome, du poème en prose, ce qui était déjà présent
chez Bernard : «Si complexe soit-il, et si libre en apparence, le poème
doit former un tout, un univers fermé, sous peine de perdre sa qualité
de poème» (p. 14)[4].

L'acceptation des critères de brièveté et d'autonomie empêchent le
critique de soutenir que le fragment ou le roman puissent constituer
un poème en prose. Bien que certains textes ou passages de Nerval,
Chateaubriand ou Nodier (entre autres) puissent être décidément poétiques, s'ils s'éloignent de ces deux catégories, le critique devra considérer
leur appartenance générique à une entité autre que le poème en prose.
Ces textes appartiennent plutôt à la sphère de la narration fictionnelle
courte. Certains passages de ces discours présentent, bien sûr, une prose
«qui se fait poétique par un effort stylistique particulier (prose soignée,
imagée, cadencée)» (Vincent-Munnia, p. 90), mais la classification
de poème en prose en est exclue en raison du manque de brièveté et
d'autonomie ou unité organique. Pour Blin, ces œuvres constituent le
germe du poème en prose, évidemment, mais cette catégorie générique
sera développée plus tard et avec une configuration formelle assez différente : Fénelon, Parny, Guérin, Nerval restent «plutôt de devanciers
que de modèles» (p. 9)

Conte, roman, nouvelle, méditation : ces genres, pouvant être différenciés du poème en prose, sont capables cependant d'accueillir certaines
ressources techniques empruntées à la poésie versifiée. Le résultat en
est la création d'une prose perçue par le lecteur comme lyrique. Ce
phénomène n'implique pas la transformation de ces textes en poèmes
en prose ; nous parlerons soit d'une œuvre en prose poétique, soit d'un
fragment de prose poétique (s'il s'agit d'une partie d'un ensemble plus
grand). La ligne de démarcation entre les deux concepts a été discutée
par plusieurs théoriciens ; ils se souviendront tous des critères de brièveté
et d'unité organique. C'est le cas d'Aullón de Haro (p. 109) :

> *Qué cosa sea prosa poética y qué cosa poema en prosa no parece susceptible de delimitación
> sino refiriéndonos a la extensión del texto y a la unidad del mismo.*

---

4   D'autres critiques s'appuient sur le critère d'autonomie pour élaborer un espace générique
     particulier du poème en prose, comme Orizet, pour qui le poème en prose «doit former
     un tout, être un petit univers fermé» (p. 219) ou Lebon : «Le poème en prose doit être
     un poème, c'est-à-dire une seule pièce qui se suffit à elle-même» (p. 97).

« Qu'une chose soit prose poétique et qu'une autre soit poème en prose ne semble susceptible de délimitation qu'en faisant référence à l'étendue et à l'unité du texte lui-même. »

De même, Orizet estime que le poème en prose, « par ses caractéristiques propres qui sont le resserrement, la brièveté, l'unité organique, se détache de la prose poétique, laquelle est encore de la prose, pour devenir poème à part entière, mais libéré des contraintes de la versification » (p. 218).

Compte tenu de ces témoignages critiques et des différences génériques manifestes entre un poème en prose et un texte quelconque contenant une ou plusieurs parties de prose rhétoriquement soignée, nous pouvons conclure que les deux concepts de poème en prose et de prose poétique ne peuvent être nullement confondus. La prose poétique reste un langage littéraire applicable à des genres divers (comme le conte, la nouvelle, le roman, l'épopée, les méditations, etc.) plutôt qu'un genre spécifique. Le poème en prose, par contre, se dessine comme un genre particulier dont les caractéristiques principales (la brièveté, l'unité organique et la non-narrativité) peuvent être facilement soulevées, même si le génie de chaque auteur peut faire diverger la configuration stylistique des textes.

CONCLUSION

Les traductions, les pseudo-traductions et l'introduction progressive du lyrisme et de l'intimité auctoriale dans le domaine de la prose vont contribuer à l'apparition d'une typologie textuelle dont les limites semblent floues : la prose poétique. Toutefois, à l'égard des témoignages critiques que nous avons présentés, nous croyons que la frontière en est nettement délimitée. Les deux concepts, prose poétique et poème en prose, doivent être différenciés en raison de leur nature : la prose poétique est une typologie, une forme d'écriture applicable à plusieurs genres, alors que le poème en prose est une entité générique de plein droit.

C'est pour cela qu'il est impossible, à notre avis, de parler de poèmes en prose insérés dans un ensemble textuel plus grand : si une nouvelle, un roman ou, par exemple, une tragédie théâtrale présentent une ou plusieurs sections dont le lyrisme peut être perçu, nous devrons considérer qu'il s'agit de fragments lyriques, voire de la prose poétique, et non pas de poèmes en prose intégrés. Les trois principes fondamentaux du poème en prose, soit la brièveté, l'unité organique et le refus de la narrativité, lui permettent de fonctionner comme une entité générique particulière et distincte.

Pedro BAÑOS GALLEGO
Université de Murcia

RÉFÉRENCES BIBLIOGRAPHIQUES

AULLÓN DE HARO, Pedro, « Ensayo sobre la aparición y desarrollo del poema en prosa en la literatura española », *Analecta Malacitana*, nº II (1), 1979, p. 109-136.

AULLÓN DE HARO, Pedro, « Las categorizaciones estético-literarias de *dimensión* : Género / Sistema de Géneros y Géneros breves / Géneros extensos », *Analecta Malacitana*, nº XXVII (1), 2004, p. 7-30.

BERNARD, Suzanne, *Le poème en prose de Baudelaire jusqu'à nos jours*, Paris, Nizet, 1959.

BLIN, Georges, *Introduction aux Petits poèmes en prose de Baudelaire*, Paris, Gallimard, (1946) 2006.

CHEREL, Albert, *La prose poétique française*, Paris, L'Artisan du livre, 1940.

FÉNELON, *Les Aventures de Télémaque*, Paris, Didot, (1699) 1841.

GUÉRIN, Maurice de, *Le Centaure*, éd. établie par G.S. Trébutien, Paris, Didier et Cie, libraires-éditeurs, (1840) 1864.

JECHOVA, Hana, MOURET, François, VOISINE, Jacques (Dir.), *La poésie en prose des lumières au romantisme (1769-1820)*, Paris, Presses de l'Université de Paris-Sorbonne, 1993.

LEBON, Stéphanie, « Vers une poétique du poème en prose dans la littérature française moderne », *Revista de Lenguas Modernas*, 13, 2004, p. 95-109.

LEFÈVRE, Frédéric, *La jeune poésie française. Hommes et tendances*, Paris, Georges Crès, 1918.

MORICE, Charles, *La littérature de tout à l'heure*, Paris, Perrin et Cie, 1889.

NERVAL, Gérard de, *Aurélia*, Paris, Lachenal & Ritter, (1855) 1985.

ORIZET, Jean, « Présence et vigueur du poème en prose », *Revue des deux mondes*, nº de septembre, 1988, p. 218-222.

ROUMETTE, Julien, *Les poèmes en prose*, Paris, Ellipses, 2001.

SANDRAS, Michel, *Lire le poème en prose*, Paris, Dunod, 1995.

UTRERA TORREMOCHA, María Victoria, *Teoría del poema en prosa*, Sevilla, Secretariado de publicaciones de la Universidad de Sevilla, 1999.

VADÉ, Yves, *Le poème en prose et ses territoires*, Paris, Bélin, 1996.

VINCENT-MUNNIA, Nathalie, *Les premiers poèmes en prose : généalogie d'un genre dans la première moitié du dix-neuvième siècle français*, Paris, Champion, 1996.

RIMBAUD ET TRAKL

Pour une symbolique des couleurs

Si la modernité d'un poète a pu prendre d'innombrables sens, elle désigne avant tout sa capacité à être actuel à différentes époques, ce qui se manifeste par sa constitution en modèle pour des mouvements littéraires et artistiques postérieurs. Rimbaud a ainsi pu être un modèle pour la poésie expressionniste, et en particulier pour Trakl qui s'est réclamé de lui. Bien sûr, Trakl a avant tout pris ses modèles parmi l'ensemble des poètes maudits : plusieurs de ses poèmes sont intitulés « Spleen » et l'un d'eux reprend explicitement « À une passante » de Baudelaire. Mais, de manière plus souterraine et sans doute plus profonde, Rimbaud a joué pour lui un rôle séminal, si bien qu'en 1928, moins de quinze ans après la mort de Trakl, le critique Herbert Cysarz l'a même appelé « le Rimbaud autrichien[1] ». Cette filiation poétique est soulignée par plusieurs de ses premiers biographes[2] ; si sa correspondance reste discrète sur Rimbaud, une lettre de 1912 exprime le souhait de suivre les traces de Rimbaud en se rendant à Bornéo pour se soulager du tonnerre qui gronde en lui[3]. Enfin, en dehors de la parfaite connaissance du français que Trakl tenait de sa gouvernante alsacienne Marie Boring, Herbert Lindenberger a pu établir que Trakl connaissait parfaitement l'œuvre de Rimbaud, ne fût-ce que par sa traduction en allemand par K. L. Ammer, publiée en 1907[4]. Et, d'après Dominique Hoizey en particulier, c'est

---

1 « *Alt-Österreichs letzte Dichtung (1890-1914)* », *Preußische Jahrbücher*, Berlin, 1828, p. 40.

2 Voir Erwin Mahrboldt, « *Der Mensch und Dichter Georg Trakl* », in : *Erinnerungen an Georg Trakl*, Innsbruck, 1926, p. 60-62 ; Paul Wiegler, « *Leben Georg Trakls* », *Die Literatur*, XVIII, 1926, p. 577 ; Theodor Spoerri, *Georg Trakl : Strukturen in Persönlichkeit und Werk*, Bern, 1954, p. 100.

3 Voir Georg Trakl, *Gesammelte Werke*, éd. Wolfgang Schneditz, Salzburg, 1938-1949, t. III, p. 28.

4 Herbert Lindenberger, « *Georg Trakl and Rimbaud : A Study in Influence and Development* », *Comparative Literature*, Vol. 10, N° 1, Winter 1958, p. 21-35, voir p. 22.

essentiellement à partir de 1912 que Trakl a suivi les traces poétiques de Rimbaud[5].

ÉCHOS RIMBALDIENS

La présence séminale de Rimbaud auprès de Trakl s'est mani-festée à différents niveaux. La manière la plus évidente de la faire apparaître consiste sans doute à croiser les parcours personnels des deux poètes qui partagent la précocité et le terme prématuré de leur carrière poétique, par le choix d'une autre vie pour l'un, par le suicide ou l'overdose de cocaïne pour l'autre. Derrière ces différences apparentes, Trakl rejoint encore Rimbaud par l'arrêt délibéré et cal-culé de sa poésie, puisqu'il meurt dans la nuit du 2 au 3 novembre 1914, quelques jours seulement après avoir envoyé ses deux derniers poèmes, « *Klage* » (« Plainte ») et « Grodek », le 27 octobre, à son éditeur Ficker, poèmes associés à l'expérience de la guerre. De même chez tous deux, la transgression esthétique s'est accompagnée d'une relation interdite, celle avec Verlaine pour l'un, l'inceste avec sa sœur Margarethe pour l'autre[6].

Enfin, l'analogie concerne aussi leur rapport à la guerre, celle de 1870 pour Rimbaud, la Première Guerre mondiale pour Trakl. Or ces éléments communs de leurs parcours personnels ont infusé dans leur poésie, et c'est d'abord le cas de la guerre : tandis que l'un meurt l'année même de la déclaration de la Première Guerre mondiale, l'autre, dans un poème comme « Les Effarés » écrit en 1870, alors qu'il n'a que 16 ans, évoque la guerre à travers le tableau d'enfants pauvres contemplant un boulanger pétrir et cuir son pain. La guerre a donc laissé une trace prégnante dans l'œuvre de chacun des deux poètes, et deux poèmes peuvent être mis en parallèle : « Le Dormeur du Val » de Rimbaud et « An den Knaben

5   Voir Dominique Hoizey, *Une Indicible Tristesse. Vie et mort du poète Georg Trakl (1887-1914)*, Paris, Le Chat Murr, 2016, p. 18. Après avoir examiné la place qu'a tenue Verlaine dans la création poétique de Trakl, il souligne que Rimbaud a joué un rôle important dans son inspiration surtout à partir de 1912.

6   Voir Matteo Neri, *Das abendländische Lied – Georg Trakl*, Würtzburg, 1996, p. 115. *Cf.* article « *Georg Trakl* » de *Wikipédia*, dernière consultation le 23 mai 2019.

Elis » (« À l'enfant Elis ») de Trakl[7]. Bien sûr, une différence fondamentale sépare les deux poèmes : le personnage mis en place par Rimbaud est présenté dans une totale extériorité, dans une totale étrangeté à l'égard du sujet poétique, tandis qu'Elis apparaît comme un double de Trakl. Mais dans les deux poèmes, la mise en scène du personnage repose sur le même effet choquant qui consiste à présenter le personnage dans un cadre bucolique, à suggérer sa vie, avant de poser brutalement sa mort. Chez Rimbaud, l'idée du sommeil est répétée avec force. Dans la seconde strophe, le verbe « Dort » figure de manière spectaculaire en position de rejet et suit une description qui souligne l'harmonie du personnage avec la nature (« la nuque baignant dans le frais cresson bleu[8] »). Le verbe est répété dans la strophe suivante, puis dans la dernière. Entre-temps, il est repris par « il fait un somme ». Bien sûr, dans le même mouvement, d'autres mentions sont inquiétantes : les glaïeuls, l'enfant malade, « il a froid », ou encore « Les parfums ne font pas frissonner sa narine » introduisent un contraste. Mais celui-ci n'estompe pas la brutalité de la dernière phrase : « Il a deux trous rouges au côté droit », phrase qui, par la simplicité et la brièveté d'une description objective, contraste avec le lyrisme bucolique du tableau précédent.

Trakl reprend un procédé similaire, et va même plus loin, puisque son Elis est au départ en mouvement : « *Deine Lippen trinken die Kühle des blauen Felsenquells* » (« Tes lèvres boivent la fraîcheur de la source bleue des rochers[9] »). Et, deux strophes plus loin, il se trouve placé, comme dans le tableau peint par Rimbaud, dans le contexte d'un paysage :

Du aber gehst mit weichen Schritten in die Nacht [...]
Und du regst die Arme schöner im Blau.

« Tu vas, toi, d'un pas lisse vers la nuit [...]
Et tu bouges les bras plus beaux dans le bleu. »

7   Voir à cet égard Jacques Delavenne, « Le piéton, le fils de Pan et l'enfant aux yeux de cristal : Trakl héritier de Rimbaud ? », *Temporel. Revue littéraire & artistique*, 22 avril 2011 ; et « Rimbaud, Trakl et Guillevic : passages de flambeau », publié par Vireton le 08/04/2012, https://lepetitmessagerboiteux.files.wordpress.com/2012/04/georg-trakl1. jpg ; dernière consultation le 23 mai 2019.

8   *Œuvres complètes*, éd. Antoine Adam, Paris, Gallimard (« Bibliothèque de la Pléiade »), 1972, p. 32.

9   « *An den Knaben Elis* », in : *Werke. Entwürfe. Briefe*, Stuttgart, Reclam, 1984, p. 56-57 ; trad. Marc Petit et Jean-Claude Schneider, *Crépuscule et déclin* suivi de *Sébastien en rêve*, Paris, Poésie/Gallimard, 1990 [1972], p. 116-117.

Comme chez Rimbaud, les mentions renvoyant à la paix du personnage sont néanmoins accompagnées de détails plus inquiétants. Ce
cheminement vers la nuit se comprend, mais surtout rétrospectivement,
comme une marche vers la mort. La strophe précédente évoquait un
« présage obscur » (« dunkle Deutung ») provenant du vol des oiseaux.
Mais tout en la préparant, ces indications n'ôtent rien, comme chez
Rimbaud, à l'effet choquant de la mention de la mort : « *O, wie lange
bist, Elis, du verstorben* » (« O il y a longtemps, Elis, que tu es mort. »)

Au-delà de cette situation, l'analogie réside aussi dans l'imagerie
poétique et en premier lieu dans les éléments du paysage. Au « trou de
verdure où chante une rivière » de Rimbaud répond la « source bleue
des rochers » de Trakl (« *die Kühle des blauen Felsenquells* »). Le paysage
est, chez les deux poètes, caractérisé par un jeu complexe sur les couleurs. Rimbaud construit son poème sur une opposition entre le début
et la fin, entre le « trou de verdure » et les « deux trous rouges au côté
droit », qui suggère l'opposition entre la paix de la nature et la violence
des hommes. Mais cette opposition du vert et du rouge prend place
dans un système des couleurs plus complexe. Le lien harmonieux entre
le personnage et la nature est souligné par « son lit vert », complété
par « le frais cresson bleu ». Enfin, ce jeu des couleurs est complété par
l'insistance sur la lumière, à travers l'évocation du soleil dans la dernière
strophe, de la pluie de lumière dans la seconde, et même les « haillons
d'argent » de la rivière, dans la première. De sorte que le rouge est,
parmi l'évocation des couleurs, la seule mention négative.

Si le principe d'une symbolique évidente des couleurs est repris
par Trakl, c'est bien sûr sous une forme très différente, peut-être plus
systématique. Car dans son poème domine l'impression d'obscurité. Le
cadre est celui d'une forêt noire (« *im schwarzen Wald* »), couleur reprise
dans la cinquième strophe pour caractériser la caverne (« *Eine schwarze
Höhle* »). Et dans la troisième strophe, c'est dans la nuit que marche Elis.
Si le noir est associé au cadre naturel, c'est le bleu qui est identifié au
personnage. Dans la troisième strophe, celui-ci bouge « les bras plus
beaux dans le ciel » et dans la première, il pose ses lèvres sur « la source
bleue des rochers ». Le bleu, plus précisément, n'est pas la couleur du
personnage, mais elle désigne son contact avec la nature. Enfin, la lumière
entre en contraste avec l'obscurité du paysage et elle est évoquée à deux
reprises : dans les « yeux de lune » (« *deine mondenen Augen* ») d'Elis dans

la quatrième strophe ; et dans « Le dernier or d'étoiles déchues » (« *Das letzte Gold verfallener Sterne* »), vers unique de la dernière strophe du poème. Or, la lumière est associée à un passé révolu et n'entre donc pas en opposition avec le noir du paysage.

De sorte que le tableau proposé par Trakl ne présente que deux couleurs : le noir du paysage et le bleu qui enveloppe Elis. Il diffère donc de la complexité et de la variété des couleurs chez Rimbaud, qui a choisi d'isoler la mention finale du rouge. En outre, Trakl explicite la signification symbolique des couleurs en opérant un glissement entre leur réalité physique et leur signification morale. Dans la sixième strophe, la « rosée noire » (« *schwartzer Tau* ») goutte sur les tempes d'Elis, comme pour signifier sa mort ; dans la précédente, la caverne noire est identifiée au mutisme du poète (« *Eine schwartze Höhle ist unser Schweigen* » ; « une caverne noire est notre silence ») ; enfin dans la seconde, l'obscurité est attachée au présage que forme le vol des oiseaux. Ainsi, le système des couleurs, exclusivement fondé sur le noir et le bleu et associant le moi à la mort, souligne la continuité du monde physique et du monde moral.

Un autre poème qui a profondément marqué Trakl est « Le Bateau ivre ». On en trouve une allusion évidente dans son poème « *Psalm* » (« Psaume »), en particulier dans le vers : « *Es ist ein leeres Boot, das am Abend den schwarzen Kanal heruntertreibt*[10] » (« Il y a un bateau vide qui, le soir, descend le noir canal »). Et de même, son poème « *Drei Träume* » (« Trois rêves ») présente une vision de mondes étranges, reflets de son âme, où l'on peut lire un écho des visions présentées par Rimbaud dans « Le Bateau ivre » :

In meiner Seele dunklem Spiegel
Sind Bilder niegeseh'ner Meere,
Verlass'ner, tragisch phantastischer Länder [...]

« Dans le sombre miroir de mon âme
Se trouvent les images de mers jamais observées,
De terres abandonnées, tragiquement fantastiques [...][11] ».

---

10 *Ibid.*, p. 37. Voir à ce propos Dominique Hoizey, *Une Indicible Tristesse. Vie et mort du poète Georg Trakl (1887-1914), op. cit.*, p. 18.
11 *Ibid.*, p. 119. Voir Herbert Lindenberger, art. cité, p. 22.

LE JEU DE L'INTERTEXTUALITÉ

Le lien entre Trakl et Rimbaud prend donc d'abord la forme de l'intertextualité. Et celle-ci se manifeste en premier lieu dans le sujet intertextuel par excellence, Ophélie, composé, selon le manuscrit, le 15 mai 1870, et dont la critique reconnaît habituellement que Rimbaud est celui qui l'a érigé en mythe littéraire. Gilbert Durand caractérise même ce mythe en tirant du fameux second vers, « La blanche Ophélia flotte comme un grand lys », repris sous une forme infinitive au dernier vers du poème, la formule désormais fameuse du « mythe du printemps sacrifié[12] ».

Or, le mythe suppose une riche intertextualité, qui ne se limite certes pas à Shakespeare. Rimbaud en effet ne pouvait qu'avoir à l'esprit, dans ce vers répété, les deux vers d'Hugo dans son poème « Fantômes », daté d'avril 1828 et publié l'année suivante dans *Les Orientales* :

> Ainsi qu'Ophélia par le fleuve entraînée,
> Elle est morte en cueillant des fleurs[13] !

Le lien est d'ailleurs corroboré par l'anomalie représentée par le fleuve, au lieu de la rivière, anomalie reprise à son compte par Rimbaud en particulier lorsqu'il écrit :

> Oui tu mourus, enfant, par un fleuve emportée[14].

Enfin, Hugo lui-même faisait écho à la « Femme noyée » de La Fontaine, par une strophe sur la fatalité de la mort et il rappelait, par une énumération de beautés disparues, l'ancienne tradition du *ubi sunt*.

L'intertextualité est donc au cœur du sujet d'Ophélie, et Trakl ne l'oublie pas lorsqu'il le reprend à Rimbaud. Ophélie est présente

---

12 « Du *Complexe d'Ophélie* au Mythe du printemps sacrifié », in : M. T. Jones-Davies, *Shakespeare le monde vert : rites et renouveau*, Paris, Les Belles Lettres, 1995, p. 135-155.

13 « Fantômes », in : *Les Orientales*, in : *Odes et Ballades. Les Orientales*, Paris, Éditions Rencontre (*Œuvres complètes de Victor Hugo* présentées par Jeanlouis Cornuz, vol. 17), 1968, p. 390 et 394.

14 Voir Rimbaud, *Œuvres complètes, op. cit.*, p. 11-12.

dans plusieurs poèmes, en particulier dans leurs ébauches, car l'aspect explicite de la référence disparaît parfois dans la version définitive, ainsi qu'a pu le montrer Gérald Stieg. Ainsi, dans le poème « *Lange lauscht der Mönch* » (« Le moine écoute longtemps »), la première version faisait figurer, dans son premier vers, « *Schön ist Ophelias Wahnsinn* » (« Belle est la folie d'Ophélia »). Ophélie est en effet souvent évoquée par la folie, qui est associée à la beauté. C'est aussi le cas dans « *Wind, weiße Stimme* » (« Vent, voix blanche »), où figurent les vers suivants :

> *Wo mit rührenden Schritten ehdem Ophelia ging*
> *Sanftes Gehaben des Wahnsinns ?*

> Où donc allait autrefois Ophélie, de ses pas agités,
> Doux comportement de la folie[15] ?

Plus clairement se lit en filigrane dans ces vers la « douce folie » qu'évoque Rimbaud et qu'il associe aussi à la beauté puisqu'elle « Murmure sa romance à la brise du soir ». Le « mythe » d'Ophélie construit par Rimbaud est donc d'abord un hommage à la beauté de la folie personnifiée par Ophélia. Cependant cette reprise de l'Ophélie de Rimbaud passe par la médiation de Hölderlin, dont Trakl a repris le « sanfter Wahnsinn » (la « douce folie ») dans le poème « *Hälfte des Lebens* » (« Moitié de la vie »). Or, l'expression est employée telle quelle dans l'ébauche d'un autre poème, « *Landschaft* » (« Paysage »), dont certains critiques ont pensé qu'il reprenait le « Paysage » de Baudelaire. Le jeu d'intertextualité se multiplie donc, non seulement à travers Hölderlin, mais aussi à travers Banville, puisque c'est dans son poème « La voie lactée » que Rimbaud avait, lui, puisé la « douce folie » d'Ophélie[16]. Enfin, dans son poème intitulé « *Am Moor* » (« Au bord du marais ») et qui évoque, cette fois, un marécage, mais à travers une description analogue de la nature automnale, Trakl parle de la « douce mélancolie des troupeaux qui paissent » (« *Die sanfte Schwermut grasender Herden* »), où l'on peut lire une variation sur la « douce folie ».

Si Gérald Stieg a pu montrer que l'Ophélie de Rimbaud était explicitement présente dans les ébauches du poème « *Landschaft* » (« Paysage »),

---

15 Gérald Stieg, « Approches interprétatives du poème "Landschaft" de Georg Trakl », *Études germaniques*, n° 262, 2011/2, avr.-juin 2011, p. 341-355, voir p. 349.
16 Sur ces trois points, voir Gérald Stieg, *ibid.*

mais que la version finale les a effacées, cette dernière conserve malgré tout la trace d'Ophélie. On pense bien sûr tout d'abord à deux vers :

> *Und die gelben Blumen des Herbstes*
> *Neigen sich sprachlos über das blaue Antzlitz des Teiches*

> « Et les fleurs jaunes de l'automne
> Se penchent, muettes, sur le visage bleu de l'étang ».

Il ne s'agit ici bien sûr que d'un reflet des fleurs sur l'eau de l'étang. Mais le « visage bleu » de cet étang ne peut que rappeler l' « œil bleu » d'Ophélia dans le poème de Rimbaud. En outre, la personnification liée au mot « visage » suggère une association de l'étang avec Ophélie. Et chez Rimbaud, une même personnification de la nature donne lieu à une image légèrement différente, puisque ce n'est pas sur l'étang, mais sur le visage d'Ophélie que se penchent les roseaux :

> Les saules frissonnants pleurent sur son épaule,
> Sur son grand front rêveur s'inclinent les roseaux.

Chez Trakl, l'allusion à Rimbaud s'inscrit de nouveau dans un jeu plus complexe de références. D'une part, le second vers du poème évoque une forge :

> [...] *Feuer sprüht in der Schmiede.*

> « [...] du feu crépite dans la forge. »

La référence concerne peut-être non « Ophélia » directement, mais son contexte, car trois poèmes plus loin, c'est à un forgeron que Rimbaud consacre un très long poème.

D'autre part figure une allusion à un autre poème de mort, à travers l'évocation d'un cheval noir qui se cabre et rappelle celui de « Lenore », où le retour du cheval noir signifiait à la jeune fille la mort de son fiancé. La ballade de Bürger, écrite en 1773, avait été en particulier traduite en français par Nerval en 1877. Le jeu d'allusions et de références est enfin interne à l'œuvre de Trakl, et le poème « *Landschaft* » (« Paysage ») rassemble en fait un ensemble d'allusions qui figurent de manière éparse dans sa ballade intitulée « *Die junge Magd* » (« La jeune servante »). Le poème, dans sa quatrième partie, accorde une présence bien plus développée au forgeron. Il reprend également la personnification de la nature, et c'est cette fois un roseau, comme chez Rimbaud, qui se trouve associé à l'étang : « *Traurig rauscht das Rohr im Tümpel* » (« Triste le roseau mugit dans la mare »). Surtout, loin de suggérer la présence de la jeune fille par la personnification de l'étang, Trakl l'inscrit dans l'eau froide de l'étang, même si elle n'y meurt pas : « *Und sie friert in sich gekauert* » (« Et, elle tremble de froid, accroupie »).

Enfin, comme dans « *Landschaft* », la présence de Rimbaud se trouve estompée par une autre référence, cette fois au célèbre poème de Tennyson « *The Lady of Shalott* », écrit en 1833. L'univers shakespearien se voit alors complexifié par un contexte différent, celui de la légende arthurienne. Le poème de Tennyson développe l'histoire de la dame de Shalott, condamnée à voir le monde à travers un miroir. Cependant lorsqu'elle y aperçut le reflet de Lancelot, elle ne put s'empêcher de le suivre du regard, décida d'embarquer sur un bateau pour rejoindre Camelot, mais y fut retrouvée morte, le corps gelé. Or, le poème de Trakl « *Die junge Madg* » présente une allusion à l'histoire de *The Lady of Shalott* dans une strophe qui reprend l'idée d'une vision à travers un miroir. Trakl va même plus loin car c'est le miroir devenu personnage qui observe la jeune femme :

> *Silbern schaut ihr Blick im Spiegel*
> *Fremd sie an im Zwielichtscheine*
> *Und verdämmert fahl im Spiegel*
> *Und ihr graut vor seiner Reine.*

> « Son image d'argent la voit dans le miroir
> Toute étrangère dans la clarté du demi-jour
> Et il se fane et il blêmit dans le miroir
> Et il est effrayé par sa pureté. »

La strophe reprend donc l'idée d'une vision médiée par le miroir, mais par une personnification du miroir qui observe à la fois la jeune femme et la nature. Et c'est l'étrangeté à soi de la jeune femme qu'exprime ce regard dans le miroir.

Par ailleurs l'histoire de *The Lady of Shalott* rejoint celle d'Ophélie par différents aspects : toutes deux mettent en scène le motif du reflet et associent à l'eau la mort de la jeune femme amoureuse. En outre, Trakl disposait, pour sa référence à *The Lady of Shalott*, d'une autre source que celle de Tennyson, à travers le tableau du peintre préraphaélite Waterhouse (1888) qui représente la fin de l'histoire et met en scène la jeune fille sur son bateau, entre les arbres et l'eau de l'étang. L'analogie entre les deux figures féminines, nettement présente chez Waterhouse, est reprise par Trakl dans la juxtaposition des deux références intertextuelles, à Rimbaud et à Tennyson.

Enfin, la dernière strophe présente une vision onirique (« *Traumhaft* » – onirique – est le premier mot de la strophe), celle de la jeune femme à un bal, vision qui présente à la fois l'écho (« *Klang* ») de la musique et l'image superposée du visage de la jeune femme et du hameau, de sa chevelure et des branches d'arbre, mettant au premier plan l'imagination du poète, tout comme le fait Rimbaud dans « Ophélie ». Cette mention d'une musique étouffée sous forme d'écho rappelle le vers 4 de Rimbaud (« – On entend dans les bois lointains des hallalis ») et la présence de l'imagination du poète peut être lue comme une transposition de sa mise en scène dans la troisième partie d'« Ophélie ».

LA SYMBOLIQUE DES COULEURS
ET L'ESTHÉTIQUE DES CORRESPONDANCES

Les exemples précédents font apparaître quelques éléments de l'univers poétique de Rimbaud qui ont participé à la construction de l'imagerie de Trakl. Ainsi en va-t-il du paysage dominé par l'eau, issu d'« Ophélie » comme du « Bateau ivre », ou encore de l'usage décalé et fortement symbolique du bleu. Le « cresson bleu » du « Dormeur du val », auquel répondent « les azurs verts » du « Bateau ivre[17] », avait pu inspirer l'association d'Elis au bleu, dans le poème « *An den Knaben Elis* ». Chez Rimbaud, c'est le lien étrange entre le vert et le bleu qui attire l'attention. Il structure le système des images du « Bateau ivre », opposant « L'eau verte » de la cinquième strophe au « flot bleu » de la quinzième. Il participe à la construction d'un système des couleurs où dominent, dans le poème, le bleu et le noir. Le bleu, celui des « bleuités » de la cinquième strophe, s'y trouve défini comme « délires / Et Rhythmes lents sous les rutilements du jour » ; il renvoie donc au poète et à sa poésie. Quant au noir, ce n'est pas sa prégnance, mais son emploi étonnant qui lui donne

---

17 Voir *Œuvres complètes, op. cit.*, p. 66-69.

son importance dans le poème. Il caractérise, à la fin, la « flache » où l'enfant accroupi « lâche / Un bateau frêle comme un papillon de mai ». Il est aussi la couleur des hippocampes et il clôt la quatorzième strophe sur une notation synesthésique, avec les « noirs parfums », comme pour former la clé de voûte d'une esthétique des correspondances.

Lorsque Trakl élabore son poème « *An den Knaben Elis* » comme un tableau dominé par le bleu et le noir, a-t-il en tête le jeu des couleurs du « Bateau ivre » ? Quoi qu'il en soit, dans le poème de Rimbaud, une autre couleur attire l'attention : le violet, celui des « brumes violettes » de la dix-neuvième strophe, combinaison du rouge et du bleu que suggère le « ciel rougeoyant » du vers suivant, et celui des « longs figements violets » de la neuvième strophe, qui, établissant un lien entre monde physique et monde moral, pousse un peu plus loin le jeu des correspondances.

Cette présence du violet rappelle que, dans le sonnet des « Voyelles », la couleur, associée au oméga, était la dernière mentionnée et formait un contraste avec le « A noir » sur lequel s'ouvrait le poème, opposant l'alpha et l'oméga. Dans sa biographie de Rimbaud, Pierre Petitfils considère que les associations établies par Rimbaud proviennent en partie de l'enseignement musical d'Ernest Cabaner, et en particulier du chromatisme musical par lequel Cabaner attribuait une couleur aux notes de musique. Par là, de nombreux critiques ont vu dans le sonnet des « Voyelles » un prolongement à celui des « Correspondances » chez Baudelaire. En tout cas, au-delà du lien entre sensations auditives et sensations visuelles, l'enjeu principal de la relation entre le premier et le dernier vers du poème réside dans l'opposition du noir et du violet, et peut-être surtout dans le lien entre violet et le bleu, par celui entre la lettre « O » et l'oméga, et aussi par l'association entre le violet et la couleur des yeux (« rayon violet de ses yeux ») ; on attendrait plutôt des yeux bleus que violet).

Un tel éclairage permet de mieux comprendre l'opposition du noir et du bleu qui structure le tableau proposé par Trakl dans « *An den Knaben Elis* », et plus généralement l'importance du bleu dans sa poésie. Bien sûr, encore une fois, Trakl mêle deux sources, celle de Rimbaud et l'inspiration qu'avaient pu lui donner les romantiques allemands. Et le bleu rattaché au moi poétique glisse volontiers à la fleur bleue. Dans un poème comme « *An einen Frühverstobenen* » (« À un jeune mort »), le « sang ruisselant sur la gorge de l'homme qui

gémissait » (« *das Blut, das aus der Kehle des Tönenden rinnt* »)[18] est
défini comme « *Blaue Blume* » (« fleur bleue »). C'est une manière de
suggérer, par la combinaison du rouge et du bleu, le violet rimbaldien,
mais c'est aussi une manière, sous la forme désabusée liée au spectacle
de la guerre, de désigner l'idéal à la fois esthétique et personnel des
romantiques allemands.

La fleur bleue, on le sait, vient du roman de l'artiste de Novalis,
Heinrich von Ofterdingen (*Henri d'Ofterdingen*), publié inachevé, de manière
posthume, par Ludwig Tieck, l'ami de Novalis, en 1801. Elle figure
la quête esthétique de l'artiste, quête posée dès le début du roman par
le songe de Heinrich : la recherche de la fleur bleue par le personnage
est soulignée, dans le roman, par la structure du voyage que Novalis
reprend au roman de formation. Mais il s'agit d'une quête purement
poétique. Sans cesse, le roman la rattache au songe, ou à un cadre
de fiction. Le royaume dont il est question dans le récit enchâssé du
chapitre III de la première partie, par exemple, est caractérisé comme
l'Atlantide, mais cette désignation est rapportée à des légendes[19]. Figure
d'un idéal à la fois amoureux et esthétique, la fleur en vient à désigner
la parole lyrique, à faire du motif amoureux lui-même une image du
lyrisme. C'est ce qui apparaît, au début du roman, dans la symétrie
entre le rêve de Heinrich et le rêve de jeunesse de son père : Heinrich
rêve de fleurs bleues rapportées à une figure féminine qui lui échappe ;
tandis que son père avait rêvé de son idéal féminin, sans avoir vu les
fleurs. Sous deux formes opposées, femme aimée et idéal esthétique se
croisent dans le rêve.

La fleur bleue désigne alors un idéal esthétique dans une perspective
qui refuse la dissociation de la poésie et de la vie et identifie les deux.
Novalis avait pu en trouver le modèle dans une ballade de Goethe de
1798, « *Das Blümlein Wunderschön* » (« La fleurette merveilleuse »), sous-
titrée « *Lied des Gefangenen Grafen* » (« Chant du comte prisonnier »). Le
personnage étrange du comte recherche, dans ses souvenirs, la fleur qui
incarne son idéal, idéal dont on ne sait s'il est esthétique ou amoureux.
Or, cette quête esthétique suit un parcours tracé par l'évocation de fleurs

---

18   Georg Trakl, *Rêve et folie & autres poèmes suivi d'un choix de lettres / Traum und Umnachtung
      & andere Gedichte*, Genève, Éditions Héros-Limite, p. 69.
19   Voir *Henri d'Ofterdingen : un roman*. Traduit de l'allemand par Armel Guerne, Paris,
      Gallimard, 1997, rééd. 2011, p. 146.

sans cesse plus petites. Elle part en effet de la rose, la « *Blumenkönigin* » (la « reine des fleurs »), qui renvoie à une esthétique de la grandeur ; elle se prolonge vers la quête, représentée par le lys, de la pureté poétique, puis vers la diversité de l'œillet et l'esthétique de l'hétérogène à laquelle il renvoie. À ces diverses poétiques de l'éloquence, la violette oppose celle de la simplicité, celle justement du genre populaire qu'est la ballade. Mais cette violette, à laquelle Goethe consacre une autre ballade, n'est qu'une étape vers un idéal représenté par la fleur bleue, idéal toujours inaccessible, puisque la fleur est détruite aussitôt qu'elle est identifiée.

L'important, dans le poème, est la manière de nommer cette fleur et d'associer nomination et définition d'un idéal poétique. La nomination intervient par le biais de la référence à la femme aimée :

> *Wenn sie ein blaues Blümlein bricht*
> *Und immer sagt : Vergiß mein nicht !*

> « Quand elle brise une petite fleur bleue
> Et toujours dit : ne m'oublie pas ! »

Cette parole, adressée au comte par la femme aimée, identifie l'apostrophe « ne m'oublie pas » au nom même de la fleur, le myosotis (« *Vergiß mein nicht* » signifie à la fois « ne m'oublie pas » et « myosotis »). La fleur idéale n'est ici évoquée que pour être niée : dépourvue d'identité ou de caractérisation autre que sa couleur, son nom même se confondant avec la phrase sentimentale prononcée par la femme aimée, elle n'entre jamais elle-même dans le dialogue. Enfin la fleur bleue est cueillie par l'aimée. Seule des fleurs à ne pas être personnifiée, elle semble redevenir objet, mais entre en relation directe avec l'aimée. De même, si les fleurs étaient précédemment mises en scène dans le texte et caractérisées, elles étaient rapprochées d'une figure féminine indéterminée, tandis que la fleur bleue, terme du parcours, présente la relation inverse.

L'amour devient alors métaphore de la création poétique à travers un double parallèle : le sujet lyrique se dédouble en deux figures qui se superposent, celle de l'amoureux et celle du poète, de même que l'être aimé est à la fois femme et fleur, objet d'amour et symbole.

Cet héritage de la fleur bleue proposé par Novalis et Goethe, Trakl en propose une transposition. Ou, plus exactement, il en propose une lecture imprégnée de la symbolique rimbaldienne des couleurs, celle qui superpose à l'association du vert et du bleu, par exemple, dans « Le Bateau ivre » comme dans « Le Dormeur du val », le lien complexe entre l'homme et la nature. Le bleu est, chez Trakl, identifié au moi poétique, il est la couleur de l'idéal, mais d'un idéal souffrant.

À la fleur bleue cependant, Rimbaud, dans son poème « Mémoire », rédigé à l'âge de 18 ans à peine, en août 1872, oppose la fleur jaune. Le titre de son poème lui avait sans doute été suggéré par la façade du Panthéon. Cette évocation mélancolique d'un paysage aqueux prend la forme d'un florilège de couleurs, où se manifestent le blanc, le noir, le gris, mais aussi le vert, ainsi que le rouge et le rose. Néanmoins l'ensemble du poème se construit sur une opposition du jaune et du bleu, du « courant d'or » et du « Ciel bleu », associés à des fleurs qui symbolisent un idéal. Or, aucune de ces deux voies de l'idéal ne semble accessible pour le poète :

> [...] ni l'une
> ni l'autre fleur : ni la jaune qui m'importune,
> ni la bleue, amie à l'eau couleur de cendre[20].

Rimbaud avait-il à l'esprit, en opposant la fleur jaune à la fleur bleue le poème de Sainte-Beuve « Les rayons jaunes », tiré de son recueil *Vie, poésies et pensées de Joseph Delorme* (1829), et dont Baudelaire, dans une lettre du 24 janvier 1862, s'était déclaré « l'amoureux incorrigible[21] » ? Sous la plume de Sainte-Beuve, il s'agit des rayons du soleil couchant, mais le jaune est aussi associé au sacré du missel ou du crucifix et les derniers rayons du soleil renvoient finalement à la mort, au « jaune linceul ». Dans ce poème, qui associe étroitement les notations visuelles et auditives, le jaune, comme chez Rimbaud, caractérise à la fois le paysage et une aspiration, l'évidence de la mort trouvant un pendant dans le « vœu d'être immortel ».

Chez Rimbaud, dans le sonnet des « Voyelles », les lettres sont identifiées aux couleurs, et celles-ci le sont à des parties du corps : le A noir est caractérisé par les moustaches, le I pourpre s'identifie au sang, le U, par le truchement de la référence à la mer, est renvoyé aux rides des « fronts studieux », l'oméga violet aux yeux. Le système des lettres

---

20   Voir *Œuvres complètes*, p. 86-88.
21   Voir Patrick Labarthe, « Joseph Delorme ou "Les Fleurs du mal de la veille" », *Cahiers de l'Association internationale des études françaises*, 2005, n° 57, p. 241-255 ; voir p. 246.

compose donc, discrètement, une anatomie. Et, derrière cette anatomie se lit une physiognomonie, une association, dictée par le principe des correspondances, entre le monde physique et le monde moral. C'est cette fois directement Rimbaud qui reprend un principe des romantiques allemands. Hoffmann offre par exemple une illustration de la méthode physiognomoniste de Franz Joseph Grall, dans une esquisse d'autoportrait dessiné[22]. Chaque trait ou chaque partie du visage ou du buste est accompagné d'une lettre, et le portrait est suivi d'une légende qui donne une explication à ces traits. C'est ainsi une véritable cartographie de son buste qu'il entreprend. L'ordre même des lettres (*a* le nez, *b* le front, *c* les yeux, jusqu'à *p* pour le bas du buste), indique un mouvement du regard, mouvement circulaire qui part du centre pour aller vers la périphérie, et cette progression de l'observation inscrit la signification même de ce portrait dans une spatialité. D'une certaine façon, le regard se trouve ainsi intégré dans le dessin lui-même, et le sujet s'observe dans l'autoportrait, justement par l'ordre alphabétique qui indique le mouvement suivi par l'œil. Dans son sonnet, Rimbaud reprend le principe d'un ordre alphabétique en suivant l'alphabet grec, mais cet ordre correspond au mouvement de la lecture là où il décrit et détermine, chez Hoffmann, celui du regard. Par ailleurs, la lettre de l'alphabet a une double présence chez Hoffmann. En plus de cette perspective logique, elle conserve une dimension graphique. La courbe du *c* reproduit l'orbite de l'œil, le *b* tient la place d'une ride sur le front. Ainsi la lettre se trouve à l'articulation du langage (comme explicitation de l'effet suggéré par l'expression du visage), et de l'art graphique (comme partie même du dessin).

L'idée de Rimbaud n'est pas éloignée : de nombreux commentaires ont glosé sur la valeur graphique des lettres mise en relation avec le texte : A évoque « mouches à merde » ou certains « golfes d'ombre » des femmes – ce qui le rattache au noir ; O, par sa forme ronde, rappelle l'embouchure du clairon, etc.[23] L'exemple du clairon, caractérisé par des « strideurs », le souligne : la lettre chez Rimbaud est envisagée indissociablement dans son aspect sonore et visible, elle est le socle de

---

22 *Archiv für Kunst und Geschichte*, Berlin. Reproduit dans : *Fantasie- und Nachtstücke. Fantasiestücke in Callots Manier, Nachtstücke, Seltsame Leiden eines Theater-Direktors*, p. 756.
23 Voir *Œuvres complètes*, éd. Antoine Adam, Paris, Gallimard (coll. « Bibliothèque de la Pléiade »), 1972, p. 900-901.

synesthésies qui conduisent à associer monde physique et monde moral, le « clairon », par la forme de son embouchure comme par le son strident qu'il produit, étant associé à « des Mondes et des Anges ». Sous deux formes différentes, chez Rimbaud et chez Hoffmann, la lettre s'inscrit donc à la fois dans l'ordre du sensible et de l'intelligible.

Un exemple, chez Hoffmann, est frappant : le *m* mime une ride du front, au-dessus des yeux, et dans la légende, la lettre présente ce commentaire : « *die Mephistophelesmusk. oder Rachgier u Mordlust – Elixiere des Teufels* » (« La musique de Méphistophélès ou rage de vengeance et désir de meurtre – Elixirs du diable »). L'explication proposée par la note s'inscrit ici pleinement dans l'ordre de la littérature, puisque Hoffmann caractérise ici sa propre œuvre, son roman *Les Elixirs du diable*, par un de ses traits physiques, la ride du front : celle-ci joue-t-elle, à l'égard de l'œuvre, le rôle d'explication ou de caractérisation ? La physiognomonie devient ici acte narratif. L'ironie, indissociable de cette approche réflexive, est évidente et se manifeste dans la dernière lettre, le *p*, qui tient la place du bouton de la veste, et qui est accompagné de ce commentaire : « *Und so weiter* » (« Etcetera »). Ainsi, cette clôture du dessin est renvoyée à l'infini d'une énumération sans borne, celui d'une identité que le dessin s'efforce de circonscrire dans un espace, sans pouvoir y parvenir. Le langage exprime ce qui est l'envers du dessin, l'impossibilité de la représentation. Rimbaud, lui, est loin de cette ironie. Mais par la circularité de son poème qui, dans le O, attache la fin et le début, il suggère l'infini embrassé par le nombre fini des voyelles, et décrit ainsi le pouvoir de la poésie.

Surtout, par le truchement de la physiognomonie, le lien établi par le portrait de Hoffmann entre image et langage, entre perception et signification, situe son projet esthétique dans la perspective des correspondances telles qu'elles ont été définies par Swedenborg : « Le rapport ou correspondance se voit clairement sur la Physionomie des hommes [...]. Toutes les passions et affections de l'âme s'y peignent au naturel[24] ». Comme Baudelaire, Rimbaud est l'héritier de Hoffmann et le jeu des correspondances qu'il articule autour des voyelles assigne comme fonction à la poésie d'éclairer ce lien entre monde physique et monde moral.

---

24 *Les Merveilles du ciel et de l'enfer et des terres planétaires et astrales*, trad. A. J. Pernety, Berlin, Decker, 1782, 2 vol., § 91.

L'exemple de l'autoportrait d'Hoffmann, qui associe le langage et le dessin, illustre une entreprise à la croisée du visuel et du poétique. Le projet poétique qui se fonde sur une telle physiognomonie ne se contente donc pas d'explorer l'esthétique des correspondances ; ou plutôt, il associe étroitement cette quête d'un accès au monde des idées à une union des arts, qui résulte d'un rapport synesthésique au monde. Cet aspect est évident pour Hoffmann qui a déclaré hésiter entre la carrière de peintre et celle de musicien. Il est aussi important chez Rimbaud qui commente, dans « Alchimie du verbe[25] », le projet poétique de ses « Voyelles » : « J'inventai la couleur des voyelles ! – A noir, E blanc, I rouge, O bleu, U vert ». Même si elle ne se rapportent plus à l'alphabet grec, les voyelles sont ici de nouveau inscrites dans l'ordre alphabétique, pour insister sur la normativité d'un projet qui va désormais au-delà du simple système des voyelles : « Je réglai la forme et le mouvement de chaque consonne, et, avec des rhythmes instinctifs, je me flattai d'inventer un verbe poétique accessible, un jour ou l'autre, à tous les sens ».

Cette recherche d'un système est donc indissociable des synesthésies, et le lien que celles-ci supposent entre audition, vision et entendement conduit à une union des arts. Quelques lignes plus haut, Rimbaud évoquait ses goût en matière esthétique : « J'aimais les peintures idiotes, dessus de portes, décors, toiles de saltimbanques, enseignes, enluminures populaires ; la littérature démodée, latin d'église, livres érotiques sans orthographe, romans de nos aïeules, contes de fées, petits livres de l'enfance, opéras vieux, refrains niais, rhythmes naïfs ». L'énumération se construit sur un parallèle qui nous rappelle que si le poète est voyant, c'est au sens propre, c'est-à-dire comme peintre.

Mais la convergence des deux types d'œuvres – poésie et peinture – chez un même artiste suscite la question de la complémentarité des arts, de la capacité d'un art à exprimer ce qui échappe à l'autre, ou encore de la recréation d'une œuvre, voire de son achèvement, dans un autre support esthétique. La poésie de Rimbaud et de Trakl, en construisant une grammaire des couleurs et en associant la signification des couleurs au moi poétique, ont défini leur poésie comme une vision, mais une vision qui, au sein de cette poétique des correspondances, permettait un accès au monde immatériel.

---

25   Voir *Œuvres complètes, op. cit.*, p. 106.

Ces quelques exemples d'échos rimbaldiens dans l'œuvre de Trakl ont ainsi pu faire apparaître un aspect de la modernité de Rimbaud sous la forme d'une réactivation de son univers poétique dans le contexte de l'expressionnisme. Tout l'expressionnisme, ainsi que l'avant-garde, est coloriste. Mais plus qu'un ensemble d'images poétiques, c'est un principe poétique que Trakl a repris à Rimbaud : l'idée d'une vision poétique construite sur un système signifiant de couleurs, des couleurs qui ont valeur de symboles en ce qu'elles établissent un lien avec le moi et, par là, avec le monde des Idées.

Bernard FRANCO
Sorbonne Université (CRLC)

POÈTES ENCHANTEURS

Tristan Klingsor et Maurice Fombeure

LIMINAIRE

La poésie est parfois (souvent ?) bizarre parce qu'elle ouvre dans la pensée des chemins imprévus, des chemins qui sentent bon et qui permettent des rencontres enchantées. On ne lit presque plus la poésie, dit-on, et cette rengaine revient souvent dans les propos des gens. D'ailleurs on ne lit presque plus de Littérature. Les journalistes sont devenus des écrivains et les chanteurs de variétés des poètes. Bientôt les derniers lecteurs se retrouveront en grand secret dans les catacombes de la Fantaisie et des Images pour partager, entre quelques happy few, leurs émotions. Néanmoins, même si les choses semblent vouloir se précipiter vers l'abîme de la noirceur, heureusement, ce temps n'est pas encore venu, et alors, aujourd'hui, nous partagerons le plaisir de lire des poètes en suivant ces drôles de chemins qui s'offrent à nos regards.

Il y a dans la poésie française tout un florilège de poèmes qui s'inspirent du folklore français, des poèmes qui ont la senteur des vieilles provinces, des boîtes de biscuits en fer qui conservent de vieilles photos jaunies ou des images d'enfant : les bons points de notre enfance. D'ailleurs si nous citons l'enfance, ce n'est pas totalement innocent puisque l'enfance est omniprésente chez ces poètes. Il y a tout un domaine enchanté, de magie ensorceleuse, qui part de Gérard de Nerval[1] et qui arrive à André Hardellet, en passant par Paul Fort et Alexandre Vialatte. La province est représentée, il s'agit de ne pas se perdre à travers champs, prendre le bon chemin qui fleure la bonté du printemps ou les couleurs chatoyantes de l'automne, rimer librement comme dans une chanson

---

1 Nerval est cité en exergue du volume *Squelettes fleuris* paru en 1897.

(les octosyllabes sont les bienvenus) et se laisser transporter par la tradition. Mais il ne s'agit pas d'une tradition grognonne qui regarde tout de travers, non pas. Il s'agit d'une tradition qui sait écouter et qui sait regarder et accepte même les nouveautés.

C'est de cela qu'il s'agit, et c'est à partir de deux poètes qui, à première vue, semblent différents l'un de l'autre, parce que l'un est né au dix-neuvième siècle et l'autre au vingtième, mais qui, en réalité se ressemblent, sinon comme deux gouttes d'eau comme deux cousins en poésie ; ils ont un air de famille qui ne ment pas, car ils portent en eux les refrains des rues et des bois et toute la magie qui va avec. Et d'ailleurs celui du XIXᵉ siècle a vécu jusque dans les années soixante du siècle suivant.

Il y a aussi le côté gavroche, ironique et gentil comme peuvent être parfois les vers de Jules Laforgue.

Ce mélange de gentillesse, de joie désenchantée, de musique mélodieuse d'un passé plongé dans une atmosphère de province a tout pour nous plaire, car il nous enchante par sa musicalité, ses rythmes et ses thèmes. La légèreté de ces deux poètes est si importante qu'on oublie parfois de les citer, parce que l'on pense que la légèreté n'est pas convenable pour dire des choses importantes et poétiques. Pourtant, il suffirait d'avoir lu Italo Calvino pour changer d'idée[2] : « [...] perché sono stato portato a considerare la leggerezza un valore anziché un difetto [...][3] » ; à savoir que la littérature permet « la ricerca della leggerezza come reazione al peso di vivere [...][4] » et en cela le rôle de la poésie peut être prééminent. Le cœur n'est pas uniquement un muscle, il est aussi le moyen par lequel les choses se transforment et deviennent des merveilles et les poètes savent raconter ces modifications miraculeuses. Il est vrai qu'aujourd'hui on cite de moins en moins de poètes, mais à l'occasion il est de notre devoir de rappeler que Tristan Klingsor et Maurice Fombeure ont connu des jours glorieux et que, s'ils ont disparu,

---

2   Attention à ne pas citer la phrase que l'on trouve sur la Toile : « Prendete la vita con leggerezza che leggerezza non è superficialità, ma planare sulle cose dall'alto, non avere macigni sul cuore. » (« [...] Que légèreté ne veut pas dire superficialité, mais planer de là-haut sur les choses, sans avoir de gros poids sur le cœur. [...]) (notre trad.)» ; qui ne se trouve pas dans les *Lezioni americane*, et qui peut-être n'est même pas de Calvino.

3   « [...] parce que j'ai été conduit à considérer la légèreté comme une valeur au lieu d'un défaut [...] » ; Italo Calvino, *Lezioni americane*, Milano, Mondadori 1993, p. 7. (n.t.)

4   « [...] la recherche de la légèreté comme une réaction au poids de vivre » (n.t.) ; *ibid.*, p. 33.

c'est simplement parce que l'air du temps poétique a passé comme la jeune fille nervalienne ou comme le bonheur de Paul Fort, trop lestement. Mais René Char écrivait qu'« Un poète doit laisser des traces de son passage, non des preuves. Seules les traces font rêver[5]. ». Et ces deux poètes-ci, sans aucun doute ont laissé des traces un peu partout.

« TRISTAN L'ENCHANTEUR »

Il s'appelait de son vrai nom Léon Leclère mais bientôt il troqua son patronyme avec ce nom aux sonorités anciennes et poétiques : Tristan Klingsor. Nous avons repris à Robert Sabatier l'attribut d'« enchanteur » parce que ça lui va vraiment bien, poète, peintre et musicien, c'est, cependant, le poète qui nous intéresse, le poète dont les vers nous enchantent. Lui-même se définit ainsi, en citant le magicien Klingsor de Wagner[6], dans un poème : « [...] Klingsor vieillot, doigts au menton souriant, / Songe. [...] Les gnomes subtils sauront-ils à quoi rêve / l'Enchanteur, doigts au menton, barbe fleurie ? [...][7] ». C'est vrai qu'il y a dans ses poèmes tout un ensorcellement qui nous fait chavirer vers un ailleurs. Le poème tel un grimoire nous confie ses secrets et le poète mage, enchanteur, tel Merlin au fin fond de Brocéliande, une Brocéliande touffue des mots. Il y a dans ses vers tout un monde qui défile comme quand on trouve dans le grenier une vieille boîte à biscuits et, une fois ouverte, apparaissent devant nos yeux étonnés de vieilles photos, tout un monde disparu.

> Dans son rêve le vieux Prince de Touraine / Voit passer en robe verte à longue traîne / Yeldis aux yeux charmeurs de douce reine. // Yeldis passe sous les pommiers en fleurs / En robe verte de soie – et le Roy pleure, / Yeldis passe sous les pommiers en fleurs. [...] // Pourquoi veux-tu donc que je t'aime, / Pauvre Prince de Touraine et de Bohême ? // Tes cheveux sont trop blancs

---

5   René Char, *Sur la poésie*, dans *Œuvres complètes*, « Bibliothèque de la Pléiade » (éd. de Jean Roudaut), Paris, Gallimard, 1983, p. 1301.
6   Il est vrai que les deux noms de ce pseudonyme sont pris chez Wagner, mais il est tout aussi vrai que le moyen âge du poète est préraphaélite plutôt que wagnérien. *Cf.* Lester J. Pronger, *La poésie de Tristan Klingsor*, Paris, Minard, 1965, p. 33 et p. 43.
7   Tristan Klingsor, *Orientine*, dans *Poèmes de Bohême*, Paris, Mercure de France, 1913, p. 31.

pour mes cheveux blonds / Au son des cloches tes yeux se fermeront ; / Je
m'en vais : de jeunes Princes m'aimeront [...][8]

Dans ces quelques vers nous pouvons, en grosses lignes, découvrir la
poétique de Klingsor : le passé que de vieux stylèmes font apparaître, la
musicalité de ses vers, et l'auto-ironie omniprésente, presque chagrinée,
celle du temps qui passe, inexorable. La belle qui est là ne se soucie pas
du vieux roi, légère comme le printemps, elle s'égaye parmi ses autres
prétendants et il ne reste plus au vieillard que mourir.

Nous avons cité Gérard de Nerval et Paul Fort. Le premier est le
poète qui lui fera, enfant, découvrir la poésie, et le second deviendra
son ami. D'autres poètes seront pour lui sources d'inspiration : Aloysius
Bertrand, Shakespeare et Omar Khayyâm ; d'autres poètes seront ses
amis : Stuart Merrill et Francis Vielé-Griffin.

Toute l'émotion du poème naît justement de ce plaisir des choses
disparues qui pourtant reviennent vivantes dans notre mémoire.

Le livre le plus connu de Tristan Klingsor est *Schéhérazade*, paru en
1903, l'héroïne des *Mille et une nuits*, et probablement cette célébrité est
due à la musique de Maurice Ravel ; pourtant quand on relit ces vers
ciselés et musicaux, nous tombons sous le charme :
« Je ne sais pas où va la feuille morte / Qui danse et tourne au gré du
vent / Qui l'emporte, / Et pourtant / Je la suis longtemps des yeux en
rêvant // [...][9] » Il s'agit d'un vieux thème ressassé, – Klingsor n'invente
rien –, mais grâce à la disposition des vers et aux sonorités musicales ces
vers prennent un sens nouveau. L'amour est souvent malheureux et c'est
pour cela que le verbe *rêver* est omniprésent. Ce verbe est celui qui ouvre
toutes les portes, voire la petite lucarne qui pousse le lecteur en compagnie
du poète dans le lointain, vers des contrées mystérieuses et ensorcelées.

Le talent de Tristan Klingsor est celui de nous plonger rapidement
dans une atmosphère orientale ou provinciale ou ancienne. « Je sais le
secret merveilleux du passé[10] » écrit-il et c'est vrai, devant nos yeux
émerveillés le poète fait apparaître, au gré d'un lexique parfois archaïque,
princesses, flore et faune, lieux. Les noms sont révélateurs, bien entendu :
Hérodiade, Thulé, Mélisande, Yseult et autres.

8   Tristan Klingsor, *Yeldis, ibid.*, p. 19-20.
9   Tristan Klingsor, *Chanson triste, Schéhérazade*, Amiens, Edgar Malfère, 1926, p. 29.
10 Tristan Klingsor, *Esmérée* dans *Poèmes de Bohême*, cit., p. 24.

Tristan Klingsor commence sa carrière avec *Filles-Fleurs* en 1895. Ces poèmes seront repris dans *Poèmes de Bohême*[11]. Remettre des vieux recueils dans les nouveaux titres est une habitude chez Klingsor. Comme à vouloir arrêter le temps, parfois en y ajoutant un titre, ainsi l'œuvre s'accumule au fil du temps. *Squelettes fleuris* en 1897, et *L'escarpolette* en 1899 suivront le même chemin, on les retrouvera dans d'autres recueils : « Accrochez l'escarpolette aux cordes de soie : / Voici la ronde des fous, des enfants et des fées. / Qui viennent avec des refrains de joie, / De toques, de bonnets et de chaperons coiffés[12]. »

Ici aussi, le passé déboule sur la page, presque une atmosphère Régence, à la Watteau et surtout à la Chardin ; Chardin le peintre dont il louera la peinture dans un ouvrage, en 1924 : « [...] il accomplit ce miracle de nous faire pénétrer dans l'intimité de sa pensée ; il revêt ainsi de poésie les scènes en apparence les plus ordinaires[13]. »

Léger changement de thèmes, dans l'*Escarpolette*, Klingsor quitte l'univers des légendes et revisite les contes ; le monde de l'enfance, omniprésent aussi chez Chardin, nous envoûte dans cette relecture des personnages des contes de fées. Comme a écrit Pierre Menanteau dans sa monographie sur le poète : « La légende se situe dans une atmosphère de noblesse et d'étrangeté. [...] Plus vif dans le rythme, plus concret, plus familier, le conte peut faire peur, certes, mais n'ignore pas la gaieté, l'enjouement. La légende plaît surtout à l'adolescence, le conte à l'enfance. [...][14] ».

Tristan Klingsor a reconnu plusieurs fois sa dette à l'égard d'Aloysius Bertrand. Voilà pourquoi, il commence lui aussi à écrire de poèmes en prose, qui paraissent en 1902 : *Le Livre d'esquisses*. Le poète s'en donne à cœur joie avec les descriptions bizarres, comme celle-ci, d'un certain Monsieur Pluche, qui ressemble comme deux gouttes d'eau à de nombreux autres messieurs de la poésie, que l'on retrouvera chez Henri Michaux, Jean Tardieu, Alexandre Vialatte, etc.

De sorte que tout à l'heure, les sachets, les fards et les cosmétiques serrés., le mouchoir de fine batiste parfumé de bergamote et la boutonnière fleurie d'un

---

11 Ainsi repropose-t-il, toujours dans le même recueil, *Squelettes fleuris* (1897) et dans *Humoresques* en 1921 *Chroniques du chaperon et de la braguette* qui avait paru en 1910.

12 Tristan Klingsor, *L'Escarpolette*, Paris, Mercure de France, 1899, p. 9. *Cf.* aussi *Le valet de cœur*, Paris, Mercure de France, 1908, p. 7.

13 Cité dans Pierre Menanteau, *Tristan Klingsor*, Paris, Seghers, « Poètes d'aujourd'hui », 1965, p. 183.

14 *Ibid.*, p. 32.

camélia, M. Pluche en escarpins luisants et haut-de-forme gris, M. Pluche en gants jaunes et cravate verte, M. Pluche emprisonné dans le carcan de son faux-col de dandy et le justaucorps de sa redingote de vieux bichon va pouvoir enfin s'amuser, – le roquentin ! – à jouer négligemment du jonc à bec de cane et du monocle à fil d'or devant les frêles et délicieuses vicomtesses d'amour des terrasses du boulevard des Italiens[15].

Quelle merveille que ces esquisses ! Comme cette rencontre de deux parapluies qui en réalité cachent la rencontre de deux amoureux, humour léger, attention, gentillesse et poésie. Klingsor reviendra encore sur ces poèmes en prose, vers la fin de sa vie, par exemple avec *Les poèmes de la princesse Chou*, paru posthume, généreusement exotiques avec une pointe d'érotisme. Dans un des derniers poèmes du recueil, un poème encore actuel :

« Ce monde est une étable à porcs. [. . ..] Ô manieurs de mots de glaise ou de pinceaux, ô jongleurs fous morts de faim dans vos cases en emportant le trésor de vos rêves, pour qui donc vous êtes-vous consumés[16] ? »

Face à un monde dépourvu de bon sens, l'art capitule et la noirceur s'installe partout :

> Empereurs, maréchaux, ministres et mandarins ont élevé des ponts et des tours aujourd'hui écroulés, dévidé des paroles fumeuses [. . .]
> Ils ont oublié les quatre choses précieuses de la vie : la contemplation d'une peinture raffinée, un quart d'heure de poésie, une soirée de musique et une nuit d'amour[17]. »

mais le temps qui passe inexorablement l'emporte sur toute chose, y compris la noirceur.

Klingstor poète délicat et attentif aux souvenirs et aux sonorités retrouve les contes, cette fois-ci orientaux avec les *Mille et une nuits*. Menanteau nous dit dans la préface à la *Princesse Chou* que « Tristan Klingsor, dans ses voyages, n'était pas allé au-delà de Venise[18]. ». C'est donc un Orient inventé que nous avons ici, Orient dont il va décrire les sortilèges avec *Schéhérazade*, publié en 1903, nous l'avons déjà vu. Il nous enchante par la musique de ses vers, par la magie du lexique, par le léger sourire qui pénètre chaque

---

15   Tristan Klingsor, *Le livre d'esquisses*, Paris, Mercure de France, 1902, p. 19-20.
16   Tristan Klingsor, *Poèmes de la princesse Chou*, Paris, Athanor-Le Cerf-Volant, 1974, p. 81.
17   *Ibid.*, p. 52.
18   *Ibid.*, p. 8.

vers. Et n'est pas un hasard si Robert Sabatier voit en lui un des grands inspirateurs de l'école des Fantaisistes de Carco et Derème :

> Je t'apporte un vase de Syrie, / Au col fin comme tes doigts, / Pour y mettre des roses, et pour que toi / Aussi, tu me souries. // Je l'eus au marché de Damas / D'un vieux potier à blanche barbe de laine, / Perdu comme un joyau dans la masse / Des fioles et des pots de porcelaine. // Mais tu peux l'emplir au lieu de roses / D'encens de Bassora, si tu veux, / Ou d'essence de roses, / Douce Myriam pour tes cheveux. [...][19]

Un *Orient de fantaisie* comme s'intitule l'un de ses poèmes : « Cela me fait un Orient adorable / D'une poésie exquise et choisie [...] / Un Orient avec des roses et des sabres / Et tel qu'il ne me reste nul désir / De me risquer aux aventures de Sindbad[20]. »

Les recueils poétiques se succèdent, *Valet de cœur* paru en 1908 qui, nous l'avons déjà dit, repropose *L'escarpolette*, et où le poète continue sa promenade dans le monde ancien des contes et des provinces françaises, avec des sections qui vont de *Le jardin de ma tante* à *Chansons françaises* en passant, entre autres, par *Au hameau* : « La neige aux doigts du vent en voltigeant / Ourle de blanc les routes et les guérets / Et coud aux branches fines des haies / Ses dentelles fleuries d'argent. // [...][21] », *Paysage* délicat avec des échos lointains de Charles d'Orléans.

La fantaisie débridée du poète entraîne le lecteur vers les horizons les plus différents, qu'il s'agisse de poème épique, *Jean de Hodan*, écrit en 1944 et publié dans la revue du Mercure de France en mars 1947 et en volume, en 1969. Poème épique en vers libres qui met en scène la vie de deux soldats au début de la guerre, en 1939, puis le camp de prisonniers d'où ils s'enfuient et enfin la mort de Jean. Ce qui fascine dans ce poème c'est le thème moderne d'une guerre au XXe siècle et, en même temps, l'atmosphère sombre de la guerre de Cent Ans. Ce décalage temporel rend le tout particulièrement intéressant et douloureux : « Piochez, bons prisonniers, / Et revêtez le monde entier / De votre chape seigneuriale de béton ; / Sans répit, grâce ni pardon, / Piochez bons prisonniers. [...][22]

---

19 Tristan Klingsor, *Le vase de Damas*, dans *Schéhérazade*, Amiens, Edgar Malfère, 1926, p. 78.
20 *Orient de fantaisie*, dans *ibid.*, p. 71.
21 Klingsor, *L'hiver* dans *Valet de cœur*, cit., p. 145.
22 Tristan Klingsor, *Jean de Hodan*, Paris, L'Amitié par le Livre, 1969, p. 41.

Paul Fort a écrit : « Klingsor est à mes yeux notre plus grand poète féerique – et de loin il l'emporte sur les autres, car le tremplin de sa féerie est l'Humain. [...][23] » et nous en avons la preuve avec le recueil fantastique qu'est *La Maison d'Aloysius* ; le nom est choisi en hommage à l'un de ses poètes préférés, Aloysius Bertrand :

> [...] Mais trois chiquenaudes légères / Ébranlèrent la porte : « Entrez ! » / Aloysius referma le grimoire / Et tout aussitôt le tréteau bigarré / Des songes fut éteint ; / Tournant plumeau tourbillonnant / Parut madame Élise la voisine, / Régente ménagère / Et chambellan de la cuisine ; / Aloysius docile et très bas s'inclinant / Descendit au jardin[24].

Ce recueil publié, nous dit Menanteau « à l'occasion des quatre-vingt-dix ans du poète[25] » fut, en réalité composé en 1945. Un autre horizon poétique et cette fois-ci en vers réguliers, sont les *Cinquante sonnets du Dormeur éveillé*, paru en 1949. La forme fixe du sonnet n'empêche pas notre poète de diversifier les rimes, et il semble se trouver parfaitement à son aise :

> C'est un sonnet. Pensant à vous, très belle, / À cet iris bordé de cils de nuit / Où la moquerie fait luire une perle, / Je le compose pour tromper l'ennui. // Sorcier des mots hélas ! ce soir ne suis ; / En habits d'or la syllabe rebelle / Paraît, danse, tournique & puis s'enfuit / Dès que ce niais de Sologne l'appelle. [...][26]

Les *Poèmes de Bohême*, livre paru en 1913, nous l'avons vu, réunit de vieux recueils les *Filles-Fleurs* et les *Squelettes fleuris*, et nous offre toutefois avec la section éponyme un retour aux sources poétiques de Klingsor : contes et légendes tout confondus, avec Villon et Verlaine comme mentors. Le thème de la vieillesse et des amours contrariées sont omniprésents, le charme reste :

> [...] Chevalier, chevalier, ton épée est rouillée / Et tu t'armes en vain ; / Chevalier ta main tremble et ton cœur aussi : / Ah ! la dernière rose de l'été / Est prête à s'effeuiller ; / Chevalier tout gris, chevalier transi, / Ne veux-tu pas

---

23 Tristan Klingsor, Album précédé d'un Hommage à Tristan Klingsor, « Flammes vives » (numéro spécial), p. 11.

24 Tristan Klingsor, *La Maison d'Aloysius*, Paris, Compagnie des Amis de Tristan Klingsor, 1964, p. 11-12.

25 Menanteau, cit., p. 62.

26 Tristan Klingsor, *Le Sonnet* dans *Cinquante sonnets du Dormeur éveillé*, Paris, Compagnie des Bibliophiles de la Pipe & de l'Escargot, 1949, p. 39.

goûter / Un peu de ce vieux vin du Rhin, / Chevalier ? // Une rose s'effeuille
au rameau trop las ; / Au fond du parc le vent siffle dans la ramée / Son chant
monotone de mort ; / Une rose s'effeuille sur tes genoux / Et seul notre amour
demeure plus fort, / Mais sommes-nous bien sûrs encor de cela, / Ô toute
aimée ? / Automne est déjà revenu vers nous[27]...

Ce thème de la vieillesse dans les derniers recueils, sera encore plus
présent ; Pierre Menanteau nous dit que le poète se taira « De 1913 à
1921, huit ans de silence[28] » et ce n'est qu'en 1921 qu'il publiera un de
ses plus beaux livres où il mettra main à tous ses thèmes préférés en y
ajoutant d'une façon moins discrète l'humour : « Qui peut savoir où le
vent file ? / Bon courage, monsieur Benoist ; / Qui peut savoir où le vent
file ? / Rêve de femme est plus subtil ; / Prends ta canne de bois / Des
îles. [...][29] » ou bien « Charmant bourgeois / Qui décampas du logis /
L'œil tout en joie, / Ton nez comme aubergine rougeoie / aux bougies[30]. »
ou bien : « [...] Hé ! hé ! la fine jambe que voici ! / Le bourgeois assis /
Vers elle glisse / Une œillade d'amour farcie : / Ce hautboïste emplit
les cœurs de poésie, / Qu'en dites-vous nourrice ? [...][31] »

Humour gentil, parfois amer, car le temps passe, et le poète est
bien conscient de cela : « [...] Encore une vie qui s'achève : / encore
un rouge automne avant l'hiver, / Laissons monter en nous ce dernier
rêve / Avant l'heure dernière[32]. » Mais, dit-il, au bout du compte que
reste-t-il ? : « Moi qui chante le vin, la rose, et le chagrin / Tout le long
de ma route, / Mais qui m'écoute[33] ? »

Puis en 1932, paraîtront les *Poèmes du brugnon* : « Beau canotier de
Bougival / Tout est chansons : / Le poisson bleu fait un ovale / Autour
de ton bouchon [...] // Et cependant déjà la barque nage / Vers le port, /
Et ton rêve s'enfuit avec ce fin nuage / Ourlé de rose d'or[34]. ». Après le

27 Klingsor, *Automne*, dans *Poèmes de Bohême*, cit., p. 193-194.
28 Menanteau, cit., p. 51.
29 Tristan Klingsor, *Chanson de monsieur Benoist*, dans *Humoresques*, Amiens, Edgard Malfère. 1921, p. 89.
30 *Fréjol* dans *Ibid.*, p. 70.
31 *Mademoiselle de Montpensier*, dans *ibid.*, p. 71.
32 Tristan Klingsor, *Le brouillard sur la rivière*, dans *L'Escarbille d'or*, Paris, Chiberre éditeur, 1922, p. 45.
33 *L'inutile chanson*, dans *ibid.*, p. 65-66.
34 Tristan Klingsor, *Le canotier de Bougival*, dans *Poèmes du brugnon*, Paris, Malfère, 1932, p. 34.

Brugnon, nous dit Pierre Menanteau, il y aura un silence de quinze ans, « [...] silence consacré surtout à la musique, à la peinture[35]. »

Avec *Le tambour voilé* paru en 1960, Klingsor approfondit ses thèmes habituels ; Menanteau nous dit qu'il s'agit « de vingt et une ballades libres, où s'éveille tout un monde d'images autour du souvenir que laissent les morts, autour du tragique de la vie des êtres, des choses, du monde lui-même [...][36] » :

> Mais brusquement j'eus un frisson secret, / Et l'effroi se glissa dans mon cœur : « Vieux miroir faux, criai-je, / Diabolique menteur, / Ce n'est pas vrai ; / Cette plume de neige / Sur ses cheveux de nuit si lourds, / C'est un reflet d'étoile ; / Ce pli qui voile / Une divine courbe, / C'est celui d'un sourire d'amour ; [...][37]

En 1964, paraît un *Second florilège poétique* comptant cinquante poèmes inédits et la section s'appelle *L'oiseau sur l'épaule*, des poèmes commencés en 1922 et tout au long des années suivantes, au fil des jours. Menanteau nous dit que « ses accents se sont adoucis[38] » :

> [...] Courage ! encore un dé à coudre / De ce vin couleur d'ambre, / Avant que la main d'argent tire / La bobinette. // « À qui le tour, messieurs, à qui le tour ? – Après vous, s'il vous plaît ! » / Mais non vieux songe-creux, chasse les mauvais rêves / Et pousse tout à fait le volet : / Voici le jour[39]. »

Ou bien le peintre et le musicien rejoignent le poète : « Le chien jaune, le chat noir et la poule blanche / Que faut-il de plus autour de ton puits ? / Il pleut aujourd'hui / Nous rirons dimanche. [...][40] ».

---

35 Menanteau, *cit.*, p. 58.
36 *Ibid.*, p. 68-69.
37 *Le miroir*, dans *Le tambour voilé*, Paris, Mercure de France, 1960, p. 69.
38 *Menanteau, cit.*, p. 74.
39 Tristan Klingsor, *Chanson fausse*, dans *Second florilège*, Blainville-sur-mer, L'Amiitié par le livre, 1964, p. 49.
40 *Chanson d'aujourd'hui, ibid.*, p. 93.

CONCLUSION

Poète fantaisiste avant la lettre (« Fantaisie / Ô mystérieuse fée des choses [...][41] », – comment ne pas citer aussi son *Essai sur le chapeau*, paru en 1926[42] –, poète des rêves fugaces qui disparaissent trop rapidement, poète de l'amour et des belles provinciales, poète des jours qui s'échappent trop vite, de l'enfance avec ses contes et ses légendes, et poète de la mort aussi, paradoxalement semblerait-il, mais ne s'agit-il pas au fond que de la condition humaine ? Avec Tristan Klingsor on sourit souvent, on s'émerveille grâce aux charmes de ses vers à l'apparence simples qui contiennent pourtant tant de vérité qu'on se surprend de ne pas y avoir pensé. Tristan, peintre et musicien réunis, a su donner à sa poésie de nouveaux tableaux, de nouvelles mélodies, portés par une voix singulière aux poèmes originaux. Comme a écrit Pronger dans la conclusion de son ouvrage en le définissant parfaitement :

> Témoin, il annonce la fin du symbolisme romantique en 1897 par la mort rituelle de son moi rêveur. Comprenant que le « *cœur ne se porte plus* » il met un masque moqueur.
> Précurseur, il montre que par la fantaisie souriante on pouvait rester poète dans un siècle anti-poétique conciliant ainsi l'affectivité et l'esprit critique.
> Le martyre commence quand il découvre que le masque de fantaisiste ne peut plus cacher le mal dans son âme romantique qui étouffe dans le rationalisme desséchant d'une époque déshumanisée. [...] La réconciliation avec la Nature lui permet d'achever son œuvre en 1960 sur un triomphe complet. [...][43]

Il meurt en 1966.

---

41 *Domaine de fantaisie, ibid.*, p. 17.
42 « [...] Nous ne savons rien considérer qui ne soit qu'utile, et nous perdons beaucoup de temps pour découvrir un peu de beauté. » ; Tristan Klingsor, *Essai sur le chapeau*, Paris, Les Cahiers de Paris, 1926, p. 15.
43 Pronger, cit., p. 280.

MAURICE FOMBEURE, LE MAGICIEN

Magicien, il l'est sans aucun doute, magicien des mots, car il sait les utiliser, et les transformer. Il en sort de tous les côtés, de son chapeau, de ses manches, de sa province, de ses jeux ; il les forge, les invente, les récupère, les réemploie. Et nous tombons sous son charme. Nous l'imaginons à la Brasserie Lipp, et nous entendons son éclat de rire, car les photos qui le représentent nous le montrent toujours souriant :

> Je lorulote, je débagote, / Je fais quatre repas, / Je gorenflote, je travaillote / Je pisse sur mes bottes / – Eh bien oui, j'en suis là ! – // Je souffle la loupiote, / Je pêche la lamproie, / Mais ça rupine, mais ça boulotte, / Chez moi je suis mon roi / Je porte la culotte (Ou du moins je le crois) // Soudain le clair de lune / Nous tend ses pièges d'or [...][44]

Le poète Jean Rousselot qui a écrit chez Seghers une monographie sur Fombeure, nous en parle en ces termes : « [...] J'ai dit que la vie littéraire amuse Fombeure, Il s'en amuse, en vérité, comme de tout ce qui n'est pas très sérieux à ces yeux de paysan, de forestier, d'homme de la terre pour qui compte seulement les réalités de la sève et de la glèbe[45]. »

Paysan le poète le revendique, fier de ses origines et très attaché à sa province natale, entre Bonneuil-Matours, village où il grandira, orphelin de mère, chez ses grands-parents, et Jardres où il est né en 1906, département de la Vienne, enfance dans le Poitou entre Charente et Touraine, et plus tard Paris. Il décrira son enfance paysanne dans un livre poétique *La rivière aux oies* :

> Que je l'aime ce village, à midi d'été quand il est chauffé comme un four à pain. Les coqs chantent le beau temps. Les poules sont enfouies jusqu'au jabot dans un trou de poussière et de fraîcheur qu'elles viennent de creuser. Toutes les heures elles en changent. Le chien grogne et chasse des mouches imaginaires. Le chat dort sur une vieille bascule. La queue pendante. En face, dans le taillis c'est un tapage assourdissant d'oiseaux et d'insectes. Il y a de tout : le moineau, le pinson, le geai porte-cloche, la pibole. On dirait qu'ils jouent au bilboquet avec leurs voix à se rattraper.

---

44 Maurice Fombeure, *Poussivité* dans *Les étoiles brulées*, Paris, Poésie-Gallimard, 1950, p. 43.
45 Jean Rousselot, *Maurice Fombeure*, Paris, Seghers, coll. « Poètes d'aujourd'hui », 1957, p. 38.

Cette nuit les crapauds chanteront entre les troncs comme dans une cathédrale[46].

Le regard du poète transforme, établit des liens, pénètre dans le paysage sans inquiétude. Et raconte car Maurice Fombeure sait raconter, et le lecteur s'aperçoit rapidement que raconter est son véritable péché mignon, ici, il raconte les paysages de son enfance, là c'est le départ à la guerre : »

> Lorsque je partis pour la guerre, j'avais l'âge du Christ quand il fut supplicié. Ce qui ne manquait pas de m'inquiéter un peu. Mais, d'autre part, mon ami Georges Bouquet, astrologue amateur, m'avait assuré, après avoir dessiné et examiné attentivement mon thème astrologique, que je conserverais jusqu'à l'entour de soixante-dix ans le gentil corps que Dieu m'a donné. Ce qui ne laissait pas de me rassurer beaucoup. Mais un astrologue peut toujours se tromper. Toujours, c'est-à-dire quelquefois[47].

En 1930 dans une sorte de manifeste paru dans une petite revue de Bordeaux « Jeunesse », il écrivait :

> Il faudrait donner à la poésie une nouvelle virginité. Aujourd'hui elle a mal de tête. Avec les surréalistes, c'est devenu une névralgie aigue et continuelle. Lavons-la. Brossons-la. Promenons-la dans les herbes, dans le vent, dans les bois. Écoutons un peu notre cœur : la tête a joué son rôle. Elle y a failli. Nous n'en voulons plus.
> Il faut un peu de fraîcheur sur la terre : la poésie des gouttes d'eau[48].

Toutefois, un tantinet surréaliste notre poète parfois l'est, ne serait-ce que dans ces fatrasies qui apparaissent de temps en temps dans son œuvre. Mais comme tous les jeunes gens on se doit d'être un peu impertinent à l'égard des aînés, surtout si un « pape » les dirige. En fait, les passions de Fombeure sont Max Jacob dont il fait la connaissance encore étudiant et André Salmon à qui il envoie des poèmes. Étudiant à Poitiers, fréquentant poètes et écrivains, après son service militaire il sera muté, en tant que professeur, à Arras puis à Paris. Et voilà pour la biographie, sans oublier les soirées à la brasserie Lipp.

Ce qui distingue l'œuvre de Fombeure est, bien sûr, l'humour, omni-présent dans ses poèmes-chansons, parfois avec une pointe de non-sens,

---

46 Maurice Fombeure, *La rivière aux oies*, Poitiers, Brissaud-Rieder, 1932, p. 17.
47 Maurice Fombeure, *Les godillots sont lourds*, Paris, Gallimard,1948, p. 7.
48 Cité par Rousselot, cit., p. 9-10.

parfois pensif, (tous ceux qui ont le rire facile au fond d'eux-mêmes sont tristes) : «[...] Celui qui sait qu'il va mourir / Soudain se sent le cœur en peine. / Il voudrait embrasser la plaine / Sur laquelle il a tant trimé. / C'est pour la terre qu'il est né. / Sous le chaume à la mode ancienne / Que près d'un siècle il a peiné. / [...]⁴⁹ ».

Mais le plaisir de vivre, d'écrire, l'amitié et l'amour pour sa femme, le jeu verbal, restent les notes dominantes de sa poétique : «Le poème anecdotique : / Arlequin dans sa boutique / Tique, tique, tique, tique / Qui jouait de la musique / Zigue, zigue, zigue zigue. [...]⁵⁰ ».

Tout est prétexte a jouer la mélodie, on ne se lasse pas de citer ses vers : «L'âme du vieux moulin / S'envole à quatre z'ailes / C'est la voile à mamzelles / C'est la voile de lin // [...]⁵¹ ».

Et tous les jargons peuvent être utilisés, des mots mystérieux, créations ou archaïsmes, Fombeure s'en donne à cœur joie, et le lecteur avec : «[...] puis vient la tarabombane / Monstre des lointains jadis / Portée par quatre-vingts ânes / Suivis de tout le pays // Fêtes, foires, que m'importe / Mes jeux ne sont pas d'ici / Je leur ai fermé ma porte / Couleur d'ombre et de souci⁵². »

Robert Sabatier en parle longuement dans son *Histoire de la poésie* :

> Proche des paysans du Poitou, du village et de ses fêtes des us et coutumes, de la nature familière, de la vie quotidienne, des travaux et des jours le gentil poète chante, comme il le dit, «dans son arbre généalogique », avec ce qu'il faut de faconde patoisante, de fantaisie narquoise, de cocasseries du langage, d'humour argotique, toujours malicieux et truculent, heureusement bachique, avec un charme constant et sans jamais une once de vulgarité. Qu'il doive beaucoup à Villon, le joyeux Saint-Amant, poète biberonneur, Apollinaire, Max Jacob et Léon-Paul Fargue, comme l'a écrit Jean Rousselot, est indéniable. On peut aussi parler de Rabelais [...]⁵³

Et bien sûr, l'enfance éternelle, retrouvée, enchantée : « Délits de nos enfances ; / Encriers répandus / Pantalons du Dimanche / Ou sarraux pourfendus, / [...] Rires perlés des billes, / Ballet vert des toupies / Bourdonnantes de sable / Dans la cour de l'école, / Tendresses devinées, /

---

49 *Sur la terre à blé*, dans *Les étoiles brulées*, cit., p. 77.
50 *Le poème, ibid.*, p. 120.
51 *Le vieux moulin*, dans *Dès potron-minet*, Paris, Seghers, «Poésie 52 », 1952, p. 30.
52 *L'hiver dans l'été*, dans *Aux créneaux de la pluie*, Paris, Gallimard, 1947, p. 95.
53 Robert Sabatier, *Histoire de la poésie française, La poésie du Vingtième siècle, vol. 3 Métamorphoses et modernité*, Paris, Albin Michel, 1988, p. 204.

Grands amours éperdus / Les soirs où nos aimées / Avaient les genoux nus, [...][54] »

L'amour aussi, mais toujours avec le sourire : « [...] – Survint un immense amour. / Ce n'est qu'en tournant autour / Que j'en connus l'étendue. –[55] »

Fleurs et oiseaux un peu partout, les paysages de Fombeure sont bienveillants au gré des mots et des rythmes : « [...] Une rose se promène, / N'osant sa toge quitter. / Un merle bleuit la plaine, / Un geai prêche sur l'hymen / De la rose, de l'été, // Des prés, des cieux, des brises, / Du soleil et du jour. / [...][56] ». Les proverbes sont souvent présents et revisités : « Pluie bondissante et joyeuse, / Escarboucles de soleil, / Quand le diable bat sa femme / Et marie sa fille ensemble. [...][57] »

C'est dans la création des néologismes que Maurice Fombeure est génial, et rabelaisien s'il en fut ; Jean Rousselot en a relevé quelques-uns : molubec, plumeço, gicandouille, darigole, ratepanade, zircon et autres[58]. Tous les registres de la langue sont utilisés, le poète se sert de mots rares, inventés, patoisants, argotiques, tout y est, tout le trésor de la langue et le lecteur reste éberlué devant tant de talent.

Les mots de Fombeure sont une sorte de farandole, de danse ensorceleuse qui fait tourner la tête du lecteur, qui toutefois maintient les pieds sur terre grâce à la poésie qui naît à chaque instant et à la mélodie des vers. On se laisse facilement transporter même si le sens nous échappe : « Happelourdes, cornenculs / Guivres marsupiaux bossus / S'envolent au vent de bise... / Je meurs d'une mort exquise / Au revers d'un vert talus. // Mort que l'amour donne. C'est / Plus doux que la belladone, / Que la chanson que fredonne / Dans un beau jardin français / Agnès, Hélène ou Simone. [...][59] »

Comme disait Paul Claudel son vers est « clair et gai comme du vin blanc[60] » mais malheureusement nous n'irons plus au bois, car le poète a cessé de chanter : tombé gravement malade il a cessé d'écrire dès 1966. C'est le silence injuste de la poésie. Maurice Fombeure est mort en 1981.

---

54 *Délits de nos enfances*, dans *Arentelles*, Paris, Gallimard, 1943, p. 47-48.
55 *Il est un air...* dans *À dos d'oiseau*, Paris, Poésie-Gallimard, 1945, 1969, p. 36.
56 *Coups de cidre, ibid.*, p. 22.
57 *Images de la nuit, ibid.*, p. 191.
58 Rousselot, cit., p. 59.
59 *La mort que l'amour donne* dans *Arendelles*, cit., p. 103.
60 Paul Claudel cité par Sabatier, cit, p. 203.

Maurice Fombeure comme Tristan Klingsor sont des voix inoubliables de la poésie française, et pourtant au gré d'un oubli généralisé de la poésie dans une société occupée à hacher et à mâcher du vide et du superficiel, ces voix ne s'entendent plus. Bien que présents par leurs ouvrages, du moins Fombeure, car Tristan Klingsor est présent surtout chez les antiquaires, – alors qu'il a été à l'origine de certains chemins poétiques pris par de nombreux poètes du XXe siècle qui s'en sont inspirés –, la poésie enchantée et enchanteresse, vieille France, (mais la province est-elle vraiment vieille France ?) dans le bon sens du terme, mais aux rythmes nouveaux, sait encore nous parler et apporte à chaque lecture un sentiment de gaieté et d'humour. Une certaine gentillesse, un certain sourire amical dont notre société aurait de plus en plus besoin. Robert Sabatier a écrit de Maurice Fombeure : « Il veut mettre à la portée de tous cette constatation que le monde de tous les jours porte une charge de miracles et de merveilles. [...][61] » À notre avis ceci vaut aussi pour Tristan Klingsor. Et dans cette citation de Sabatier nous unissons ces deux poètes, frères en insolite et en humour, en amabilité et en poésie. C'est bien de cela que le monde moderne a besoin.

René CORONA
Université de Messine

---

61   Sabatier, *ibid.*, p. 206.

RÉSONANCE
DU GÉNIE INTUITIF DE RIMBAUD
SUR LE RÔLE MÉDICAL DES COULEURS[1]

LE RÊVE DE RIMBAUD

La « fulgurance absolue[2] » du génie d'Arthur Rimbaud participa à son rêve de dépassement de la création poétique n'écoutant que sa voix intérieure. Ses toutes premières productions, certes, peuvent sembler abordables et classiques, comme certains sonnets composés en 1870 et proposés dans les manuels scolaires : « *Le Dormeur du Val* », « *Au Cabaret-vert* », « *Le buffet* », « *Ma Bohême* ». Cependant ses productions, déjà mâtures dès les premiers temps, prennent rapidement une envolée et une force qui sont difficilement restituables dans un commentaire conventionnel. « *Barbare* » (1872), par exemple, est énigmatique à cause de l'absence de structure. C'est peut-être pourquoi Frédéric Thomas remarque qu'il « écrivait comme il parlait[3] » ; mais malgré cela, la compréhension immédiate de sa production poétique n'est pas forcément claire et fait gloser les « chercheurs qui tentent de comprendre l'incompréhensible en stimulant les interrogations sur l'incompréhension[4] ».

---

1 Cet article est le fruit d'une recherche non seulement littéraire mais aussi clinique en médecine humaine effectuée dans le cadre du projet n° 2018 045 intitulé « Médecine narrative dans l'humanisme médical : dialectique du médecin, de la maladie et du malade » ayant eu l'avis favorable de la Commission d'Éthique en Recherche Humaine du CHRU de Tours et dont le responsable de la recherche est l'auteur du présent article.

2 Expression que Fabrice Lucchini utilisa dans l'émission *Bouillon de culture* animée par Bernard Pivot le 3 avril 1998.

3 Frédéric Thomas, *Rimbaud révolution*, Paris, L'échappée, 2019, quatrième page de couverture.

4 Frédéric-Gaël Theuriau, « Le nomadisme rimbaldien », *in Rimbaud poète moderne ?*, dirigé par Giovanni Dotoli, Mario Selvaggio et Éric Jacobée-Sivry, Paris, Hermann, 2017, p. 82.

La raison provient peut-être de l'une des composantes de son acte créateur forgé sur une démarche inconsciente intuitiste, celle qui permit d'une part au Surréalisme (1924-1969) d'entrevoir en lui un précurseur à cause des ressources puisées dans l'inconscient, celle qui permit d'autre part à l'Intuitisme[5] (2000-) d'entrevoir chez lui la présence du sens intuitif. S'il est difficile d'évaluer le niveau de conscience de l'intuition chez Rimbaud, son élan poétique n'en demeure pas moins instantané, flouté, mystérieux, suggestif, brut, à peine remanié, instinctif, livré à l'éveil des sens, synesthésique. Ne dit-il pas dans « *Sensation* » (1870), au sujet d'une promenade dans l'herbe : « Rêveur, j'en sentirai la fraîcheur à mes pieds / Je laisserai le vent baigner ma tête nue. / Je ne parlerai pas, je ne penserai pas : » ?

Rimbaud semble procéder par imprégnation, il fait le vide dans son esprit, il se laisse envahir par toutes les sensations pour inscrire ses poèmes dans la spontanéité et dans une constante recherche de l'oralité en développant une sorte de sensibilité euphonique, ce qui favorisa sans doute la mise en musique de certains de ses poèmes au XXe siècle, mais aussi une acuité visuelle bien à lui avec l'association de cinq couleurs aux cinq voyelles de base de l'alphabet français, le tout venant rehausser sa créativité. Arthur Rimbaud crée une association non seulement qui lui est propre mais aussi d'ordre symbolique. Le génie intuitif de Rimbaud sur le rôle des couleurs trouve-t-il une résonance dans certaines approches médicales ?

Tout en gardant à l'esprit la présence du substrat intuitif qui fait tourner le moteur de sa créativité, une réflexion reste ainsi à mener sur le colorisme rimbaldien et sur l'influence des couleurs sur la santé.

LE COLORISME RIMBALDIEN

EN AMONT DU POINT ZÉRO DE LA CRÉATION

Le style de Rimbaud est reconnu unanimement comme empreint d'une harmonie coloriste souvent associée au phénomène de l'hallucination mais

---

5   Frédéric-Gaël Theuriau, « Contribution à l'étude de l'intuition dans l'Intuitisme », *in* Éric Jacobée-Sivry (dir.), *L'Aventure intuitiste*, Paris, L'Harmattan, 2020.

qui peut se situer également au niveau de celui de l'illusion. En effet, le poète tire parti du décalage créé entre sa perception visuelle erronée et la réalité expérimentale, d'où l'apparition de l'illusion d'optique forgée par le cerveau pour se représenter sa propre réalité. En fait, son élan poétique est le fruit d'une captation d'un signal transformé par lui en création originale grâce à une technique analogique plus ou moins consciente.

L'« *Alchimie du verbe* » (1873) rappelle le désir de Rimbaud de fabriquer un monde poétique qui ne trouve pas d'exemple dans le passé. À l'image du geste créateur divin reconnu par la civilisation judéo-chrétienne, imprégné des grands textes de la religion par son milieu de naissance, il conçut son propre univers de langage symbolique, fait de plein et de vide, de lettres et d'intervalles, de son et de blanc : « J'inventai la couleur des voyelles ! – *A* noir, *E* blanc, *I* rouge, *O* bleu, *U* vert. – Je réglai la forme et le mouvement de chaque consonne [...]. J'écrivais des silences ». L'énergie motrice de cette *poiesis* repose sur l'art de l'intuition qu'il savait stimuler de manière à laisser le souffle mystérieux de la création primordiale le guider sur le chemin d'une cosmologie personnelle, telle la théorie du Big Bang qui comporterait des règles mathématiques préexistantes ou prédéfinies[6], même si cette logique échappe parfois à la compréhension humaine. Rimbaud capte ainsi des informations grâce à l'ouverture de tous ses sens, comme s'il avait des antennes radioélectriques : « avec des rythmes instinctifs, je me flattai d'inventer un verbe poétique accessible [...] à tous les sens. [...] je notais l'inexprimable. Je fixais des vertiges. » Autrement dit, son inspiration consiste à recevoir des informations en les captant, les aspirant par tous ses sens comme on inspire l'air, avant de l'expirer, d'émettre, de renvoyer le tout par un acte créateur comme le fit le souffle divin. La poésie rimbaldienne est donc le fruit d'une respiration vitale.

Le sonnet en alexandrins « *Voyelles* » (1871) renvoie à l'idée selon laquelle la langue française repose d'abord sur le phonème vocalique, unité fondamentale de la syllabe et du mot. L'ordre des lettres choisi par Rimbaud est calqué sur la tradition chrétienne qui reconnaît en

---

6   Igor et Grichka Bogdanoff, dans *Avant le Big Bang* (Paris, Grasset, 2004), émettent une hypothèse sur les origines de l'univers basées sur un principe mathématique. L'ouvrage, certes très contestable dans son argumentation reposant sur des concepts peu crédibles dans la démonstration de leur thèse, n'en demeure pas moins un livre qui réfléchit sur le principe qui donna le Big Bang à partir d'une intuition de ces deux auteurs dont la démarche est davantage métaphysique ou sémantique que physique.

Jésus-Christ le symbole du début de tout et de la fin du monde, donc de l'éternité, en référence au dernier livre du *Nouveau Testament*, l'*Apocalypse*[7], qui use du langage symbolique comme Rimbaud le fait au vers 1 : « A noir, E blanc, I rouge, U vert, O bleu : voyelles, ». L'alpha et l'oméga, respectivement la première et la vingt-quatrième et dernière lettre de l'alphabet grec, dans la liturgie chrétienne, sont représentés soit sur des cierges soit sur la couverture des missels soit sur des croix à proximité de l'autel dans les églises. Forcé d'aller à la messe par sa mère, le jeune garçon, bien que souvent négatif et sarcastique envers la religion comme dans « *Les pauvres à l'église* » (1870), en connaît parfaitement le symbolisme des rituels et des couleurs liturgiques. L'alpha et l'oméga, le début et la fin, sont aussi contenus dans le prénom et le nom Arthur Rimbaud qui commence par le son [a] et qui s'achève par le son [o], suggérant qu'il est le dieu de la poésie. Il avait pris soin de supprimer son premier prénom composé qui était Jean-Nicolas. Quant aux couleurs suggérées par les poèmes, soit elles sont exprimées soit elles sont sous-entendues. Il faut donc décrypter le code rimbaldien comme dans « *Barbare* » dont le message secret serait un appel à défendre la patrie, sorte d'allégorie colorée patriotique du Siège de Paris commencé le 17 septembre 1870, durant la Guerre franco-prussienne, qui s'acheva par la capitulation de la France le 26 janvier 1871. Le drapeau tricolore apparaît en filigrane dans le poème : « viande saignante » et « Les brasiers » représentent le rouge, « la soie des mers » le bleu, « les larmes blanches » le blanc.

Le poète expose ainsi sa théorie sur l'existence d'un avant du geste fondateur entièrement constitué d'informations éparses situées en amont du point zéro de la création artistique, l'équivalent du nuage d'Öpik-Oort à l'origine de l'apport continuel de comètes dans le Système solaire.

LA TECHNIQUE DE L'ANALOGIE

Vient ensuite l'explication associative entre lettre, couleur et émotion que les images, les métaphores, les symboles suggèrent dans son poème métapoétique « *Voyelles* ». Le raisonnement transitif prévaut puisqu'il suggère que si rapport il y a entre A (lettres) et B (couleurs), que ce même rapport existe entre B (couleurs) et C (émotions), un rapport entre A (lettres) et C (émotions) existe nécessairement.

---

7   *La Bible, Apocalypse*, 1, 8 et 22, 13.

D'abord le A et le E s'opposent comme le mal et le bien. Le I et le U se confrontent aussi comme la guerre et la paix. Le O enfin arrive non pas pour fermer une boucle mais pour tenter de s'extraire du cercle vicieux de l'impure et du pur, donc des éternelles « binarités infernales » pour reprendre une expression d'Hédi Bouraoui pour « décrire la vision occidentale de la francophonie trop souvent réduite à des dichotomies de toutes natures[8] ». Le « O », qui peut être compris comme le « haut », crée un effet d'élévation final recherchée par le poète pour s'opposer à la trivialité terrestre du A. Le O, qui peut être compris comme le « Ô », sert à invoquer et à introduire tous les registres liés aux vives agitations de l'âme, comme le suggère Alain Rey[9] qui propose la « joie », l'« admiration », la « douleur », la « crainte », la « colère », la « surprise », l'« indignation ». « Ô » exprime l'épique (admiration), le satirique (reproche, colère), le comique (joie, satisfaction), le tragique (regret, douleur), le lyrique (désir, étonnement, surprise, passion, vœu) et le fantastique (crainte, effroi)[10]. Ce « O » contient donc à lui seul trois binômes contraires rappelant la Trinité qui contient le Père, le Fils et le Saint-Esprit. Le « ô » lamartinien lyrique domine cependant le dernier tercet qui rappelle aussi, dans l'expression « O l'Oméga », le sens étymologique du « ô », c'est-à-dire « chez » (latin classique) ou « avec » (latin tardif), issu d'une altération abrégée des formes romanes « ob », « od », « ab » qui proviennent du latin *apud*. Rimbaud, grand connaisseur et pratiquant du latin, publié dans *Le Moniteur de l'Enseignement secondaire* en 1869 pour plusieurs compositions latines[11], maîtrisait l'étymologie à la perfection.

Par rapport à la théorie de la décomposition de la lumière avancée par Isaac Newton en 1671, hormis le noir (lettre A) qui absorbe toutes les couleurs et le blanc (lettre E) qui les rejette toutes, Rimbaud classe le rouge, le vert et le bleu, soient 50 % des couleurs fondamentales[12],

---

8   Frédéric-Gaël Theuriau (dir), *Réfléchir sur l'œuvre de Hédi Bouraoui*, « Parcours et esthétique bouraouïens », Antibes, Vaillant, 2016, p. 23.

9   Alain Rey (dir.), *Le Grand Robert de la langue française*, Paris, Le Robert, 2001, t. 4, p. 2035 et *Dictionnaire historique de la langue française*, Paris, Le Robert, 2016, t. 2, p. 1525.

10 Frédéric-Gaël Theuriau, « Notion de registre littéraire », *CMC Review*, Toronto (Canada), Université York, vol. 4, n° 2, 2017.

11 « *Ver erat* » (15 janvier 1869), « *Jamque novus* » (1er juin 1869), « *Nascitur Arabiis* » (15 novembre 1869).

12 Six couleurs visibles correspondent à un champ chromatique défini par tranches de longueur d'onde : rouge (750-620 nm), orange (620-590 nm), jaune (590-570 nm), vert (570-495 nm), bleu (495-450 nm), violet (450-380 nm).

dans l'ordre décroissant de longueur d'onde du spectre lumineux, de 750 nm à 450 nm. L'un des sens les plus marqués chez Rimbaud est manifestement la vue à travers la manifestation d'impressions colorées[13] dont le rapprochement avec la science de l'optique est troublant dans le poème « *Guerre* » (1872-1875). Non seulement le titre du recueil dont il est tiré, *Illuminations*, place les poésies sous le feu des projecteurs visuels, mais encore le début du poème met en avant la prédominance visuelle : « Enfant, certains ciels ont affiné mon optique : tous les caractères nuancèrent ma physionomie ». Ses impressions qui passent par les couleurs ne sont pas apparues avec le courant de peinture connu sous le nom d'Impressionnisme, mais avec celui littéraire du Naturalisme en 1860 qui consiste à créer des impressions à travers des descriptions. Chez Rimbaud, cela passe par les sons mais surtout par les couleurs. À suivre son raisonnement analogique, ses visions participèrent à faire de lui ce qu'il est devenu, créant une sorte de connexion directe entre le monde sensible ou intelligible du visible (environnement) et son expression corporelle (son physique), laquelle reflète une émotion (son âme intérieure)[14].

Ainsi apparaît une correspondance mimétique entre une couleur et une impression comme si une loi mathématique régissait et unissait l'une et l'autre. Le rêve de Rimbaud de concevoir un protocole de création poétique singulier et novateur, basée sur le système analogique binaire, couleur-émotions, ou ternaire, objet-couleur-émotion, est sans doute inédit en poésie, mais repose en réalité sur des précédents réels inscrits de manière discrète aussi bien dans la littérature que dans l'observation médicale.

---

13 Suzanne Bernard, « La palette de Rimbaud », *Cahier de l'Association internationale des études françaises*, Paris, 1960, n° 12, p. 105-119.

14 Frédéric-Gaël Theuriau, *Aux sources des décors balzaciens*, Paris, Le Manuscrit, chapitre II, p. 16 : « On s'est moqué de Rodin parce qu'il a cherché un homme ressemblant à Balzac en Touraine, mais ce n'est pas absolument faux comme raisonnement, car, s'il est physiquement un méridional, il subit l'influence du climat, de la lumière, de la vie tourangelle. Il faut compter avec le mimétisme qui arrive à donner des airs de parenté à des gens très différents qui vivent ensemble et avec les habitudes de vie, de penser qui sont communes et influent fatalement sur les expressions et peu à peu sur les traits mêmes ».

L'INFLUENCE DES COULEURS SUR LA SANTÉ

UN DÉRÈGLEMENT DE TOUS LES SENS

Le pouvoir des couleurs dépend de plusieurs facteurs : culturel, éducatif, individuel et neurologique. Le phénomène d'amplitude vibratoire (longueur d'onde) des grains d'énergie de la lumière, les photons, est analysé et transformé en perception colorée par la rétine sensible à ces radiations invisibles à l'œil nu. Autrement dit, les couleurs n'existent que par le cerveau qui les génère pour mieux différencier un objet d'un autre et faire apparaître la faculté neurologique innée ou acquise de la synesthésie[15]. Quoi qu'il en soit, les effets de la couleur agissent sur la santé comme le montre la chromothérapie.

Les expressions populaires « broyer du noir » / « être blanc comme un linge » (registre tragique), « voir la vie en rose » / « être fleur bleue » (registre lyrique), « se fâcher rouge » / « être vert de rage » / « être blanc de colère » (registre satirique), « avoir une peur bleue » (registre fantastique), « rire jaune » (registre comique), « avoir le sang bleu » (registre épique) témoignent du rapport entre les couleurs et les émotions liées aux six registres littéraires[16]. Or, on se rend compte qu'une couleur induit un état d'esprit variable mais qui, globalement, opère du même processus d'association suggestive entre deux perceptions ordinairement distinctes. Le cerveau, à l'origine de l'illusion synesthésique, voit des sons ou entend des couleurs. Cette faculté apporte la preuve que le fonctionnement du cerveau s'effectue aussi bien en localisations qu'en réseaux. Ainsi la synesthésie baudelairienne est présente dans « *Correspondances* » (1857) où les « parfums [...] verts [sont] corrompus » et où « Les parfums, les couleurs et les sons se répondent ». Le sonnet métapoétique en alexandrin expose un art poétique qui tient compte de la recherche d'équivalences sensorielles et qui fait du parnassien un précurseur du Symbolisme. Les émotions suscitées par la couleur étaient connues d'un peintre comme Delacroix, d'un romancier comme Balzac, d'un poète comme Rimbaud pour qui le rouge représentait l'amour et la passion. Le pouvoir des couleurs intensifiait

---

15 D'origine génétique ou hallucinogène.
16 Frédéric-Gaël Theuriau, « Notion de registre littéraire », art. cité.

sa poésie issue d'une imagination visuelle particulièrement colorée : « Un bleu et un vert très foncés envahissent l'image » dans « *Nocturne vulgaire* » (1873) qui annonce une menace obscure qui va à l'encontre du symbolisme commun du bleu calme et du vert équilibrant. Ces deux couleurs présentent néanmoins une affinité pour l'émergence de l'intuition qui survient à travers le rêve et le dérèglement des sens suggérés par le poème.

Malgré des spécificités de perceptions évidentes entre les individus, une constante persiste au niveau du processus analogique entre couleur et émotion donc entre couleur et état d'esprit, ce qui était connu bien avant Rimbaud. L'enjeu de la médecine actuelle est de déterminer si cette influence est universelle ou si elle est finalement idiosyncrasique. L'étude scientifique de la synesthésie met au jour un phénomène neurologique naturel touchant 4 % de la population fondé sur l'accompagnement d'une sensation complémentaire lorsqu'une perception est sollicitée. Il y en aurait plus de cent cinquante dont les plus connues sont l'apparition d'un son au visuel ou d'une couleur à une lettre dite chromesthésie. Cette dernière fit l'objet d'un travail et d'une observation par le physicien français Chabalier qui proposa le terme de pseudochromesthésie afin de préciser que le phénomène n'est pas lié aux yeux. En 1865, l'*Archivio italiano per le malattie nervose e più particolarmente per le alienazioni mentali* consigne une constatation de Chabalier. Quand un de ses patients pense mentalement à une voyelle, se créée une image impressionniste, une illusion de l'esprit : « La lettera A vestida di un color nero assai carico, l'E di grigio, l'I di rosso, l'O di bianco, l'U di glauco[17] ». La ressemblance avec le poème de Rimbaud est frappante. La composition des mots, avec le mélange des voyelles, forme d'autres nuances colorées, notamment avec l'exemple, toujours décrit par Chabalier, des jours de la semaine. Cette mystérieuse association sensitive du mélange des lettres, donc des couleurs et des états d'esprit, est similaire à celle de Rimbaud qui, dans « *Le Dormeur du Val* » (1870) écrit : « Pâle dans son lit vert où la lumière pleut. / [...] Il a deux trous rouges au côté droit. », où le visuel (la lumière du jour) est associé au son (le bruit de la pluie), où la couleur rouge est associée à la mort, donc à la tristesse.

---

17   Andrea Verga, Cesare Castiglioni, Serafino Biffi (dir.), *Archivio italiano per le malattie nervose e più particolarmente per le alienazioni mentali*, anno secondo, Milan, 1865, p. 23. Traduction de Frédéric-Gaël Theuriau : « La lettre A semble revêtue de la couleur noire très foncée, l'E d'un gris, l'I d'un rouge, l'O d'un blanc, l'U d'un vert pâle ».

L'usage de ce genre de correspondance démontrée chez des malades par la science au milieu du XIXe siècle et reprise par les poètes n'indique pas pour autant que Rimbaud était synesthète mais seulement qu'il en fit un procédé poétique de simulation du désordre et du dérèglement qui devint une stratégie du Nouveau Roman marqué par le courant symboliste[18].

LA COULEUR C'EST LA SANTÉ

Ce qui ressort de l'œuvre rimbaldienne est le rapport entre la couleur et l'état d'esprit suggéré et suscité. Rimbaud a transposé une faculté peu commune dans sa poésie pour créer un univers singulier dans lequel le poète pouvait induire des états d'âmes par des correspondances symboliques dépassant l'usage métaphorique et procédait comme le patient narrant sa maladie et son ressenti à son médecin.

Le lien entre la couleur et la santé était bien connu de toutes les traditions médicales : grecques, occidentales, orientales. Or, la médecine conventionnelle occidentale abandonna la chromothérapie et ce ne furent que quelques personnalités qui, intuitivement et par leur expérience personnelle, évoquaient des bienfaits liés aux couleurs, les voyaient comme un moyen de diagnostiquer une maladie ou encore les préconisaient comme traitement médical : Paracelse, Avicenne, Newton, Goethe. Le rouge était perçu comme un stimulant, le bleu et le blanc comme des rafraîchissants, le jaune comme un antalgique. Mais la poésie rimbaldienne ne présente pas la possibilité d'un usage médical de la couleur qui demeure un procédé purement littéraire. Le thème de la maladie est d'ailleurs fort peu présent dans ses vers, une dizaine de fois tout au plus, dont deux établissent le rapport évident entre la couleur et la maladie ou l'état d'esprit maladif : « [...] les malades du foie / Font baiser leurs longs doigts jaunes aux bénitiers » dans « Les pauvres de l'église » (1871) et « Au roi pâle et suant qui chancelle debout, / Malade à regarder cela ! » dans « Le Forgeron » (1870). Les lettres que Rimbaud écrivit la dernière année de son existence à ses proches à cause de sa santé qui se dégradait pourraient être celles écrites par un patient actuel expliquant, avec ses mots, ses maux. Aucune relation ou référence à une quelconque couleur.

---

18   Frédéric-Gaël Theuriau, « La "créativité-critique" fournérienne : transmission d'une thèse d'Hédi Bouraoui », *in* Daniel Leuwers et Hani Daniel (dir.), *Passages*, Tours, éd. AICL, 2020.

Ressortent fortement ses douleurs, ses angoisses et son pessimisme légitimes. Il apparaît que Rimbaud ne ressentait pas du tout la nécessité de se réfugier dans l'écriture poétique pour narrer sa maladie ni pour trouver un refuge à ses souffrances physiques, car, il souffrait le martyr depuis qu'il s'était fait amputer d'une jambe des suites d'une tumeur au genou et que le moignon restant s'était nécrosé (gangrène) et le cancer généralisé. Étonnamment la poésie ne fut pas son moyen d'expression, mais la lettre, alors qu'aujourd'hui, la médecine narrative met en évidence et tient compte des productions poétiques de malades ordinaires qui n'ont pas le génie poétique de Rimbaud. Pour ces rares malades qui recourent à la poésie, il s'agit quasiment de leur seul moyen d'exprimer un ressenti que les mots prosaïques ne peuvent pas dire au cours d'une consultation[19] et d'exorciser le mal qui est parfois rongeur de moral.

C'est seulement dans les années 1980, avec le Docteur Christian Agrapart, que naquit la chromatothérapie qui focalise ses recherches sur l'action curative au niveau du corps, des émotions et du comportement[20]. Des effets bénéfiques sur certaines pathologies comme Parkinson, Charcot, DMLA, bipolarité, polyarthrite rhumatoïde sont possibles. Actuellement, le Professeur Pascal Leprince en tient compte dans le service qu'il dirige aux Hôpitaux Universitaires Pitié-Salpêtrière à Paris. Il constate que les patients supportent mieux les difficultés de l'hospitalisation placés dans un environnement avec certaines couleurs dont les propriétés semblent universelles. Le violet atténue la douleur des crises migraineuses. Le vert calme et atténue les signes de fatigue. Le bleu lisse les angoisses, adoucit, relaxe et détend : idéal pour l'hypertension, les douleurs aigües. Il serait un stimulant de l'intuition lorsqu'il est en présence du vert. L'environnement rouge, s'il est utilisé en cas d'AVC car il stimule l'activité cérébrale, est, contrairement aux idées reçues, également une couleur qui repose et qui favorise l'endormissement à cause de son effet sur la production de mélatonime, l'hormone du sommeil. Rien de magique à cela : l'hypothalamus, siège de l'horloge biologique[21], est

---

19   Frédéric-Gaël Theuriau, « La poésie narrative dans la médecine narrative », Giovanni Dotoli (dir.), *Revue européenne de recherches sur la poésie*, Paris, Classique Garnier, n° 5, 2019.

20   Christian Agrapart, Vincent Agrapart et Michèle Delmas, *Chromatothérapie, la puissance énergétique des couleurs*, Paris, Sully, 2019.

21   Son rôle est de fabriquer des hormones (ACTH, TSH, FSH, LH, STH…), de participer à l'action de certains organes (cœur, intestins, poumons) et de réguler certaines fonctions vitales (faim, soif, température, sommeil).

simplement sensible à la lumière et à ses différentes longueurs d'ondes qui la composent en réagissant d'une manière ou d'une autre quand une couleur domine. Les poésies colorées de Rimbaud ne procèdent pas autrement : elles suscitent des émotions chez le lecteur qui comprend bien et voit bien ce qu'il veut en fonction de sa sensibilité à la couleur et à son symbolisme. Lorsqu'il évoque une « route rouge » dans *« Enfance »* (1873), un « brouillard d'après-midi tiède et vert » dans *« Larme »* (1872) ou des « vins bleus » dans *« Le Bateau ivre »* (1871), il retire l'édulcorante comparaison, avec l'absence de la conjonction comme, pour donner une brutalité et une fulgurance vive à poésie.

La poésie rimbaldienne eut l'avantage de diffuser de manière intuitive le principe de la synesthésie mais sans jamais parler de médecine pour laquelle la couleur présente un intérêt thérapeutique. La chromatothérapie qui en découle n'est pas un moyen de guérir mais seulement une technique complémentaire qui accompagne les traitements. Les services hospitaliers et cliniques en tiennent compte de plus en plus. Rimbaud en use pour stimuler les images recréées mentalement par les lecteurs.

LE REGARD DE LA MÉDECINE NARRATIVE

Le rôle de la couleur dans la vie, dans la perception des choses, influence l'état d'esprit, ce qui était connu de Rimbaud qui produisait des poèmes très colorés. Son œuvre de cesse d'envoyer des signaux colorés et de manifestations d'un esprit pré-réflexif créateur et inventeur d'une poésie plus moderne et symbolique. La synesthésie devient alors un procédé poétique conscient. Cependant, si la chromothérapie trouve ses limites dans l'absence de preuves empiriques, elle se justifie pseudo-scientifiquement par une constatation intuitive de ses effets. La photothérapie est, quant à elle, reconnue par médecine qui l'utilise, non pour susciter des émotions, mais dans des applications ophtalmologiques (rétinopathie), pédiatrique (ictère) et dermatologique (psoriasis).

La relation de corrélation entre voyelles et couleurs et l'utilisation accrue des couleurs issues du génie intuitif de Rimbaud rencontre effectivement des échos dans les récentes démarches médicales. La médecine narrative, qui s'occupe, entre autres, de ce phénomène poétique chez les malades, ne constate quasiment aucune production colorée de leur part. Il semble que cette manière de faire procède d'une bonne maitrise poétique et qu'il faut une bonne dose de créativité poétique pour y parvenir, du moins avec le panache de Rimbaud. Dans des panneaux fabriqués par des patients aux Hôpitaux Universitaires de Genève en 2017, le « ciel bleu » évoqué dans une production est loin de valoir l'inspiration rimbaldienne.

Michèle Lechevalier, chargée des Affaires Culturelles des Hôpitaux Universitaires de Genève, en Suisse, n'a pas recensé de poésies de patients sur leurs propres maladies. Cependant des ateliers de poésie furent élaborés afin de construire des poèmes à partir de mots prédécoupés afin de produire un texte transformé ensuite en sets de table distribués dans les services des repas. La médecine narrative pourrait, à la rigueur étudier l'agencement des mots sur le support. Mais, concernant la couleur, celle-ci est sans doute la plus évidente et interprétable. Les sets de tables sont particulièrement colorés tandis que presqu'aucun adjectif de couleur n'est présent. Dans 60 % d'entre eux, les nuances de rouges soulignent soit l'affection, « j'aime mon père », « en sautant sur le lit », soit la tristesse, « silence oublié », « découpait », et sous forme de taches rappelant les gouttes de sang. En leur présence, se trouvent des nuances de jaune pâle ou vif évoquant la joie, « J'ai seulement des choses très simples », « ma mère découpait du pain ». Le violet apparaît aussi dans les même proportions (60 %). 40 % des productions ne contient aucune référence au rouge. Dans ce cas, un orange énergique penchant vers le pessimisme, « de l'angoisse », « le fond », « près de ce puits », et des verts calmes, « souveraine », « Belle Idée », « la vie », « qui fends la pulpe », dominent. Il est certain que la maladie induit un dérèglement des sens, comme la poésie de Rimbaud, puisqu'un mélange est effectué et que les corrélations entre couleur et sentiments se mélangent arbitrairement sur les sets de table. Un travail scientifique de fond sur la nature de la maladie dont souffrent les patients n'ayant pas été effectué à l'époque, entre 2017 et 2019, il est impossible de définir un quelconque rapport entre les couleurs, la maladie et le degré de souffrance. Sur le site web des Hôpitaux Universitaires de Genève, ces quelques mots titrés « Les marges au centre » précisent ce qu'est la poésie : « La poésie est une terre de liberté absolue. Elle se défie des règles, des conventions, de la bien pensance, du qu'en dira-t-on. Elle est allergique aux diktats, aux codes, aux enfermements. Un poème peut se composer d'un mot, écrit très grand : on le porte comme un étendard, ou d'un mot écrit minusculement petit : comme un secret. Elle provoque des émotions, des sentiments, elle s'adresse à notre âme, elle peut être musicale, harmonieuse, saccadée, douce ou violente, tout le monde peut y trouver son bonheur[22] ». Curieusement, cette belle définition n'évoque pas la puissance des couleurs poétiques pourtant manifeste.

Frédéric-Gaël THEURIAU
Université François-Rabelais Tours

---

22   https://www.arthug.ch/conference/printemps-de-la-poesie (consulté le 23/02/2019).

RIMBAUD SUR LES TRACES
DES JUIFS ERRANTS

Écrit en mai 1872, le poème de Rimbaud *Comédie de la soif* a le privilège, qui est aussi celui de son poème *Mémoire*, d'exprimer sur le mode énigmatique l'origine du drame intime, commun à tous les hommes, que Rimbaud transcende dans son « Alchimie du verbe », entendue comme le moyen de résoudre une contradiction, imprimée dans son être par une instance parentale, mythique si l'on veut. Cette contradiction est figurée dans *Mémoire* par la séparation des parents biologiques du poète (c'est l'interprétation qui s'impose) et dans *Comédie de la soif* par les offrandes contradictoires des « Grands-Parents » ; un « double bind » responsable de l'égarement du locuteur : « Choisirai-je le Nord / Ou le pays des vignes[1] ». J'ai questionné dans un ouvrage récent le sens de cet aveu[2] où s'annonce la critique, pour ne pas dire la condamnation de l'« Alchimie du verbe » dans « Délires II ».

Les penchants suicidaires du locuteur de *Mémoire*, conséquence de la contradiction en question, sont peut-être moins inquiétants que le désir de parricide que fait germer dans l'esprit du locuteur de *Comédie de la soif* le comportement et les offrandes inconciliables (des boissons aux vertus opposées) des Grands-Parents. Rien ne permet pourtant de rapprocher ces derniers, même s'ils incarnent la contradiction émanée du Père mythique, de la figure d'Abraham, malgré la mention des « Juifs errants de Norwège », dans la section 2 de ce poème. Notre culture est en effet hantée par le sacrifice auquel renonce vite Abraham : une leçon mal comprise par les hommes modernes, qui n'y reconnaissent pas l'expression dramatique du jeu de la Rigueur et de la Douceur, lesquelles nomment les modalités de la Sagesse divine, selon la tradition

---

1 Arthur Rimbaud, *Œuvres*, Paris : Garnier-Flammarion, 1991, p. 151-154.
2 Voir Michel Arouimi, *Mylène Farmer pour comprendre : Baudelaire, Poe, Rimbaud, Jünger, Melville*, Paris : Camion Blanc, 2019 (chapitre 6 : « De la tombe de Rimbaud », p. 288-299).

des « Juifs errants[3] ». Les illustrations de ce jeu ne manquent pas dans l'Ancien Testament ; l'Histoire de Salomon le poétise avec une subtilité qui expliquerait l'allusion énigmatique aux « Autels de Salomon » dans *Faim*, un des poèmes proposés par Rimbaud comme un exemple de son « Alchimie du verbe ».

Dans *Comédie de la soif*, la curiosité anthropologique de Rimbaud est moins apparente que les préoccupations relatives à son art. Les « Juifs errants de Norwège », sommés de « [dire] la neige », sont le miroir de la magie de sa parole. De même pour les « Ondines » qui, au début de cette section, sont sommées de « Divis[er] l'eau fine ». L'eau, la neige, et encore « la mer », figurent dans cette section la potentialité du « *Nombre* [et de l'*Harmonie*][4] » (lettre du 15 mai 1871), principe unique et intangible des divers aspects du monde créé.

Ce verbe « Divisez » (vers 26) s'inscrit d'ailleurs exactement au milieu du dialogue versifié de 52 vers, qui constitue la quasi-totalité du poème. Les Ondines et leur « eau fine », n'expriment pas complètement la parole du poète, vouée malgré elle à conjurer la dualité, dont les aspects néfastes se précisent dans la symétrie de ces Ondines et, à la fin de cette section, de l'Hydre monstrueuse. La syntaxe de l'énoncé impliquant cette Hydre nous vaut une expression effrayante du rapport mythique de l'Un et du multiple : « Chansonnier, ta filleule / C'est ma soif si folle / Hydre intime sans gueules / Qui mine et désole. » Le mot « filleule » suggère d'ailleurs une confusion des fantasmes d'infanticide et de parricide, incarnés par les actants de la première section.

Dans la section suivante, une référence apocalyptique est trop discrète, dans sa finesse, pour effacer le souvenir du thème judaïque. L'Alchimie du verbe est encore celle des deux traditions ! « Vois le Bitter sauvage / Rouler du haut des monts ! // Gagnons, pèlerins sages / L'Absinthe aux verts piliers… » Cette boisson porte un nom dont la majuscule est celle de l'astre « Abstinthe », qui rend les eaux « amères » dans l'Apocalypse (si volontiers annotée par Rimbaud selon Paterne Berrichon : Ap. 8 : 11) : le mot « Bitter » signifiant l'amertume. Il n'est pas jusqu'aux « verts piliers », qui n'évoque le ou les motifs qualifiés de verts, associés dans

---

3   J'ai étudié ce phénomène dans un article, « Le Cœur divin dans les formes de la Bible », *Pardès*, 60, 2018, p. 103-125. Mais encore dans le dernier chapitre de mon ouvrage *Anticipations littéraires du terrorisme : Rimbaud, Melville, Conrad, Tchékhov, Troyat, Kafka, Camus et Ramuz*, Paris : Hermann, 2018 (« L'Abraham coranique », p. 231-255).

4   Arthur Rimbaud, *Œuvres*, éd. citée, p. 350.

l'Apocalypse au mythe de la Jérusalem céleste (pas si éloignée de celle de Salomon...) Mais le nom du Démon se défait dans le « haut des monts », qui redonne à cette énigme intéressant l'« ivresse » poétique son sens le plus sinistre : l'art de Rimbaud, cette « soif si folle », ayant pour objet une unité idéale, désirée en proportion de la division de l'être qui a le dernier mot ; pas seulement dans ce poème où le désir d'« Expirer en ces violettes humides » n'est pas si charmant qu'il en a l'air.

Cette violette est mise au pluriel dans *Faim*, où elle est l'objet de la faim d'une araignée, juste avant les vers évoquant les « autels de Salomon[5] ». Non moins étrange, la quasi-symétrie de la « futaie violette », dans le onzième alinéa de l'Illumination *Après le déluge* (treize alinéas, les deux derniers formant une sorte de conclusion) et de « la toile de l'araignée », dans le deuxième alinéa, où se prolonge la phrase mentionnant « l'idée du Déluge[6] ».

Le travail du poète alchimiste, aussi bien figuré par la couleur violette que par le réseau de fils d'une toile d'araignée, est associé, comme à sa raison la plus lointaine, aux méfaits des hommes et à la punition divine qu'ils s'attirent dans la Genèse comme dans le Livre des Rois, ou dans l'Apocalypse. Ce rapport filial des hommes et de Dieu, dans ces textes fondateurs, n'est-il que la réponse transcendante aux tourments, liés dans la théorie de René Girard au « double bind », non moins fondateur, au-delà de ses effets pervers ? Ce problème est affronté dans *Faim* par Rimbaud, qui l'envisage à partir de son expérience artistique, résumée dans les poèmes retranscrits dans « Délires II » : si remplis de jeux de la langue, qui marient au fil des vers ou des mots les valeurs les plus opposées.

À dix-huit ans, Rimbaud fait ou plutôt évoque son « adieu au monde[7] » et à son art de poète alchimiste dans *Une saison en enfer*. En particulier dans « Délires II », qui forme avec « Délires I » l'axe médian de ce témoignage. Le bilan désespéré de l'« Alchimie du verbe » (sous-titre de « Délires II ») se comprend mieux si l'on s'interroge sur le rapport entre ces pratiques alchimiques (la conjonction des opposés dans le verbe poétique, sur tous les plans de la langue) et la dualité violente de la relation des actants de « Délires I ». Quoi qu'il en soit, au

---

5   Arthur Rimbaud, *Œuvres*, éd. citée, p. 231-232.
6   *Ibid.*, p. 253-254.
7   *Ibid.*, p. 230.

milieu de la suite des poèmes retranscrits dans « Délires II » en exemple de cette Alchimie, le poème *Faim* rayonne comme la clef de tous les « mystères » de Rimbaud.

SYNCRÉTISME DES TRADITIONS

Dans la seconde moitié de ce poème, la mention des « autels de Salomon » révèle la curiosité du jeune lecteur de la Bible pour l'histoire de Salomon dans le Premier Livre des Rois. La sagesse et l'intelligence « extrêmement grandes » que Salomon a reçues de Dieu, (I Rois, 5 : 9), ont pu séduire Rimbaud, lui-même si conscient de ses incomparables qualités intellectuelles, qu'il rend pourtant à Satan dans *Une saison enfer* (en particulier dans « Nuit de l'enfer »)... Dans le même verset, le cœur du jeune Salomon, « aussi vaste que le sable qui est au bord de la mer », coïncide avec un aveu de « Délires II », où Rimbaud se sachant « damné[8] », déclare avoir aimé la mer pour ses vertus purificatrices (qui sont encore celles de « la croix consolatrice »). Un peu plus tôt dans I Rois, les aveux de Salomon parlant à son Dieu peuvent résumer l'état d'esprit de Rimbaud dans certains passages d'*Une saison en enfer.* Dans la traduction de Lemaître de Sacy, fréquentée par le jeune Rimbaud, Salomon s'exprime ainsi :

> mais je ne suis encore qu'un jeune enfant qui ne sait de quelle manière il doit se conduire [...] au milieu de votre peuple que vous avez choisi [...] innombrable à cause de sa multitude. / Je vous supplie donc de donner à votre serviteur un cœur docile, afin qu'il puisse juger votre peuple, et discerner entre le bien et le mal (3 : 7 et 9).

On songe à l'état d'esprit de l'auteur de « Délires II », mais encore aux aveux d'Arthur, rapportés par son ami Delahaye : « ce monde de lettrés, d'artistes ! [...] Je ne sais pas me tenir, je suis gauche, timide... Je ne sais pas parler... [...] Ah !... qu'est-ce que je vais faire là-bas[9] ?... » Ce Salomon poète se différencie certes de son modèle occulte par un

8 *Ibid.*, p. 222 (« Nuit de l'enfer »).
9 Arthur Rimbaud, *Œuvres Complètes*, Bibliothèque de la Pléiade, Paris : 1965, p. 655.

désengagement apparent du sacré, une *damnation*, devenue sa marque de fabrique, elle-même considérée comme une leçon définitive par la plupart de ses commentateurs.

La mention des « autels de Salomon », dans la sixième et dernière strophe, contraste avec celle des « églises », dans la troisième. Le syncrétisme n'est pas à la faveur des « vieilles pierres d'églises », mises en parallèle avec « les cailloux qu'on brise » : « Mangez les cailloux qu'on brise, / Les vieilles pierres d'églises ; / Les galets des vieux déluges ». Mais les « autels de Salomon » souffrent de l'autosacrifice qu'ils inspirent au locuteur, tel les bêtes endormies dont il envie la « félicité », un peu plus haut dans « Délires II » : « Que je dorme ! que je bouille / Aux autels de Salomon. »

Quoi qu'il en soit, ces cailloux et ces pierres peuvent évoquer, sur le mode le plus négatif, les constructions de Salomon (et jusqu'à la reconstruction d'une cité détruite, I Rois, 9 : 17). Mais si Rimbaud peut songer au roi constructeur, dont le Temple comme le palais, de même que leur décor intérieur, sont l'expression de l'Unicité divine, c'est en raison de son idéal déclaré dans sa seconde lettre dite « du voyant », « le *Nombre* et [...] l'*Harmonie* », un idéal certes emprunté à la poésie grecque.

Rimbaud en écrivant *Faim*, éprouve le dilemme impossible à résoudre que lui pose la nature de son travail de poète : une expression transcendée de la dualité irréductible, éprouvée sur tous les plans de son existence, — ou la célébration du *Nombre*, à laquelle les constructions de Salomon, avec leurs mesures symboliques, pourraient fournir une sorte de modèle.

Le locuteur de *Faim* s'identifie aux victimes si volontiers sacrifiées par Salomon sur un autel (d'abord avec « mille holocaustes », I Rois, 3 : 4 dans la Bible de Jérusalem ; L. de Sacy mentionne des « hosties en holocauste », qui rendent moins antédiluviens les « Pains semés » de la strophe 3, comparants des « galets des vieux déluges »). Rimbaud, depuis ses lettres dites du « voyant », a toujours envisagé son travail de poète comme un autosacrifice aux allures suicidaires : « l'inconnu » traqué au tréfonds de son être, et médiatisé dans ses poèmes, paraît nommer la dualité qui pétrit nos esprits, à l'aune de laquelle nous percevons quelque chose du mystère du « *Nombre* et de l'*Harmonie* ». Si les pratiques sacrificielles d'un Salomon ont retenu l'attention de Rimbaud, c'est en raison de l'alliance idéelle dont elles sont le prétexte et que Rimbaud a cru, fort peu longtemps, réaliser dans l'écriture. L'ébouillantement sacrificiel du locuteur est le chiffre ultime d'une division de l'être (mieux cernée dans les poèmes *Michel et Christine, Mémoire* ou *Comédie de la soif*) qui discrédite, subjectivement ? la plénitude spirituelle dont les autels de Salomon sont le moyen. Mais si ce pluriel diminue l'aura de « l'autel d'or » (au singulier dans la Bible), la préposition « aux [autels] » confère à cet ébouillantement les vertus d'une prière, qui en estompe la cruauté. (On songe à l'anaphore dédicatoire de *Dévotion*.)

Le syncrétisme dont je parlais concerne d'ailleurs les pratiques sacrificielles des deux religions. La manducation des cailloux brisés (par le « forçat[10] » admiré dans « Mauvais sang » ?) suggère leur identification au corps du Christ, ce pain démultiplié (après la mention des déluges !) dans les « Pains semés » de la même strophe, qui ont pourtant, comme on le verra bientôt, une origine vétérotestamentaire : « Les galets des vieux déluges, / Pains semés dans les vallées grises. »

Dans *Faim*, le pluriel des « [pierres d'] églises », évoque l'expansion de l'Un, encore mieux figurée par la succession des six motifs de la première strophe : « la terre et les pierres / [...] l'air, / De roc, de charbons, de fer. » L'alternance du singulier et du pluriel nous vaut un chiasme parfait, moins sophistiqué que celui que tendent encore six termes dans la deuxième strophe de *Michel et Christine*. Je citerai plus loin ces termes, où la variation du genre ajoute à celle du nombre, comme une expression langagière des vertus réconciliatrices incarnées dans *Michel et Christine* par le « Christ » (autrement dit le « Seigneur » qui, dans la strophe médiane, souffre de sa mise en parallèle graphique avec les « cent Solognes longues comme un railway[11]. »)

Dans *Faim*, la conjonction ambiguë des deux traditions (« pierres d'églises ; / Galets des vieux déluges ») est moins intéressante que le rapport de ces pierres avec les valeurs liquides, associées aux « autels de Salomon » dans la seconde moitié du poème. Les pierres du Temple de Salomon, si fréquemment mentionnées dans I Rois, se délitent sur le mode onirique, dans celles de ces églises qui subissent le sort du Temple jadis détruit (à une époque bien postérieure à l'histoire de Salomon). Le poète alchimiste se joue des différences religieuses, comme de l'espace et du temps, non sans figurer tragiquement, par les caprices de la syntaxe, le mythe, commun aux deux traditions, de l'engendrement du multiple

---

10 Arthur Rimbaud, *Œuvres*, éd. citée, p. 216.
11 *Ibid.*, p. 174-175.

à partir de l'Un. Un mystère que la métaphysique chrétienne ramène à l'idée de la scission de l'Un.

Or, l'espace textuel du poème est animé par un réseau de correspondances, associant les valeurs dures et douces, qui restitue *ingénument* le symbolisme de maints épisodes bibliques, où la réconciliation des antagonistes, belligérants ou frères ennemis, s'accompagne d'une alliance avec Dieu. Dans l'histoire de Salomon, des détails récurrents partagent le symbolisme de l'arche d'alliance, évoquée dans ce récit, qui est elle-même la Demeure abritant la Sagesse divine, autrement dit le jeu alterné de la Rigueur et de la Douceur (ou de la Justice et de la Miséricorde). Les deux moitiés de *Faim* se différencient par les valeurs dures (surtout minérales) et les valeurs douces, bien que certains détails (l'air et les liserons, dans la première moitié du poème, puis les cris du loup et sa consomption affamée, dans la seconde) suggèrent l'inversion de ce rapport, dans des proportions équivalentes. Mais le « venin des liserons », plus subtilement que les « feuilles » sous lesquelles crie le loup (« Le loup criait sous les feuilles ») retournent cette inversion.

Le poème *Faim* fait ainsi résonner l'ambiguïté, pour des regards humains, de la double polarité des principes agissants que sont la Douceur et la Rigueur, dont le jeu répondait en fait aux actions des hommes. Ce phénomène est sans rapport avec une improbable connaissance de la tradition ésotérique concernant la Sagesse en question, même si certain commentaire de la lettre citée (dans notre édition de référence), prête à Rimbaud un vague intérêt pour la kabbale.

N'oublions pas que le génie constructeur de Salomon (un modèle probable pour Rimbaud qui dans certaines Illuminations applique des métaphores architecturales à son propre travail) est lié à celui du roi de Tyr, Hiram, qui participe à la construction du fameux Temple et du palais de Salomon par une aide matérielle, en raison d'une alliance amicale qui remonte au roi David, père de Salomon. Le rapport de ces deux monarques est lui-même l'allégorie d'une participation spirituelle à la gloire divine, envisagée dans son rayonnement comme le jeu alterné de la Rigueur et de la Douceur. Hiram, qui fournit Salomon en bois du Liban[12], est aussi le nom du bronzier de Tyr, sollicité par Salomon :

---

12 La parenté et les différences de deux conifères : cèdre et genévrier, ont une valeur symbolique intéressant le rapport des deux rois. Les formes plastiques élaborées pour la construction du Temple sont tout aussi évocatrices.

le bronze, complément du cèdre, est une expression métallique de la rigueur, qui appelle en contrepartie les douceurs offertes par Salomon au roi de Tyr : froment et huile (le rapport de ces deux aliments équivalant à celui du bronze et du cèdre). Mais la souplesse de ce roi collaborateur contrebalance la vigueur innovante d'un Salomon constructeur (cette ambiguïté s'apparente, sans rapport d'influence, à celles que j'ai soulignées dans la thématique du poème *Faim*).

Faim est d'ailleurs la réécriture d'un poème écrit un an plus tôt, *Fêtes de la faim*, qui ne comporte pas cette allusion à Salomon et qui, fait préoccupant, est encadré par une référence elliptique au conte de Barbe-Bleue. De Barbe-Bleue à Salomon, il existe un lien, peu évident : la figure du héros prédateur du conte, pour qui sait le lire, a des traits qui l'apparentent à ses victimes (Maeterlinck y fut sensible, dans sa courte pièce *Ariane et Barbe-Bleue*, justement saturée de réminiscences de *Faim* : je l'ai montré dans une longue étude, récemment parue : *Rimbaud sur d'autres « horizons »*). Les actions de Salomon, mais encore son goût pour les « femmes étrangères » (I Rois, 11 : 1) révèlent un désir d'unification, dont les visées spirituelles se précisent, emblématiquement, dans ses constructions architecturales. Barbe-Bleue dans son château mystérieux est un Salomon manqué…

ORIGINE DE LA « ROUILLE »

Il en va du projet du « voyant » comme de celui de Salomon qui, dans la construction de son Temple, exorcise avec l'aide du roi de Tyr les affres communes qui brouillent la vision si imparfaite que les hommes peuvent avoir de l'Unité divine. L'échec de l'auteur *d'Une saison en enfer* est en partie lié à sa vision du sacré, modulée par ces affres. Malgré le constat d'échec qui referme *Faim*, ce poème doit son pouvoir subjuguant aux harmonies internes de son bâti, liées dans un rapport d'analogie, qui reste à montrer, avec celui du fameux Temple.

Sous la plume encline aux jeux de mots du poète malicieux, l'allusion au Cédron biblique se lit comme une synthèse des très nombreuses mentions du « cèdre », requis pour la construction de différentes parties du

Temple. *Faim* se termine par ces deux vers : « Le bouillon court sur la rouille, / Et se mêle au Cédron. » La « rouille » sur laquelle « [le] bouillon court », est reprise à la prière de Salomon pour son peuple : « Quand le pays subira la famine, la rouille ou la nielle [...] [si ce peuple] éprouve le remords de sa propre conscience, s'il étend ses mains vers ce Temple, toi, écoute au ciel, où tu résides, pardonne et agis » (I Rois 8 : 37-39, Bible de Jérusalem). La « famine » du peuple en question est bien sûr l'origine la plus crédible du titre de ce poème.

Ce mot « rouille » ne se trouve pas dans la traduction de Lemaître de Sacy, qui mentionne la « nielle » (maladie des blés), parmi les calamités auxquelles s'expose le peuple de Salomon[13]. Ce mot « rouille » apparaît néanmoins dans la Bible de John Nelson Darby, dont les traductions en plusieurs langues parurent de son vivant. Darby étant né en 1800 à Londres, où Rimbaud a d'ailleurs séjourné avant d'écrire *Une saison en enfer...* Le style de Darby, réputé peu clair, par excès de fidélité aux mots du texte original, est-il pour quelque chose dans l'obscurité des derniers vers de *Faim* ?

Dans la traduction du même verset par Darby, la « brûlure » coïncide avec la consomption du locuteur de *Faim* ; dans la traduction de Sacy, la « corruption de l'air » (pour cette brûlure) correspond à « l'air » de la première strophe : « Je déjeune toujours d'air, / De roc, de charbons, de fer. » Ces « charbons » évoquent le « charbon » dans d'autres traductions (plus modernes seulement ?) de ce verset. Dans *Faim*, « l'air », les « charbons » et la « rouille » se disposent d'ailleurs dans une symétrie qui suggère le rapport (biblique ?) de ces motifs.

Cet effet de symétrie est exemplaire du pouvoir suggestif de ce procédé, encore plus voyant, même s'il est moins subtil, dans maints autres poèmes, à commencer par *Fêtes de la faim* (avec la répétition du distique liminaire qui, aux deux extrémités du poème, évoque justement le conte de Barbe-Bleue). Ou bien *Mes petites amoureuses*, données en exemple de la voyance poétique, mais encore les Illuminations *Scènes* et *Nocturne vulgaire*[14].

---

13 Après cette nielle, la mention des « sauterelles » a peut-être en partie inspiré à Rimbaud le motif de l'araignée, autre insecte prédateur, dans la strophe précédente.

14 Dans *Nocturne vulgaire*, les mots « et les Sodomes, – et les Solymes » (*Œuvres, op. cit.,* p. 286), se lisent comme la corruption d'un verset de l'Apocalypse (si volontiers annotée par le jeune Rimbaud d'après Paterne Berrichon) où Sodome est l'autre nom de « la grande ville » (Babylone ? Jérusalem ?) : « Et leurs corps [des deux témoins sacrifiés de Dieu] demeureront dans les rues de la grande ville, qui est appelée Sodôme et Égypte »

Si l'auteur de *Faim* n'a pas lu cette traduction de Darby, dans laquelle est notée la « rouille », il faudrait croire que sa conscience linguistique a devancé les traductions modernes mentionnant la rouille (Jérusalem, Second, etc.). Cette intuition accompagnant celle qui concerne son propre destin, préfiguré dans les détails morbides de certains poèmes ou d'*Une saison en enfer*. Tout se passe comme si Rimbaud avait modelé son propre destin en imitation de ce verset traduit par Lemaître de Sacy :

> Lorsqu'il viendra sur la terre, ou famine, ou peste, ou corruption de l'air ; ou que la nielle [...] ou quelque maligne humeur gâtera les blés, ou que votre peuple sera pressé d'un ennemi [...], ou frappé de quelque plaie ou de quelque langueur que ce puisse être [...].

Cette langueur coïncide avec l'endormissement suicidaire du locuteur de *Faim* ; le sort des « volailles » dévorées par le loup comme celui des « violettes », convoitées par l'araignée, peut évoquer celui du peuple hébreux et des blés, en proie à leurs ennemis respectifs. Ces « blés », qui ne figurent pas dans d'autres traductions, peuvent être rapprochés des « Pains semés » de la strophe 3, dont j'indiquerai plus loin une autre source...

« Le bouillon court sur la rouille / Et se mêle au Cédron », écrit Rimbaud. Le « bouillon » est défini par Littré comme les « petites vagues que forme un liquide qui tombe ». Celui de Rimbaud désigne la pluie, courant sur une terre malsaine. Dans les versets (36 et 37) qui précèdent immédiatement cette menace du pourrissement des blés et celle de la famine et de la peste, la mention de la pluie aurait entraîné dans la mémoire de Rimbaud cette idée du « bouillon ».

> Lorsque le ciel sera fermé, et qu'il n'en tombera *point de pluie* à cause de leurs péchés, et que priant en ce lieu ils feront pénitence pour honorer votre nom, et se convertiront et quitteront leurs péchés à cause de l'affliction où ils seront ; / exaucez-les du ciel, et pardonnez les péchés de vos serviteurs et d'Israël, votre peuple ; [...] et *répandez la pluie* sur votre terre, que vous avez donnée à votre peuple, afin qu'il la possédât.

« Que je dorme !que je bouille / Aux autels de Salomon. » (Premiers vers de la strophe 6). Rendus suspects par l'assonance avec le verbe :

(Ap. XI, 8 ; Lemaître de Sacy). La Jérusalem de Salomon est elle aussi menacée par cette corruption, comme en témoignent la « rouille » et les horreurs qui l'encadrent.

« [que je] bouille », les effets (curatifs ou aggravants ?) que le bouillon de *Faim* pourrait exercer sur la « rouille » (ne serait-elle qu'une
impression visuelle) semblent démentir celles de la pluie céleste. Mais
cette vision sacrilège est liée au tourment suicidaire du locuteur qui
projette dans ce poème, nous y reviendrons, une division de l'être
qui fausse une éventuelle perception de ce que le « voyant » nomme
« le *Nombre* ».

Comme cette pluie salvatrice, le bouillon de Rimbaud « court sur
la rouille », expression synthétique des « péchés » mentionnés dans les
versets précédemment cités. Or, Rimbaud mêle ce bouillon, saturé de
rouille, « au Cédron » (l'idée du mélange paraît concerner la rouille
elle-même). Dans la Bible, l'aura de Jérusalem rejaillit sur cette rivière
fréquemment mentionnée, qui donne son nom à la vallée (du Cédron),
multipliée par Rimbaud dans les « vallées grises » qui terminent la
strophe 3 ; des « vallées » contrebalancées, en parfaite symétrie, par le
« Cédron » dont le nom referme le poème.

Lamartine évoque cette vallée dans ses *Destinées sur la poésie* (1834), mais
notre poète « voyant », si condescendant à l'égard de Lamartine, réagit
sans doute au rapport, dans nos traductions, du Cédron et des cèdres
qui, matériau essentiel du Temple, se voient liquéfiés dans le Cédron de
Faim. Ce caprice n'en est pas un, le cèdre étant lui-même, dans ce récit
biblique, un symbole végétal et matériel de l'unité, redoublé par son
association avec l'or, qui recouvre les lambris du Temple. La « rouille »
injectée au Cédron exprime le tourment, signifié par divers mots dans
les *Derniers vers* de Rimbaud, qui fausse la perception du « *Nombre* et
de l'*Harmonie* », ressentis comme la vaine thérapie de ce tourment. Et
si l'or, si présent dans la seconde version de *Larme* (premier poème
retranscrit dans « Délires II ») est absent de *Faim*, les « vallées grises »
ont une couleur dont le symbolisme, si l'on en croit Ernst Jünger (bon
lecteur de Rimbaud), équivaut à celui de l'or.

Ces « vallées grises » qui riment avec les « pierres d'églises », sont
précédées par un vers que terminent les mots « vieux déluges ». « Les
vieilles pierres d'églises ; / Les galets des vieux déluges, / Pains semés
dans les vallées grises. » La vraie *rime* est celle des mots « grises » et
« déluges », qui vérifie l'origine vétérotestamentaire de ces vallées, si
l'on en croit la rime inouïe, cette fois dans une strophe de *Michel et
Christine* où le motif des « cent agneaux » a des allures de holocauste, des

mots « amaigries » et « orages[15] ». La ressemblance phonique des mots
« amaigries » et « grises », comme celle des mots « orages » et « déluges »
implique les potentialités sonores de la lettre G, favorisée par Rimbaud
pour une expression de l'inconcevable coïncidence des contraires.

Rimbaud s'éloigne pourtant du credo de Salomon, pour des raisons
qui ne sont pas (seulement) cultuelles. Le symbolisme unitaire des
« vallées grises », souffre de la violence des détails qui les suivent ; leur
couleur reste le signe du drame universel que figure la tension du noir
et du blanc dans la section médiane de *Mémoire*, où Rimbaud nous
offre une représentation *autobiographique* de la contradiction fondatrice.
Ce vers crucial de *Faim* est plutôt le témoin du pouvoir aveuglant (ou
déformant) de cette contradiction dans la perception du sens même de
ces versets bibliques.

Dans *Faim*, il en va du « bouillon » qui « court sur la rouille », comme
de l'étang de *Comédie de la soif* qui lui, est *couvert* par « l'affreuse crème »
sous laquelle Arthur veut bien « pourrir ». Dans les vers qui précèdent,
« l'Absinthe aux verts piliers », après la mention du « Bitter sauvage », est
bien une déformation onirique de l'astre Absinthe qui, dans l'Apocalypse,
tombe dans les eaux qu'il rend « amères ». L'Absinthe de l'Apocalypse
et la rouille de Salomon se mêlent, en colorant le destin de Rimbaud.

On verra moins dans les derniers vers de *Faim* une entorse à la symbolique de l'histoire de Salomon, que la représentation d'une terre gâtée
par une dégradation spirituelle, assumée par Rimbaud, mais dont rien
ne dit qu'elle sera pardonnée. Les équivalents de cette rouille morbide ne
manquent pas dans *Une saison en enfer ;* Arthur, dans « Mauvais sang »,
fustige « Ce peuple [...] inspiré par la fièvre et le cancer[16] » ; – comme
celui qui s'est écarté de la volonté divine, dans la prière de Salomon.
Arthur lui-même, un peu plus haut dans cette section, se voit comme
« [un] lépreux, sur les pots cassés et les orties[17] », dans une rêverie chris-
tique où les « remparts de Solyme » évoquent l'Apocalypse, plutôt que
la Jérusalem de Salomon.

Juste après le poème *Faim*, le ciel, dans l'aveu de Rimbaud : « j'écartai
du ciel l'azur, qui est du noir », est la demeure connue de la divinité dans

---

15   « O cent agneaux, de l'idylle soldats blonds, / Des aqueducs, des bruyères amaigries, /
      Fuyez ! plaine, déserts, prairie, horizons / Sont à la toilette rouge de l'orage ! » (Rimbaud,
      Œuvres, op. cit., p. 174.)
16   Rimbaud, *Œuvres*, éd. citée., p. 217.
17   *Ibid.*, p. 214.

la Bible. L'azur, avec sa valeur trop esthétique, distrayant le contemplateur d'une vérité purement spirituelle ? Mais au présent l'écriture, cette vérité ne fascine plus Rimbaud, abîmé dans une désacralisation qui l'en a éloigné et qu'il incarne, dans un portrait accusateur. Dans *Faim*, l'assonance du « bouillon » et du verbe « [je] bouille », exprime la contradiction sans âge, que Salomon, par divers moyen, dépasse dans une célébration bien récompensée de la gloire de son Dieu. Rimbaud exprime d'abord ce tourment dans son étrange faim de matières incomestibles, avec laquelle il ne fait qu'un.

Les poèmes *Mémoire* et *Comédie de la soif*, cernent bien mieux ce que René Girard nomme le « double bind », objet d'une représentation impliquant le thème parental : l'idée, girardienne si l'on veut, de la contradiction émanée du Père (mythique, et non pas divin), réfléchie sur le plan contingent de la biographie du poète. Quoi qu'il en soit, cette contradiction, surtout dans *Mémoire* ou *Michel et Christine*, où son expression la plus spectaculaire occupe l'axe médian du poème, s'impose comme le principe paradoxal de ses harmonies.

AMBIGUÏTE DE LA FORME TEXTUELLE

Le motif des « déluges » est déjà présent dans la première Illumination de Rimbaud, *Après le déluge*, dans laquelle une mention de « Barbe-Bleue[18] » annonce l'évocation elliptique du conte (de Barbe-Bleue) dans *Fêtes de la faim*. Dans le même alinéa, « le sceau de Dieu » est lié dans un rapport plus subtil aux « autels de Salomon » de *Faim*. Ces « autels » au pluriel, si proches des « violettes » de la strophe précédente, peuvent évoquer des *sceaux de Salomon* ; mais cette plante a moins d'intérêt que le fameux sceau de Salomon, chiffre de son génie architectural, qui pourrait si bien s'adapter à la structure de ce poème de six strophes, que divise en deux moitiés un simple trait.

La correspondance des motifs clefs de ce poème, suggèrent en effet cette analogie. À commencer par la symétrie parfaite les « liserons »et les « violettes », dont contrastent finement les couleurs certes non précisées,

---

18 *Ibid.*, p. 253-254.

si alchimiques. Le « gai venin » des liserons se transmue dans celui, inexprimé, de l'araignée qui, par snobisme sélectif ou par famine ? « Ne mange que des violettes » (plante ornementale, mais ici à l'état sauvage, comme les liserons). Or ces violettes sont la proie de l'araignée, à laquelle s'apparentent les liserons venimeux. Cette quasi-confusion de la victime et du prédateur exprime des préoccupations que le rédacteur de I Rois conjurait sans doute, dans l'amitié de Salomon et d'Hiram ; le rapport amical des deux rois éloignant le danger que leurs peuples soient tour à tour victimes l'un de l'autre. Les autres peuples fournissent d'ailleurs à Salomon des « hommes de corvée servile » (9 : 21).

Sous la plume de Rimbaud, l'association des salades et des fruits (servis au début et à la fin d'un repas) n'est pas moins subtile que leur attente (complaisante ou angoissée ?) de la cueillette : « Les salades, les fruits / N'attendent que la cueillette » (début de la strophe 4). Notons d'ailleurs que dans la strophe 2, l'allusion cryptique au « pré des sons », livré aux « faims » (« [...] Paissez, faims, / Le pré des sons ») suggère les vertus sacrificielles de l'art poétique, que résume chez l'auteur de « Délires II » l'idée du ou des « rythmes ». Rimbaud se désengage en fait d'un credo artistique, dont l'ambition salvatrice (dans la seconde lettre du « voyant ») s'apparente à celle des « Cantiques », auxquels renonce l'auteur de « Mauvais sang ».

Le « pré des sons », peut paraître bien éloigné des « cantiques » si nombreux de Salomon ; la mention de ces derniers (5 : 12) est pourtant aussitôt suivie par un verset où cette phrase coïncide avec la thématique florale de *Faim* : « Il traita aussi [après avoir chanté] de tous les arbres, depuis le cèdre [...] jusqu'à l'hysope qui sort de la muraille ; et il traita de même des animaux de la terre, des oiseaux, des reptiles et des poissons. » (Lemaître de Sacy). Dans *Faim*, le loup et ses volailles, mais encore l'araignée, se lisent comme une anamorphose cauchemardesque de ces détails (les « poissons » s'anéantissent dans un Cédron contaminé par la rouille ?)

Si parenté il y a, entre Rimbaud et Salomon, elle implique surtout le génie de ce roi à marier les bois de différentes essences, mais encore les « coloquintes et[les] rosaces », décorant notamment les lambris du Temple, objet de plusieurs mentions dans la seconde moitié de I Rois, 6 (Bible de Jérusalem). Dans sa traduction, Lemaître de Sacy ne mentionne que des « palmes [et autres ornements] », mais compare à la « *feuille* d'un lis épanoui » le bassin de la Mer de bronze, au chapitre suivant. Le symbolisme unitaire de ce détail végétal se dégrade (en se démultipliant) sous la plume de Rimbaud, dans les « feuilles » sous lesquelles crie le loup et dans les « violettes » dévorées par l'araignée. Dans deux versets antérieurs du même chapitre, l'évocation des chapiteaux « faits en façon de lis [en forme de lis] », complète cette analogie avec les deux détails floraux de *Faim*.

Ces coïncidences ne vaudraient presque rien sans la *parenté*, vraisemblablement ressentie par Rimbaud, entre son génie poïétique et celui du roi bâtisseur. Les mesures codifiées du Temple et celles du palais royal trouveraient une synthèse ingénue dans celles du poème ? Cette supposition mériterait une étude très fouillée, dont la seule idée est donnée par les vers de *Faim*, la plupart de sept syllabes. Les altérations, plus ou moins certaines, de ce mètre, s'effectuent notamment dans la strophe médiane de chacune des deux moitiés du poème[19].

Si ces mesures sont sans rapport avec celles du Temple et du palais de Salomon, leur valeur expressive supposable se rapproche de la durée même de la construction du Temple, où s'illustre, d'après certaines études[20], le symbolisme du nombre 7. Salomon organise en effet « une fête très-célèbre, et tout Israël la fit aussi avec lui, y étant venu en foule [...] jusqu'au fleuve d'Égypte, [...] pendant sept jours, et sept *autres* jours *ensuite*, c'est-à-dire, pendant quatorze jours » (8 : 65, Sacy). Ces détails chiffrés médiatisent l'esprit de cette fête, que Rimbaud retrouve, innocemment, dans la versification de *Faim*.

Ce soin de la forme se rapproche de celui du rédacteur biblique, rendu apparent par certains détails chiffrés. Dans le dernier verset du chapitre 6, un détail suggestif : « Salomon le construisit [le Temple] en sept ans » (Bible de Jérusalem), annonce le début du chapitre 7. Dans les premiers versets du chapitre 8, la précision chronologique intéressant une fête : « le septième mois », paraît souligner la transition des chapitres 7 et 8, littéralement scellés entre eux par les mentions du « Saint des Saints » (7 : 50) et de l'arche d'alliance (8 : 4). À la fin du chapitre 8, la précision du « huitième jour » est tout aussi remarquable. (Ce phénomène se retrouve dans la seconde version de cet épisode, dans le

---

19 Deux vers de quatre syllabes, dans la strophe 2, un octosyllabe exceptionnel à la fin de la strophe 3. Dans la seconde moitié du poème (strophe 5) un vers de six syllabes (« Les salades, les fruits »), mais encore le vers comportant l'allusion aux violettes, ne comportent que six syllabes – à moins de défaire la liaison des sons des voyelles dans les mots « fruits » et « vio[lettes] » ?

20 Jean-Pierre Bayard, *La Symbolique du Temple*, Pais : Edimaf, 1991, p. 64.

Deuxième livre des Chroniques[21]). Ces chapitres évoquent en particulier la construction et les aménagements internes du palais de Salomon. La construction du temple n'est pas moins favorisée, par des détails chiffrés dont l'analyse dépasse mon champ de vision.

Cet effet d'harmonie imitative, qui n'est pas le privilège de ce seul livre biblique, a-t-il été perçu par le « voyant », si désireux d'inventer une langue qui parle à tous nos sens ? Le poème *Faim* ne comporte aucun détail chiffré. Mais son espace textuel est animé par le même génie qui, dans *Le Bateau ivre*, sème des détails chiffrés qui révèlent les mesures de cette construction poétique[22].

Rimbaud n'a pourtant pas appris de Salomon ces mesures. Maints détails de *Faim* semblent d'ailleurs bien éloignés de la légende de Salomon. Mais dans la strophe 4, le « loup » et son « repas de volailles », notés avant les « autels de Salomon », évoquent le thème du sacrifice animal, si présent dans cet épisode biblique. Il serait bête de voir dans ce loup le substitut néfaste des lions décorant parmi d'autres motifs les traverses des châssis supportant la Mer de bronze au chapitre 7. Mais le rapport du poème avec ce passage se situe sur un autre plan. Associés à ces lions, des chérubins s'apparentent à ceux, très fameux, qui sont décrits au chapitre 6. Cette première évocation des chérubins rayonne parmi toutes celles qui, pas seulement dans cet épisode biblique, illustrent une certaine idée de la Sagesse ou de l'Équité divine, symbolisée par les mesures des chérubins et par leurs ailes, qui « touchent au milieu de la chambre, aile contre aile » (Jérusalem, 6 : 27). Un esprit moderne négligera les visées spirituelles de ce symbolisme, au profit de la dualité violente que Rimbaud, dans la strophe 4, figure avec les « belles plumes » des volailles massacrées, qui seraient sans rapport avec les « autels de

---

21 En effet, au chapitre 7 du Deuxième livre des Ch., la fête de « sept jours » est mentionnée au verset 8 ; le verset 9 commence par ces mots : « Le huitième jour », et se termine par une mention redoublée des « sept jours ». Comme si le rédacteur harmonisait le suivi de son texte avec l'évolution chronologique de son récit.

22 Exactement au *milieu* du *Bateau ivre*, poème de vingt-cinq strophes, une vision infernale, « au milieu des bonaces » (*Œuvres, op. cit.*, p. 128-131), définit l'axe médian du poème. Avant les quatre dernières strophes, la distance des « cinquante lieues » qui est celle du « rut des Béhémots » (autre nom du démon), fait pendant aux « Dix nuits » de la strophe 4. Cette symétrie très légèrement boiteuse des strophes 4 et 21, est corrigée par le « Million d'oiseaux d'or » de la strophe 22. Ces détails chiffrés sont la clé des dispositions symétriques impliquant les vingt-cinq strophes qui, d'une certaine façon se dédoublent toutes, au gré des effets de miroir en symétrie bilatérale associant leurs motifs ; chacune est ainsi liée à sa contrepartie, dans un vertige où les vingt-cinq strophes du poème en valent cinquante.

Salomon », sans les « ailes » des chérubins. Ces derniers n'ont pourtant pas inspiré la structure en deux *ailes* de ce poème dont la simple forme révèle les raisons de la faillite poétique de Rimbaud, qui considère sans doute son projet révolu comme une maîtrise des affres de la dualité la plus terrestre. Ce tourment aussi répandu qu'inextinguible parasite une impossible vision de la scission de l'Un ou de l'intrication de la Rigueur et de la Douceur, suivant la tradition qui adapte aux esprits humains ce mystère. Les limites de cette adaptation qui ne peut qu'être imparfaite, sont aggravées par le discrédit du sacré, discrédit dont Rimbaud incarne pour nos yeux les effets les plus intimes dans ce poème *exemplaire*.

SYMBOLIQUE DE LA PIERRE

Les « autels de Salomon » de *Faim* font pendant aux « vieilles pierres d'églises », elles-mêmes faisant contrepoids aux « pierres » de la première strophe : « Si j'ai du goût, ce n'est guère / Que pour la terre et les pierres. » Le désenchantement de Rimbaud paraît s'exercer sur les « pierres de choix » ou « de taille » (ou encore « de carrière ») qui servent à la construction du Temple de Salomon. La symétrie des deux emplois du mot « pierres », dans la première moitié du poème, peut apparaître comme la transposition ingénue des « deux tables de pierre » léguées par Moïse (8 : 9), qui referment cette série minérale. L'allusion aux « vieux déluges » dans le vers suivant, valide cette interprétation. Le contraste des « vieux déluges » et des « vieilles pierres » exprime d'ailleurs, sur le mode dysphorique, l'idéelle unité que figurent ces Tables ; au moins en raison de cette association du féminin et du masculin, qui est un trait de la Sagesse divine.

Ces allusions bibliques aux pierres du Temple sont d'ailleurs associées à des motifs métalliques, dont l'association sophistiquée à ces pierres coïncide avec le goût du locuteur de *Faim* pour les pierres et le « fer ». Au verset 18 du chapitre 6, l'absence de pierre apparente à l'intérieur du Temple, prolonge celle des outils de fer, notée au verset 7. Le fer dont Rimbaud, qui se « consume », est si gourmand, évoque encore la « fournaise de fer », comparant de l'Égypte d'où Salomon a tiré son peuple (8 : 51). Cette gourmandise est celle d'une auto-dévoration, si on la rapproche de ces aveux de « Mauvais sang » : « boire [...] du métal bouillant, comme faisaient ces chers ancêtres [...] Je reviendrai, avec des membres de fer, la peau sombre [...] ».

Cette anticipation rêveuse du destin de Rimbaud au Harar peut se lire comme une remémoration des souffrances du peuple de Salomon dans une Égypte de fer en fusion, devenue la métaphore des égarements spirituels, que Salomon s'efforce de conjurer. La bizarrerie du goût de Rimbaud pour le fer, répond d'ailleurs à l'ambiguïté des évocations de l'Égypte dans cette prière de Salomon (la troisième et dernière mention de l'Égypte semble en neutraliser les maléfices).

Au chapitre 8, l'Égypte est mentionnée dans les versets 16, 51 et 65 (avant-dernier verset). Cette proportion parfaite (je laisse le lecteur l'apprécier) n'est bien sûr pas imitée dans *Faim*, mais dans la seconde moitié du poème, la symétrie parfaite des énoncés : « je me consume » et « que je bouille [Aux autels de Salomon] », est plus apparente que le lien purement graphique du premier énoncé avec la fin de la première strophe : « Je déjeune [...] de fer. » La « fournaise de fer » qui désigne l'Égypte et son fleuve au verset 51 du chapitre 8, éclate ainsi dans le poème. Le « bouillon » qui s'entend comme un écho du verbe *bouillir* et qui se « mêle au Cédron », suggère alors le mélange, dans l'esprit de Rimbaud, de ce cours d'eau, témoin de grandes actions bibliques, et du « fleuve d'Égypte » de sinistre mémoire, pourtant devenu, au verset 65, le décor d'un événement festif.

Rimbaud, malgré sa grandeur de nouveau Salomon, incarne les failles que le grand roi fustige chez son peuple, ces failles qu'exorcise, sur le plan de la forme textuelle, la disposition des motifs soulignés dans ce passage biblique. Les harmonies internes de *Faim* semblent plutôt poétiser le bris des galets ou le déchirement des volailles, expression d'une violence *fondatrice* qui n'occulte pas, dans les yeux de Salomon, le Principe dont émane le multiple, même si ce dernier se laisse égarer par la violence purement terrestre dont il est la proie. Le désespoir de notre poète n'est que le constat de cette fatalité, à laquelle aucun peuple ne peut vraiment se soustraire.

Juste avant le poème *Faim*, dans « Délires II », ces énoncés se lisent comme une déformation de ces évocations bibliques, dans le prisme des événements réels ou fictifs auxquels songe consciemment Rimbaud : « [...] je m'offrais au soleil, dieu du feu. / Général [...] Fais *manger* [je souligne] sa poussière à la ville. Oxyde les gargouilles. Emplis les boudoirs de poudre de rubis brûlante[23]... » La hantise probable de la « fournaise de fer » est plus sensible dans ces détails que dans le poème qui les suit (*Faim*). La « fournaise de fer », au chapitre 8, est le revers néfaste des colonnes de bronze coulées et surtout de la « Mer en métal fondu », dont les évocations se succèdent au chapitre 7 (15, et 23-24 : au milieu de ce chapitre de 51 versets). La symétrie des évocations de l'Égypte au chapitre 8 équivaut à celle de ces objets sanctifiés. Cette énigme se renouvelle, sans rapport d'influence, sous la plume de Rimbaud, ne serait-ce que dans le « gai venin / Des liserons », eux-mêmes prolongés par les violettes sont se nourrit l'araignée (détails en position axiale dans les deux moitiés du poème).

DES PAINS QU'ON EXPOSE À CEUX QUE L'ON SÈME

La mise en rapport ou l'association de la pierre et du fer dans certains versets de ce récit biblique, n'est pas moins subtile dans *Faim*, où la différence des pierres et du fer, est atténuée par le roc et les charbons qu'ils encadrent. La valeur sacrée de ces détails bibliques se dilue chez Rimbaud dans le rapport des pierres (d'églises) et des « Pains semés », dont l'origine n'est pas si chrétienne. On songe en effet aux « pains exposés » que Salomon dédie à son Dieu (I Rois, 7 : 48, et Deuxième Livre des Chroniques, 2 : 3-4). Ou aux « muids de froment [et d'orge] » offerts aux travailleurs. Dans *Faim*, la mise en parallèle des « Pains semés » et des « galets des vieux déluges » (« fils des déluges » dans *Fêtes de la faim* !) ravive un mythe parental, abrahamique si l'on veut, dont l'histoire de Salomon colmate les ombres.

Dans le Deuxième Livre des Chroniques (Paralipomènes II chez Sacy), l'offrande de pains *exposés* est précédée par une mention du bois de cèdre, qui expliquerait dans *Faim* la disposition symétrique des « Pains semés » et du « Cédron » (une altération, sous la plume de Rimbaud, de fameux bois ?) : « Faites-moi la même grâce que vous avez faite à David, mon père, lui ayant envoyé des bois de cèdre pour bâtir le palais [...] afin que je puisse bâtir un Temple au nom du Seigneur, mon Dieu, et le lui

---

23   Arthur Rimbaud, *Œuvres*, éd. citée, p. 231.

dédier pour y brûler de l'encens[24] en sa présence [...] y exposer toujours des pains *devant lui* ; comme aussi pour offrir des holocaustes [...] ».

Dans *Faim*, l'absence de transition entre les « Pains semés » et le cri du loup gavé de volailles, n'est pas sans évoquer le rapport de ces pains bibliques et de ces holocaustes, rendus un peu inquiétants par la mise en parallèle de Dieu et du père défunt de Salomon... Mais Rimbaud, pour une fois, dissipe (lui aussi) les ombres qui pourraient menacer le sens du sacrifice, assimilé à une vulgaire purgation de la dualité impliquant le Père et le Fils. Cette dualité se voit transcendée par Rimbaud, qui lui donne une aura cosmique, avec les « galets des vieux déluges » qui, dans *Fêtes de la faim* où ils sont comparés à des « Pains couchés », sont désignés comme les « fils des déluges ».

Dans I Rois 5, le nombre répété des muids de froment offerts à Hiram par Salomon (20.000), exprime parmi d'autres détails chiffrés l'idéelle Unité, modèle du rapport des deux hommes. Cette symbolique s'altère sous la plume de Rimbaud, quand le Nombre se fait « vallées grises » (la configuration de la vallée et cette couleur grise, étant deux interprétations de l'Un, reconquis par le multiple dans ce détail spatial relatif aux « Pains semés »).

La mémoire de l'auteur de *Faim* néglige maints détails de ce passage biblique (le vin, l'huile), – en raison de l'exigence esthétique, déjà soulignée[25] ? L'« air » et les « charbons » de la première strophe sont d'ailleurs sans équivalent dans ce texte biblique. Ces charbons dont déjeune Arthur, se rapprochent de la « peste carbonique » qui, dans l'Illumination *Jeunesse*,

---

24 Pas de trace de cet encens dans *Faim*? Arthur, qui se compare dans *Honte* à un chat capable « D'empuantir toutes sphères » (*Œuvres, op. cit.*, p. 176)., Arthur lui-même dans *Faim* tient lieu de cet encens, tandis qu'un loup régurgitant des volailles est mis pour ce chat : « Comme lui je me consume. » Rimbaud s'éloigne du modèle biblique, mais pour incarner en même temps le sacrificateur et la victime, dans une explosion du sens qui stigmatise les sacrifices sanglants. Mais les holocaustes de Salomon, limités aux animaux comestibles, sont le prix d'une pacification des tensions millénaires qui déchirent l'*âme* et le *corps* même du locuteur de *Faim*.

25 Les objets de la faim de Rimbaud, ou autres motifs la concernant, notamment les pierres, l'air, le roc, le fer, mais encore les violettes (qui font pendant aux liserons), cette suite fragmentée de motifs évoque les matières que sait si bien travailler, dans le Deuxième Livre des Chroniques, un habile homonyme du roi de Tyr. Notamment le fer, la pierre, le bois, l'écarlate, la pourpre violette, et le cramoisi (Bible de Jérusalem, II7 : 13). Ce « cramoisi », dont le sens se rapproche de la faim brûlante de l'auteur de *Faim*, se retrouve dans la traduction de Darby, après la notation du fer, du pourpre et du bleu (à mettre en rapport avec « l'air » de *Faim*?) Mais Lemaître de Sacy emploie des termes assez éloignés de ces motifs de *Faim*...

marque un cheval dont la course est une allégorie dépréciative des « rythmes[26] », mentionnés dans la phrase qui précède. Ces charbons de *Faim*, sous la plume de ce génie incendiaire, seraient faits des « bois » précieux et dorés, si volontiers utilisés par Salomon pour son Temple ? La beauté de ces lambris de cèdre est celle d'une vertu spirituelle, qui parfois manque au peuple de Salomon, susceptible d'être châtié par « la peste » et par « la rouille », qui est un des derniers mots du poème. Manger des charbons (mis pour le blé noirci par la rouille !) pour expier des écarts qui sont le pain quotidien des hommes modernes...

La peste biblique serait l'expression symbolique des faux-semblants : un travers qui hante l'Illumination *Jeunesse*, où l'évocation du cheval pesteux est suivie par celle d'une « misérable femme de drame », victime complaisante « des abandons improbables » qui sont une autre expression de la facticité. L'« air » qui est le premier mets du déjeuner de l'auteur de *Faim*, a peut-être le sens des *apparences*, volontiers désignées par le mot « airs » dans d'autres poèmes de Rimbaud. Le loup, qui est l'objet du mimétisme du locuteur : « Comme lui je me consume », incarne la violence à double sens de ce travers humain, conjuré par les ailes des chérubins du Temple. Il manque à cette interprétation réductrice une réflexion sur les mesures de ces chérubins, qui évoquent celles que la tradition de Salomon attribue à la Sagesse divine...

L'auteur de *Faim* conjugue dans son être les traits des actants les plus différents de l'histoire de Salomon. L'autosacrifice du locuteur manifeste en fait l'angoisse résultant du discrédit du sacré, ressenti par les hommes d'aujourd'hui, pourtant de plus en plus inquiets et de plus en plus isolés, comme un progrès spirituel.

L'*imitation* de Salomon a d'ailleurs pris un tour plus trivial, dans les activités du Rimbaud marchand dans des régions semblables à celles où Salomon, après la construction du Temple, eut des activités de commerçant, toujours avec la collaboration du roi de Tyr, grâce à qui Salomon s'enrichit de « quatre cent cinquante talents d'or » (I Rois : 8, 18). Ce détail peut être rapproché des mille échos fortuits qu'il trouve dans les lettres du Rimbaud trafiquant !

Si le vécu de ce trafiquant a été bien moins grandiose que celui de ce modèle biblique, l'avenir qu'il rêvait avant le constat d'échec filé dans

---

26 Arthur Rimbaud, *Œuvres*, éd. citée., p. 296.

Une saison en enfer, s'en rapproche mieux : « J'aurai de l'or ». En ajoutant : « je serai oisif et brutal[27] », Rimbaud se démarque de son modèle trop parfait ou trop sacré ; mais le retrouve aussitôt en ajoutant : « Les femmes soignent ces féroces infirmes retour des pays chaud[28]. » Comment ne pas songer ici au verset qui suit la précédente citation de I Rois : « La reine de Saba apprit la renommée de Salomon et vint à Jérusalem éprouver Salomon par des énigmes. Elle arriva avec de très grandes richesses [...] quantité d'or [...] », etc. (I Rois : 9 : 1, 2).

Ces richesses ont moins d'importance dans le texte biblique que l'échange spirituel des deux monarques, ce texte suggérant admirablement la réciprocité de leur sagesse. Les « soins » dont parle Rimbaud dans ce passage de « Mauvais sang » n'auraient pas d'autre sens que l'aura spirituelle du Nombre, retrouvée dans ce contact amoureux avec des femmes qui consacrent sa gloire en soignant les stigmates de son aventure. Mais les « membres de fer » et l'« œil furieux » de cet aventurier dont le masque révèle la « race forte », ne sont pas en adéquation avec les traits et les hauts faits de Salomon. C'est que Rimbaud oscille, entre les sens inconciliables de ces derniers : une expression thérapeutique de la violence universelle, ou bien la célébration de Dieu ? On sait lequel des deux s'est imposé pour Rimbaud qui, le paragraphe suivant, affirme : « Maintenant je suis maudit, j'ai horreur de la patrie. »

Un rejet de la leçon de Salomon, père spirituel ? Pourtant dans la suite de ce passage, au fil de cinq ou six phrases, la plupart assez courtes, le nom de Salomon paraît disséminé, comme en attente de son inscription exceptionnelle dans *Faim* : « sommeil [...] part pas [...] ici [...] mon vice [...] poussé ses [...] souffrance à mon côté [...] raison [...] monte au ciel [...] porter au monde [...] mes [...] mes trahisons. / Allons ! » Le nom de Salomon, comme le Nom divin ? Arthur à sa manière aura été fidèle à la mémoire de Salomon.

Michel Arouimi
Université du Littoral

---

27   Rimbaud, *Œuvres*, *op. cit.*, p. 215.
28   *Ibid.*, p. 215. L'étrangeté de cette formulation peut se mettre en rapport avec syntaxe contractée de la traduction de ces versets par Darcy.

SUR UN POÈME DE GERMAIN NOUVEAU

Les trois épingles

Paul est, offerte par Hécate,
L'épingle d'ivoire enchanté
De qui la tête délicate
Reluit, piquée à la cravate
De la belle Fatalité.

Et vous, vous êtes, Delahaye,
Dardant l'éclair de vos vingt ans,
Pareil aux roses de la haie,
Celle à tête d'or, qu'on sait vraie,
Sur le chemin du Printemps.

Mais moi, qu'on vend à la douzaine
Pour vingt sols, j'en fais les aveux,
Humble épingle à tête d'ébène,
Je ne verrai finir ma peine
Que plantée haut dans Ses cheveux.

Ces vers seraient peut-être restés inconnus, si un ami de Verlaine qui était devenu celui de Germain Nouveau, Ernest Delahaye (1853-1930) ne s'était chargé de les faire publier. Delahaye avait été le camarade d'Arthur Rimbaud au Collège municipal de Charleville, il lui était resté fidèle, même s'il ne l'avait pas revu depuis le départ, en mars 1880, de « l'homme aux semelles de vent » puis un second séjour à Chypre, puis pendant les quelque dix années entre Aden et Harar, avant sa mort à Marseille, à l'hôpital de la Conception, le 10 novembre 1891. C'est au cours de leur dernière entrevue, en septembre 1879, que Rimbaud a répondu à sa question « Et la littérature ?... » : « Je ne pense plus à ça ». Ernest Delahaye l'a lui-même raconté dans son livre *Rimbaud, l'artiste et l'être moral*, publié par l'éditeur Albert Messein, à Paris, en 1923 (p. 72).

Ernest Delahaye était en effet devenu aussi un proche de Paul Verlaine, depuis le jour de novembre 1871 où, comme il l'a raconté, il s'est présenté à la porte de la maison des beaux-parents, les Mauté (de Fleurville), 14 rue Nicolet, à Montmartre, là même où Arthur Rimbaud s'était présenté lui-même, deux mois plus tôt, après avoir manqué Verlaine à son arrivée à Paris, gare de Strasbourg (notre actuelle gare de l'Est). Dès 1900, il a publié dans *Le Sagittaire* un article sur « Le pauvre Lélian » (l'anagramme dont avait usé Verlaine en se présentant lui-même comme le dernier des six poètes évoqués dans *Les Poètes maudits*) et il leur a consacré ce livre entier, dont j'ai la chance de posséder l'édition originale.

Pas plus que Rimbaud, et contrairement à Verlaine en 1892, Germain Nouveau n'a eu la prétention de devenir académicien. Son talent modeste de peintre et de dessinateur ne lui aurait guère permis d'entrer à l'Académie des Beaux-Arts et, en tant qu'écrivain, après avoir publié sous divers pseudonymes, dont celui de P. Néouvielle, vite abandonné, dans la revue d'Emile Blémont *La Renaissance littéraire et artistique* (1872-1874), il a choisi finalement celui d'Humilis, étant devenu un humble et fervent catholique, et écrivant un poème intitulé « Humilité », publié seulement en 1904, qui s'achève sur ces vers,

> Celui qui ne voit pas ses charmes
> A la clarté de Jésus-Christ,
> Celui-là, sur le fleuve avide
> Des ans profonds que Dieu dévide,
> Aura fui, comme un feuillet vide
> Où le destin n'a rien écrit.

Son recueil le plus connu aujourd'hui, *Valentines et autres vers*, n'a été publié qu'en 1922, suivi en 1924 des *Poésies d'Humilis et vers inédits*, après sa mort, le 4 avril 1920, à Pourrières, dans le Var, le village où il était né en 1851, sept ans après Verlaine et trois ans avant Rimbaud. Épuisé par les jeûnes de la Semaine sainte, il serait mort le jour même de Pâques et les voisins avaient trouvé son cadavre décharné sur un affreux grabat plein de vermine.

Verlaine, Delahaye, Germain Nouveau lui-même, telle est la série déroulée dans les trois quintils du poème que j'ai choisi de commenter, intitulé « Les trois épingles ». Il n'a été publié, à titre posthume, que dans *Valentines et autres vers*, en 1922, mais Delahaye, qui s'était chargé de cette publication, a cru devoir indiquer pour lui une date bien antérieure « Ecrit en 1877 ou 1878 ».

Ma première réaction, à la lecture de ce titre, a été de faire le rapprochement avec l'expression bien connue, « tiré à quatre épingles ».
Emile Littré, dans son célèbre *Dictionnaire de la langue française* (1866-1877) définissait l'épingle comme la « petite pointe métallique au fil de laiton garnie d'une tête, dont on se sert généralement pour la toilette », et il retenait, parmi d'autres, cette expression « *être tiré à quatre épingles*, c'est-à-dire très paré, très ajusté », avec à l'appui une citation extraite du roman inachevé de Marivaux, *Le Paysan parvenu* (1735-1734) : « le tout soutenu d'une propreté tirée à quatre épingles ».

Mais j'y reviens, à cette date de 1877-1878, ni Nouveau, ni Rimbaud, ni même Verlaine n'avaient la prétention de porter l'habit de l'académicien tiré à quatre épingles pour siéger sous la Coupole. Verlaine ne sera que candidat malheureux à l'Académie française à la succession d'Hippolyte Taine en 1892, en même temps qu'Emile Zola qui, comme lui, n'obtiendra aucune voix. Je dirai même, plus simplement, qu'aucun des trois poètes ne passe pour avoir eu la moindre prétention à l'élégance.

Pourtant le sens vestimentaire du mot « épingle » est bien présent. Une épingle d'ivoire piquée à la cravate de la Fatalité dans le cas de Verlaine. Une épingle « à tête d'or, qu'on sait vraie » (c'est-à-dire d'or authentique) sur la chemise, dans le cas de Delahaye. Et – combien plus modeste – ! car on en « vend à la douzaine » de semblables « pour vingt sols », c'est-à-dire pour vingt sous –, une épingle noire ordinaire, « humble épingle à tête d'ébène » pour Nouveau lui-même. Il est donc déjà Humilis, « humble », comme cette épingle même. Et le troisième quintil est comme une chute, après « l'épingle d'ivoire <u>enchanté</u> », (je souligne l'adjectif) dont est décoré Verlaine dans la première strophe et la vraie épingle « à tête d'or » pour Delahaye dans la deuxième.

Mais un commentaire littéral ne suffit pas. Verlaine, à cette date de 1877-1878, était déjà chauve. Un début de calvitie se remarque aisément sur le tableau de Fantin-Latour, *Coin de table*, qui remonte au début de l'année 1872 et où il est assis à côté de Rimbaud à l'abondante chevelure. Sa tête, elle aussi délicate, peut donc être comparée à l'« ivoire enchanté » de l'épingle qui lui revient. C'est même ce crâne nu qui devient l'épingle. Non, bien sûr, sans quelque malignité de la part de l'auteur du poème. Delahaye, quelque peu rajeuni, mais encore dans l'éclat de ses vingt ans, avait alors une belle chevelure blonde, donc, au superlatif, une tête d'or. Nouveau-Humilis, qui n'a nulle estime pour lui-même et ne veut pas en avoir, se contentera donc de l'humble épingle à tête noire, pour ses cheveux bruns de méridional.

Bien plus, ou bien pire, il estime qu'il n'est même pas digne de la porter, et cette humble épingle s'estimerait délivrée, elle « verrai[t] finir sa peine », si elle était « plantée haut dans Ses cheveux ».

Que désigne cette majuscule ? Un Humilis transformé, mais Nouveau n'a nulle prétention à cela, tout au contraire. Ou bien un autre, quand il a été admis dans le groupe des Vivants ou quand à Londres, en 1875, en compagnie de Verlaine récemment converti, il a éprouvé les premières manifestations de la Grâce. Ou bien encore une autre, une bien-aimée comme divinisée ? Mais on ne lui connaît guère d'aventure amoureuse, sinon cette Valentine, une certaine Valentine Renault, qu'il dit lui-même dans un de ses poèmes, « La Rencontre », avoir découverte en « Juin quatre-vingt-cinq », à « Minuit... presque » (d'où le noir), dans « Un café de la Rive-Gauche / Au bord de la Seine, à Paris ».

À cause d'elle, le poème aurait sa place dans les *Valentines*, ces « cadeaux de billets rimés » dont les Anglais, dit-on, avaient l'habitude. Et d'autant plus que, dans un autre poème du recueil, « La Fée », Germain Nouveau n'a pas posé la question de Verlaine qu'il reprenait dans « Le Teint », « Est-elle brune, blonde ou rousse ? », mais a dit très nettement : « vous, vous êtes brune / et que vous habitez Paris... ».

La troisième épingle ne serait donc plus ni pour Verlaine, ni pour Delahaye, ni pour Nouveau, mais deviendrait en quelque sorte la quatrième pour une quatrième personne, une « Elle » qui n'a même pas besoin d'être nommée.

S'il en était ainsi, les dates indiquées par Delahaye dans l'édition de 1922, 1877-1878, ne conviendraient pas, et il faudrait aller jusqu'à 1885-1887, considérées comme les années des *Valentines*, la rencontre ayant eu lieu, comme l'a précisé le poète lui-même, en 1885.

Germain Nouveau avait d'abord pensé publier son livre d'amour en 1889, puis il y avait renoncé, avec des retours, des hésitations, Humilis finissant par l'emporter en lui. C'est à la tête d'or, Delahaye, qu'il appartiendrait de le publier et de nous faire aussi connaître « Les trois épingles ». Verlaine était décédé le 8 janvier 1896. Quant à Rimbaud, que beaucoup croyaient non seulement disparu, mais mort, en 1885-1886, quand il était retenu à Tadjourah avec sa caravane de fusils d'occasion, il n'avait, dans ce poème, pas droit à une seule épingle.

Un autre commentaire, mais banal peut-être, m'est venu à l'esprit, à partir d'un nom qui figure dès le premier vers du poème, et que j'ai négligé jusqu'ici, bien que je sois passionné, comme l'a été Mallarmé, par l'étude des dieux antiques : le nom d'Hécate qui est inscrit, et à la rime, dès le premier vers du poème.

C'est une figure complexe puisque d'une part elle est considérée comme « une inquiétante divinité des Enfers, où elle figure tenant des torches à la main » (je cite le *Dictionnaire culturel de la mythologie gréco-latine* publié en 1992 sous la direction de Jean-Pierre Martin par les éditions Fernand Nathan), et d'autre part elle est connue sous l'appellation de « triple Hécate », et elle a pu être représentée « sous la forme d'une femme à trois corps ou bien d'une femme à trois têtes » (je cite cette fois le *Dictionnaire de mythologie grecque et romaine* de Pierre Grimal, publié aux Presses Universitaires de France en 1951).

Je dirais volontiers que c'est une divinité ambiguë. Elle offre des dons, mais ici c'est d'abord la Fatalité, – associée à Paul –, qui, curieusement, devient le nom de la première cravate. Peut-être, d'une manière plus souriante, plus éclatante, est-elle à l'origine au contraire, de la lumière éclatante qui émane de la haie, – à la faveur aussi d'une comparaison avec les roses et d'un jeu de mots Delahaye / de la haie. Le printemps, en tout cas, et le printemps de la vie. Enfin, dans le troisième quintil, elle est à l'origine d'une métamorphose : C'est Germain Nouveau lui-même qui devient une épingle, une épingle noire, une épingle ordinaire qui ne peut sortir de sa condition trop modeste qu'à condition d'être « plantée haut dans Ses cheveux », – entendez cette fois dans les cheveux d'Hécate à qui, en quelque sorte, il se donnerait. Cette quatrième épingle est la conséquence d'une métamorphose.

L'épingle à tête d'or revient dans un poème, « Poison perdu », qui avait paru en 1882 dans *Le Gaulois* et été attribué alors par le chroniqueur, un nommé Gardéniac, à « un poète inconnu ». On l'a ensuite faussement attribué à Rimbaud dans *La Cravache* en 1888 à tel point qu'il figurait encore en 1895 dans l'édition des *Poésies complètes* de Rimbaud chez Vanier préfacée par Verlaine. Le poème a été retiré en 1898, après la mort de Verlaine, dans l'édition donnée au Mercure de France par Paterne Berrichon et Ernest Delahaye, qu'on retrouve donc ici. Cette édition de 1898, nous savons par Delahaye que Germain Nouveau l'avait en main quand, vers 1906, il vint frapper à sa porte sans entrer dans sa villa d'Issy-les-Moulineaux et fit une promenade avec lui (*Les Illuminations* et *Une saison en enfer* de Rimbaud, Messein, 1927, p. 10). De son côté Verlaine avait écrit dans une lettre à Charles Morice datée de 1883 et retrouvée après coup « Peut-être bien, comme vous le croyez, ce serait une mystification que le Poison perdu ».

Curieusement, Germain Nouveau, interrogé par Delahaye, avait reconnu à Rimbaud la paternité de la pièce. Mais par quelle complicité ? Marcel Coulon, après avoir lu « Les Trois Epingles » en 1922, s'est rendu compte de la présence de l'épingle à tête d'or dans ce poème et il lui a semblé qu'« elle a tout l'air d'être la sœur de celle du quatorzain, c'est-à-dire "Poison perdu" ». J'ajouterai qu'elle s'est trouvée aussi piquée dans *La Cravache*, où le texte était imprimé sous la forme suivante :

POISON PERDU

Des nuits du blond et de la brune
Pas un souvenir n'est resté
Pas une dentelle d'été
Pas une cravate commune ;

Et sur le balcon où le thé
Se prend aux heures de la lune
Il n'est resté de trace aucune,
Pas un souvenir n'est resté.

Seule au coin d'un rideau piquée,
Brille une épingle à tête d'or
Comme un gros insecte qui dort.

Pointe d'un fin poison trempée,
Je te prends, sois-moi préparée
Aux heures des désirs de mort.

Aux heures des désirs de mort, – donc par une velléité de suicide, comme quand, de retour à Vérone, Roméo se servit du poison acheté à Mantoue pour se tuer sur ce qu'il croyait être le cadavre de Juliette. Le poème ne peut être intégré au recueil des *Valentines*, ce recueil amoureux qui suit une rencontre un soir de juin 1885, donc trois ans après la première publication anonyme dans *Le Gaulois*. Mais Germain Nouveau, en 1882, avait déjà connu la tentation amoureuse.

Une autre idée m'est venue à l'esprit, et je la livre ici en tout innocence. On sait quelle importance ont eue pour le jeune Paul Claudel en 1886 (l'année de ses dix-huit ans) la découverte des *Illuminations* dans la revue *La Vogue*, en mai-juin, puis celle *d'Une saison en enfer* en septembre dans la même revue. Or deux ans plus tard, en 1888, il a eu le projet de cette pièce, *Tête d'or*, dont la première version, élaborée en 1889, sera publiée, sans nom d'auteur, par la Librairie de l'art indépendant en 1890, et la deuxième révisée en 1894, dans l'ensemble intitulé *L'Arbre* en1901.

L'année 1888 c'est celle de la publication de « Poison perdu », attribué à Rimbaud, dans *La Cravache*. Or à cette époque rien de ce qui concernait Rimbaud ne pouvait lui être indifférent. Et il n'est donc pas impossible qu'il ait lu ce poème dans *La Cravache* sans douter de son attribution. Il lui eût été plus indifférent s'il n'avait été signé Rimbaud.

Certes la tête d'or n'est plus une tête d'épingle dans la pièce de Claudel qui porte ce titre et pour Simon Agnel, le conquérant qui a pris ce nom royal, c'est, comme il le dit lui-même, une « torche divine qui [lui] revêt la tête et les épaules [et qui lui] dit d'aller et de ne point craindre ». L'or est, comme dans la deuxième strophe des « Trois épingles », la blondeur des cheveux. C'est l'or du soleil. Et c'est l'ambition de celui qui, précisément comme Rimbaud dans *Les Illuminations* (« Vagabonds »), a rêvé d'être « fils du soleil ».

Germain Nouveau n'a pas eu une telle ambition. Mais on le saisit, et dans « Trois épingles » et dans « Poison perdu », dans une attitude qui est celle d'un Humilis, flottant entre le désespoir et la foi, qui finalement l'emportera.

Pierre BRUNEL
Sorbonne Université
Académie des Sciences
morales et politiques

NOTE BIBLIOGRAPHIQUE

« Les Trois Epingles » a été repris dans le volume de la Bibliothèque de la Pléiade LAUTRÉAMONT, GERMAIN NOUVEAU, *Œuvres complètes*, – pour Germain Nouveau, textes établis, présentés et annotés par Pierre-Olivier Walzer, Gallimard, 1970, p. 402.

Commentaire de Pierre-Olivier Walzer dans cette édition, p. 1202. « Évocation de trois poètes amis. La première strophe est consacrée à Paul Verlaine, dont le crâne chauve et poli évoque l'ivoire. Delahaye, jeune et blond, est l'épingle à tête d'or. Nouveau lui-même est évoqué dans la troisième strophe ; homme du Midi, chevelu, il se compare à l'épingle à tête d'ébène ».

LES DÉDICACES À BAUDELAIRE
DANS LES POÈMES DE DAMIEN DICKÈS

J'ai à peine remarqué, dans l'amphi où je faisais cours il y a un peu plus de vingt ans, un pâle jeune homme rivé sur une chaise roulante, qui devait très vite disparaître, et pas seulement à mes yeux : Damien Dickès est mort à dix-huit ans, d'une maladie dégénérative dont il ne s'est jamais plaint, d'après le témoignage de son père. Damien, écrivain précoce, nous a laissé un recueil de poèmes, *Florilèges* (1997), publié aussitôt après sa mort, et dont j'ai découvert l'existence quelques années plus tard. J'ai été frappé, dès leur première lecture, par l'intensité de ces poèmes en vers, saturés de poncifs esthétiques, adaptés aux émois d'un adolescent et, moins banalement, à ses préoccupations religieuses. Le titre *Florilège* est profondément motivé : le thème floral, omniprésent dans la poésie de Damien, revêt le symbolisme intéressant les causes premières, telles que les considère la tradition judéo-chrétienne...

Bien des années ont passé avant que je me risque au commentaire de quelques-uns de ces poèmes, dans un cours optionnel dont j'avais ainsi défini le sujet : « Les génies de dix-huit ans ». Va pour Nerval, Rimbaud, Maeterlinck et Flaubert... Or, les poèmes de Damien ne souffraient pas de la comparaison. L'année suivante, en 2019/2020, ce cours lui était entièrement réservé. Et ce fut trop peu, pour estimer l'adéquation entre les lignes de force, les rythmes internes de ces poèmes, et l'expérience mystique qui en est le sujet.

La lecture d'un saint Jean de la Croix (à qui est dédié un de ces poèmes) et la pratique quotidienne de la prière (notamment à Marie), sont sensibles dans ces vers, mais les souffrances morales de Damien, dues à l'inconduite de certains de ses amis, sont exprimées avec des images et sur un ton qui est souvent celui de Baudelaire, à qui Damien a dédié deux de ses poèmes.

L'article présent se limite à la lecture de deux poèmes dédicacés à Baudelaire. L'empathie de Damien pour Baudelaire ne va pas sans une certaine distance, inhérente au credo religieux de Damien, plus entier que celui de Baudelaire. Car l'art de Damien vaut par une *flamme*, qu'il n'a pas reprise à ses prédécesseurs. Sa mort précoce aura été un signe, de l'impréparation des hommes de notre époque à son sublime message.

LA « CHÛTE » DE BAUDELAIRE

Dans certains de ses poèmes, Damien évoque sa passion de l'écriture et de la rime, comme dans la seconde moitié de *Chute*, poème de dix-huit quatrains « dédié à Baudelaire ». On ne compte pas en effet dans *Chute* les souvenirs des poèmes les plus ténébreux de Baudelaire. Est-ce un effet de la lecture de Baudelaire, l'espoir et surtout la foi de Damien faiblissent dans la strophe 16 : « Oh ! Ciel ! Je voudrais un signe pour croire[1] ! » Il ne peut se réconforter que par un « mouvement aléatoire » qui, dans cette même strophe, désigne ses efforts poétiques.

Le titre *Chute* provient sans doute d'un passage de *Mon cœur mis à nu*, où Baudelaire tient ces propos : « Qu'est-ce que la chûte ? Si c'est l'unité devenue dualité, c'est Dieu qui a chuté. En d'autres termes, la création ne serait-elle pas la chûte de Dieu[2] ? » La dédicace à Baudelaire, pas seulement pour ce poème de Damien, n'aurait pas le sens d'un hommage filial ; Damien résistant plutôt à l'intellectualisme sacrilège de ces pensées de Baudelaire, qui expliquerait les libertés sulfureuses de ses poèmes. Et Damien n'imite jamais ces dernières ; même quand il constate la *chute* de la création, qui impacte son vécu personnel

Dans un poème antérieur, *Mon art poétique*, intégré dans un recueil resté inédit, Damien écrit en effet ces vers décisifs : « Je voudrais changer le pessimisme des poètes, [...] Je ne veux ni spleen, ni peur, ni désespoir : / [...] Plus me plaît la foi que du très grand Baudelaire / La

---

1   Damien Dickès, *Florilège*, Boulogne-sur-Mer : Mémoires de la Société Académique du Boulonnais, t. 19 (1), p. 74-76. J'ai étudié les poèmes de Damien dans un ouvrage à paraître : *Les Métamorphoses du Verbe dans les poèmes de Damien Dickès* in *Mémoire de la Société Académique du Boulonnais*, T. 63.

2   *Ibid.*, p. 634.

chauve-souris qui s'envole dans les airs ! // Je ne veux pas critiquer l'art de ces poètes, / Par rapport à ceux-ci, je me sens un peu bête, / Mais, je veux que tout le monde rayonne de joie ; / Je veux donner à ceux qui l'ont perdue, la foi. [...] / J'expose ici mes règles, mes lois [...]³ ».

Le phrasé contourné de l'allusion à Baudelaire manifeste l'ambiguïté, qui reste à souligner, de la pensée de ce dernier vis-à-vis de la foi chrétienne. L'annonce de ces « règles » et de ces « lois », peut paraître vaine, puisque dans la suite du poème, rien n'en précise la nature. Mais les quatre strophes de huit vers que rassemble ce poème suggère la présence de ces lois. Le goût de Damien pour le quatrain (avec des vers de longueur variable au fil des poèmes), mais encore pour les strophes de huit vers, est-il en rapport avec les enjeux religieux de ses poèmes, auxquels seraient adaptées des mesures spécifiques ?

Le simple titre *Mon cœur mis à nu* a dû parler à Damien, plus qu'à nul autre lecteur, comme en témoignent dans *Chute* ces vers étagés dans les cinq premières strophes : « Mon cœur est dans un linceul de soupirs », « Mon cœur, dans la boue, ne peut que croupir », et « Mon cœur tout blessé tombe et succombe⁴ ». (Notons la disposition symétrique de ces vers, dans les strophes 1, 3 et 5 qui, pour des raisons qui restent à préciser, délimitent un premier volet, dans l'espace thématique du poème.)

Damien, en suggérant le caractère religieux de ses poèmes, ne s'éloigne pas tant de Baudelaire qui écrivait à sa mère : « *Et Dieu !* [...] Je désire de tout mon cœur (avec quelle sincérité, personne ne peut le savoir que moi !) croire qu'un être extérieur et invisible s'intéresse à ma destinée ; mais comment faire pour le croire⁵ ? » Baudelaire en effet n'était pas un iconoclaste, comme en témoignent ces autres aveux de *Mon cœur mis à nu* : « Il n'y a d'intéressant sur la terre que les religions [...] Il y a une religion universelle, faite pour les alchimistes de la pensée, une religion qui se dégage de l'homme, considéré comme un mémento divin⁶. »

---

3   Ce poème figure dans le tapuscrit aux pages non numérotées, titré : *Poésie*, que le père de Damien, Jean-Pierre Dickès, a eu la grâce de me confier. Il se compose de plusieurs sections : « Souvenirs familiaux : Poèmes », « Mon art poétique », « Lettres mystiques » (1 « Les sonnets » ; 2 : « Autres ») ; « Nocturnes » (« Maman », divers poèmes sentimentaux...) et « Amitié et amour ».

4   Damien Dickès, *Florilège, op. cit.*, p. 74-76.

5   Lettre du 6 mai 1861, citée par Henri Troyat, *Baudelaire*, Paris : Flammarion, 1994, p. 287.

6   Baudelaire, *Œuvres Complètes*, Paris : Seuil, 1968. p. 636.

Ces remarques sont d'une grande importance : elles recouvrent en effet le mystère des mesures dont nous parlions, les « rythmes instinctifs », comme dit Rimbaud (qui considérait Baudelaire comme « un *vrai dieu* ») à propos de son « Alchimie du verbe ». Ces mesures résulteraient moins d'un décryptage ou d'une simple perception du mystère céleste, que des structures mentales communes à tous les hommes, subjectivement ressenties comme un reflet de ce mystère ?

Ce problème hante *Chute*, poème dans lequel il se voit néanmoins résolu, avec la vision d'un « sourire divin », dans la dernière strophe. La « joie de la victoire » (derniers mots du poème) triomphe des reptations intellectuelles et des noirceurs de Baudelaire. L'homme que fut Damien était un très jeune homme, pour qui l'amour n'avait pas plus d'importance que l'amitié, avec les douceurs fugitives et les douleurs qui s'y attachent ; et dans ses poèmes l'expression de ces sentiments accompagnent des préoccupations religieuses : la foi chrétienne efface de sa lumière toutes ces ombres.

Or, Damien n'a pas appris de Baudelaire à être lui aussi un « alchimiste de la pensée ». En témoigne la construction de *Chute*, dont le texte est exemplaire d'une recherche ou d'une célébration intuitive de « l'unité originelle », objet des *Réflexions* de Baudelaire qui, à propos de Victor Hugo, observe : « Tout ce qui est multiple deviendra-t-il un, et de nouveaux univers, jaillissant de la pensée de Celui dont l'unique bonheur et l'unique fonction sont de produire sans cesse, viendront-ils un jour remplacer notre univers et tous ceux que nous voyons suspendus autour de nous[7] ? » Cette préoccupation pour le rapport du multiple et de l'un n'est pas étrangère à la question de la forme textuelle, agencée comme un *tout*. Mais d'abord, c'est le sens social du multiple qui émerge dans certains poèmes de Baudelaire, comme dans le poème en prose *Les Foules* ; Baudelaire y vante la jouissance de l'artiste capable de sortir de ses limites en s'identifiant « à l'inconnu qui passe ». Mais cette « sainte prostitution de l'âme » (et Baudelaire ne le sent guère dans ce poème ?) peut se voir comme une forme exaspérée du mimétisme dont Satan, évoqué dans d'autres poèmes, incarne les formes perverses.

Damien n'a éprouvé que les formes amicales, au demeurant si décevantes, de cette jouissance (« bonheur » sous sa plume). Quoi qu'il en

---

7   Cette citation provient de l'essai sur Victor Hugo, intégré dans les *Réflexions sur quelques-uns de mes contemporains* de Baudelaire, *OC, op. cit.*, p. 473.

soit, le rapport du multiple et de l'un implique l'idée de la création artistique : les procédés du poète alchimiste visent à retrouver l'Un, à partir des antagonismes qui sont inhérents à la multiplicité du monde. Et la forme artistique, notamment poétique, témoigne de cet idéal, présentifié dans l'équilibre interne de l'œuvre. Chez Damien aussi bien que chez Baudelaire.

Parmi les trois mentions du « cœur » déjà soulignées entre les strophes 1 à 5, les interjections de la troisième strophe de *Chute* : « Oh ! Le présent semble être une hécatombe / Oh ! Le futur fait craindre le pire ! », trouvent des échos tardifs, en symétrie, dans les strophes 15 à 18 : « Oh ! Sortez, oraisons jaculatoires », et « Oh ! Ciel [...] », « Oh ! Venez, prières des encensoirs », « Oh ! Je me sens soudain douce moire : / Oh ! Merveille, je vois un perce-neige ! » Ces interjections manifestent le battement du cœur, qui souffre dans les cinq premières strophes.

Au début de la strophe 6, le vers : « Les larmes sont déjà en surnombre », peut se lire comme une expression, bien sûr inconsciente, de cette recherche de la mesure, autrement dit du nombre, dont parle Baudelaire. En effet, dans la troisième strophe, l'inquiétude pour le « présent » et le « futur », s'adoucit dans la strophe 16 : « Je tente un mouvement aléatoire : / Me sauvera-t-il ? Point ne sais-je ? / Je voudrais me relever, puissè-je ? » Cette disposition suggère une connaissance *innée* des lois internes qui font mériter à tout poème de porter de nom.

L'axe médian du poème, au niveau de la strophe 9, est marqué par une évocation fugitive de la « rime », qui annonce les vers autocritiques des cinq dernières strophes. Dans cette strophe 9, la rime des mots « rime » et « crime » peut étonner : « Je n'ai pour réconfort que la rime : / Je me sentais si malheureux, hier ! / Aujourd'hui je te perds, Espoir, mon frère ! / Demain, le grand malheur fera un crime ! » La connotation conjonctive du mot « frère » est minée par cette rime qui est à elle seule une remise en cause, très baudelairienne, du sens profond de l'harmonie du poème articulé en deux versants : simple « réconfort » à un déchirement psychologique ?

Notons d'ailleurs que la dernière strophe, avec sa valeur conclusive, suggère une remontée de l'axe médian du poème, qui impliquerait les strophes 8 et 9. En effet, dans la strophe 8, cet aveu : « Là, vaincu par la mort, cette mégère / Qui a détruit, ô mon ultime cime ! » n'a pas que l'intérêt des allures baudelairiennes de cette « mégère ». Ce nom suggère des dissensions, vainement colmatées dans la strophe suivante par le mot « frère ! ».

Dans cette strophe 9, l'« Espoir, mon frère ! », dont Damien proclame la perte (comme « l'Espoir, / Vaincu » de *Spleen* ?), paraît d'ailleurs substitué au « Lecteur », apostrophé à la fin du poème liminaire des *Fleurs du mal* : « Hypocrite lecteur, – mon semblable, – mon frère ! »

Dans les cinq dernières strophes, le thème du langage poétique (« grimoire […] oraisons […] chants de chorèges […] prières des encensoirs »), exprime les ressources du cœur en souffrance des cinq premières strophes, ce cœur dont jailliront bientôt les « oraisons jaculatoires ». Subtil contraste, où l'absolu désespoir (dans les cinq premières strophes) et le bienfait des « douceurs de florilèges », parmi les détails religieux dans l'avant-dernière strophe, se répondent dans un effet de miroir. Ce *paradoxe* (qui n'en est pas un !) est d'ailleurs signifié dans la strophe 2 : « Veux-je bénir mon passé ou l'honnir ? / Ce paradoxe plonge dans l'ombre ! »

L'ironie souvent macabre de Baudelaire est tenue à distance par Damien ; et dans les dernières strophes, l'espoir d'un « ciboire » et le « triomphe » souhaité d'un « glorieux encensoir », s'éloignent des ténèbres de Baudelaire, refermées sur la débâcle du sacré (d'après les motifs religieux semés dans ses propres poèmes). La « victoire » poétique et spirituelle de Damien se résume dans *Chute* en quelques mots. Dans les deux dernières strophes les « douceurs de florilèges » (« mes douleurs […] / Deviennent des douceurs de florilèges ! ») et la « douce moire », ressentie par le locuteur à la vue d'un « perce-neige », sont la contrepartie de la « flèche acérée » qui « fait souffrir » le cœur du poète dans la strophe 5 : « Une flèche acérée le fait souffrir : / Peut-être, va-t-il se perdre et mourir : / Le malheur éclate comme bombes ! » On sait que la fin de Damien a été vécue par lui-même comme une élévation spirituelle, dont ce perce-neige est un peu le signe. L'antagonisme de ces deux passages du poème est donc relatif, sans que Damien fasse preuve d'une complaisance doloriste dans les premières strophes.

Si les « douceurs » sont assez évocatrices, la « flèche acérée » figure la Rigueur, qui est l'autre face du « double Principe » dont parle François Chenique dans *La Métaphysique de la Vierge…* Ce motif violent est d'ailleurs suivi par celui des bombes, comme l'Unité est suivie par le multiple. Cette énigme est le germe dangereux d'une remise en cause, baudelairienne si l'on veut, des causes premières. Mais dans les deux dernières strophes, le relais des mots « douceurs » (en rime interne avec « douleurs ») et « douce moire », et d'autant mieux qu'il nous vaut un accord du pluriel et du singulier, poétise la scission de l'Un, autrement dit le Verbe. Lequel est encore figuré par les lèvres inouïes du « beau sourire divin » de la dernière strophe : « Un beau sourire divin me protège / Que s'élève la joie de la victoire ! »

Cette victoire est aussi sur Baudelaire, chez qui la *dualité* divine est volontiers masquée par le dualisme le plus néfaste. On ne saurait superposer l'extase religieuse de la dernière strophe et les épreuves du cœur blessé dans les cinq premières strophes. Damien a le tact de ne pas reconnaître dans ces épreuves le moyen de cette élévation. Sa leçon concerne les distorsions subjectives de l'Un, suggérées dans la strophe 5, qui éloignent la plupart des hommes de la contemplation finale, où le « perce-neige » hérite de l'éclat de la flèche. Et sans doute est-ce la raison profonde de la souffrance personnelle de Damien.

UN CŒUR PLUS QUE NU

Cette ambivalence n'est pas étrangère à l'insatisfaction du poète (dans *Flèches et fleurs*), « froiss[ant] le blanc papier[8] » avec une « langueur », oubliée quand « d'autres écrits conjurent ces écrits d'aigreur ». Or, *Flèches et fleurs*, est lui aussi « dédié à Baudelaire ». Et ce poème de deux strophes est encadré par deux vers isolés ; le premier : « Que de souvenirs transpercent mon cœur de fleurs ! »

Le motif du *cœur* est récurrent dans les poèmes de Damien, mais jamais il n'est *mis à nu* avec autant de distance critique et avec autant d'art que dans ce poème dont la présentation – un couple de strophes de neuf et huit vers, encadré par deux vers isolés – pourrait illustrer les remarques de Baudelaire sur la « symétrie » (en art) dans *Mon cœur mis à nu*. Baudelaire aurait sans doute apprécié le jeu de mots filé dans la première strophe de ce poème, où se répondent au début des vers 3 et 7 (en symétrie) les mots : « au long des heurs », et « Quant au malheur » :

---

8   Damien Dickès, *op. cit.*, p. 109.

Que de souvenirs transpercent mon cœur de fleurs ! Gisent au fond du tiroir de multiples lettres / D'amour, d'amitié, lectures au long des heurs. / Heurs entre le cœur et le remords, ce traître ; / Heurs et longues heures de gaité et de pleurs, / Photos que l'on veut vite voir disparaître ! / Le bonheur que l'on regrette est si ravageur ! / Quant au malheur, il nous fait toujours renaître ! / Images, objets, lieux, deviennent des rancœurs / Auxquelles le cœur doit bientôt se soumettre : Froisser le papier blanc remplit de langueur : / Est détruit à jamais, l'antique bien-être, / Même le feu ne peut éteindre ces lourdeurs / Car elles sont inscrites dans le fond de l'être ! / Seuls d'autres écrits conjurent ces écrits d'aigreur : / Lisons et écrivons à l'ombre des êtres, / Le vent emportera ces flocons de froideur / Que sont les souvenirs, flèches qui pénètrent ! Que le printemps embellisse mon cœur de fleurs !

Dans la première strophe, Damien s'efforce d'estomper la différence du bonheur (ravageur) et du malheur (qui fait renaître) : ces deux sentiments étant exemplaires, sur le plan de la psychologie commune, de « l'unité devenue dualité » selon Baudelaire. Le passage du temps n'est que suggéré dans ces vers ; l'auteur de L'Horloge aurait certainement approuvé cette poétisation de la violence du passage du temps. Et plus encore la conjuration ambigüe de cette violence dans les échos sonores impliquant les mots « heurs », repris trois fois dans cette première strophe. Un triangle lexical, tendu lui-même entre deux mentions du mot « cœur » (dans le tout premier vers du poème, et dans le dernier vers de cette strophe), qui encadrent l'allusion aux « rancœurs ». (Ce mot « cœur » est lui-même l'objet d'une troisième mention, dans le vers détaché, qui suit la seconde strophe.)

On peut certes s'étonner de la dédicace à Baudelaire, dans un poème où les souvenirs d'autres grands modèles de Damien (et de diverses époques) ont plus de relief que ceux, à peine probables, de Baudelaire. Sans doute est-ce parce que Baudelaire a formulé, notamment dans Mon cœur mis à nu, les principes déterminants de son art, qui s'exercent aussi bien dans les poèmes des autres modèles de Damien.

Ce procédé, qui prend son sens le moins heureux dans cette strophe, est tout aussi remarquable dans L'Horloge de Baudelaire (relue par moi-même[9]), où il implique de nombreux mots, ou énumérations de termes. Mais l'auteur des Fleurs du mal aurait été surpris par l'autre vers isolé,

---

9   Voir M. Arouimi, Mylène Farmer pour comprendre : Baudelaire, Poe, Rimbaud, Jünger, Melville, Camion Blanc, 2019.

après la seconde strophe : « Que le printemps embellisse mon cœur de fleurs ! »

Ce second vers (encadrant) semble prolonger la seconde strophe, qui a un vers de moins que la précédente. Comme si le cœur embelli par le printemps fleurissait sur les souvenirs cruels, « flèches qui pénètrent » (dernier vers de la seconde strophe) : « Le vent emportera ces flocons de froideur / Que sont les souvenirs, flèches qui pénètrent ! » Ces fleurs sont une réponse exquise aux tourments (ou flèches) de Baudelaire. Le tout premier vers du poème : « Que de souvenirs transpercent mon cœur de fleurs ! » augure déjà l'embellie finale.

Ce premier vers préfigure pourtant le destin de Damien (mort en juillet 1997), sans doute désireux, en avril 1997, de donner à son prochain trépas le sens d'une victoire florale, assez éloignée des visées de Baudelaire. Damien sonde ici la menace bien réelle de rupture qui pèse sur son cœur physique ; transcendant ainsi la maladie, devenue le prisme d'une vision critique des failles des relations humaines. La surface graphique du poème : 1 / 9 + 8 / 1 vers, paraît d'ailleurs mimer la forme d'un cœur, un cœur dont le battement est suggéré par la légère dissymétrie de cette disposition.

La première strophe, qui se termine par un vers mentionnant le mot « cœur », est d'ailleurs ponctuée par le signe des deux points ; les deux strophes n'en feraient qu'une ? Voilà suggérée la *plénitude* agitée de ce cœur graphique, ce cœur de papier, comme le suggère le premier vers de la seconde strophe : « Froisser le blanc papier remplit de langueur ! »

Dans la seconde strophe, le contraste entre le « feu » qui, dans le vers 3, « ne peut éteindre ces lourdeurs / [...] inscrites dans le fond de l'être » et, dans le vers 7, les « flocons de froideur / Que sont les souvenirs », est une autre façon de concilier les contraires, exemplifiés dans le bonheur et le malheur dans la première strophe. Certes, le chaud et le froid sont d'incontournables réalités, mais Damien repousse à travers elles les formes terrestres (ici relationnelles) de la dualité, qui font obstacle à la contemplation d'une unité idéelle, promise à son « cœur de fleurs ! »

Dans le vers 5 de la première strophe, une allusion rapide aux « Photos que l'on veut vite voir disparaître ! » annonce le vers 5 de la seconde strophe : « Seuls d'autres écrits conjurent ces écrits d'aigreur ». En effet, le thème photographique et celui de l'écriture, ainsi mis en parallèle, suggèrent une critique de la fonction étroitement mimétique de l'art :

peinture des réalités extérieures ou des sentiments (la *subjectivité* que le Rimbaud « voyant » condamnait chez ses contemporains). Damien, en peignant ses sentiments ou des fleurs (dans d'autres poèmes), s'efforce de manifester une vérité essentielle, qu'il observe dans son propre cœur, et qui habite celui de tous les hommes.

Edgar Poe, qui ne figure certainement pas parmi les modèles de Damien, fut pourtant l'auteur d'*Eureka*, vaste « poème » métaphysique, qui révèle chez Poe un but poétique, pas si éloigné de celui de Damien : une vision des causes premières, envisagées par Damien dans les formes qu'elles prennent dans la métaphysique chrétienne, ces formes dont il redécouvre l'esprit, à travers les aspects du dogme qui les interprète. Baudelaire lui-même avait décelé chez Poe une capacité de décryptage des lois occultes qui régissent l'univers, et d'abord le monde le plus réel : une objectivité à laquelle fut sensible Rimbaud, si l'on en croit la dédicace à Poe, dans un manuscrit récemment retrouvé de son poème *Mémoire*.

Dans ses *Notes nouvelles sur Edgar Poe*, Baudelaire observe notamment que l'artiste « n'accommodera pas sa pensée aux incidents ; mais [...] combinera les événements les plus propres à amener l'effet voulu[10]. » Et ce projet est servi par le « rythme [...] nécessaire au développement de l'idée de la beauté, qui est le but le plus grand et le plus noble du poème ». Cette Beauté ne fait sans doute qu'un avec les lois dont nous parlions, ces lois dont elle est l'empreinte universelle A la suite de cette citation, les nuances restrictives qui limitent cette importance du rythme, seraient dues à la relative banalité de ces notions, le rythme, la beauté, que les lecteurs de cette époque (et ceux de la nôtre ?) risquaient de ramener à des conceptions trop admises (par les amateurs de l'art *subjectif*).

Bien que fort elliptiques, certaines remarques sur la « symétrie » dans *Mon cœur mis à nu*, suggèrent chez Baudelaire une conscience des ressources de la symétrie pour provoquer un effet, que résume trop vaguement l'idée de la « beauté » : « la régularité et [...] la symétrie qui sont un des besoins primordiaux de l'esprit humain, au même degré que la complication de l'harmonie ». Cette définition est suivie par une justification du « mouvement dans les lignes » (dans le poème seulement ?) dont résulte « L'idée poétique [...] d'un être immense, compliqué, mais eurythmique [...][11] ».

---

10 Baudelaire, *OC, op. cit.*, p. 350.
11 *Ibid.*, p. 628.

Il est très possible que Damien ait lu ces aveux, auxquels il devrait sa conception de la poésie, présentée dans la « Préface de l'auteur » de son *Florilège* comme « un organisme vivant doté de sa structure propre, rien n'est figé, le texte est dynamique et contient sa vie propre[12] ! » Reste que ses poèmes dédiés à Baudelaire ne sont pas les plus révélateurs, au moins par leur contenu, du projet métaphysique qui reçoit des couleurs chrétiennes dans bien d'autres poèmes de Damien, où se multiplient les effets de symétrie affectant le vocabulaire : dans le phrasé de certains vers, et surtout dans la disposition de maints doublets lexicaux (ou termes analogues) répartis dans l'espace graphique. Un procédé que Damien n'a pas imité de ses maîtres déclarés, même s'il a pu en retrouver chez eux l'existence. Son originalité ou plutôt son *courage* (un terme appliqué par lui-même à ses actions d'homme et de poète) réside dans le sens religieux, si oublié aujourd'hui, que ce procédé revêt sous sa plume, et dans des poèmes où se voient rassemblés les symboles (pas seulement floraux) du dogme chrétien.

Michel Arouimi
Université du Littoral

---

12 Damien Dickès, *op. cit.*, p. 12.

NUIT, CYGNE, MÉLANCOLIE

Michel-Ange, Baudelaire

> *Ou bien toi, grande Nuit, fille de Michel-Ange,*
> *Qui tors paisiblement dans une pose étrange*
> *Tes appas façonnés aux bouches des Titans !*
> Baudelaire, « L'Idéal ».

Edgar Wind, dans un article de *Mystères païens de la Renaissance*, rapproche les poses de deux figures féminines nues de Michel-Ange, composées à la même époque[1]. L'une, connue sous le nom de « La nuit (*La notte*) » dans la nouvelle sacristie de la chapelle Médicis, représente une sculpture à moitié allongée, main appuyée sur la tête, comme endormie dans un état d'exténuation (fig. 1) ; et l'autre, appelée « Léda et le cygne » et dont le tableau original a disparu, est celle peinte d'une déesse dans une position érotique, en train de copuler avec Zeus métamorphosé en cygne[2] (fig. 2). Ces deux figures sont sensuelles, et « Léda » l'est assurément davantage à cause même de son motif. Michel-Ange s'inspire pour leurs postures d'un bas-relief d'un sarcophage romain. Le dessin fait d'après ce relief représente Léda assoupie. L'érudition de Wind établit un autre lien : Plutarque associait le nom de Léda à la déesse nocturne, Léto, maîtresse de Zeus. Il est alors possible que le cercle néoplatonicien de Florence ait fourni à Michel-Ange une clé d'association des deux figures, l'allitération entre leurs deux noms se recouvrant subtilement

---

1   Edgar Wind, « *Amor as a God of Death* », *Pagan Mysteries In The Renaissance*, New York, W. W. Norton & Company, 1958.

2   Les sculptures de la chapelle datent de 1526-1534, et « Léda et le cygne » d'entre 1529 et 1530. Ce tableau à l'origine destiné à l'humaniste ferrarais Alphonse d'Este a finalement été vendu à François 1er avant de disparaître à Fontainebleau. Il en existe deux copies célèbres : l'une par Rubens se trouvant à Dresde, et l'autre, par un peintre anonyme (naguère attribuée à Rosso Fiorentino), à Londres (fig. 2). *Cf.* Charles de Tolnay, *The Medici Chapel*, Princeton, Princeton University Press, 1970, p. 190-193.

des variantes d'une image matricielle, issue quant à elle d'un objet archéologique exhumé, et imprimée dans la mémoire visuelle légendaire de l'artiste. Il s'agit « des variations d'un thème symbolique », du même en l'autre : « Dans la théologie poétique, "Léda" et "La nuit" étaient une, et leurs figures représentaient deux aspects d'une théorie de la mort dans laquelle la tristesse et la joie coïncident[3]. » L'Un se disjoint donc en deux chez Michel-Ange.

La différence principale des deux figures consiste en la posture de leur torse. Le bras droit courbé de « La nuit » la fait ressembler à une de ses figures penchées, autrement dit mélancoliques, même si ce rapprochement n'est pas d'habitude approfondi par les critiques. Or chez « Léda », le même bras droit se croise avec le cou du cygne (appuyé sur lui), répondant à sa courbe et répétant celle du bras gauche qui répète lui-même celle de la jambe. La sculpture de « La nuit », dont le repos paraît incomplet à cause même de sa « pose étrange[4] » (Baudelaire), se trouve placée en face d'une autre figure penchée, la très fameuse statue « Il penseroso », faite à l'image du Laurent le Magnifique (fig. 3). La tête d'« Il penseroso » ne s'appuie pas vraiment sur sa main gauche, mais son index couvrant sa bouche indique, selon Panofsky, le silence saturnien. Quant aux rapports entre la pensée et la mélancolie, il suffit de citer ici ce mot de Benjamin : « le premier trait du mélancolique, c'est sa méditation profonde[5]. »

En effet Baudelaire, cet autre grand mélancolique, a sans doute pu percevoir la ressemblance entre « La nuit » et « Léda » même à travers leurs copies, comme l'a rapidement suggéré Wind dans une note : remarque restée sans lendemain mais certainement à reprendre tant semble riche ce qu'implique cette possibilité. S'il est admis qu'une gravure d'une copie de « La nuit » a inspiré Baudelaire[6], on ne sait en revanche s'il a aussi vu celle de « Léda », pour laquelle pourraient valoir autant la « pose étrange » que les « appas façonnés aux bouches des Titans ». Si cela reste invérifiable, quelques « correspondances » s'esquissent, à travers la nuit personnifiée et le motif de l'animal cygne, comme nous le

3   E. Wind, art. cité, p. 166. Pour Wind, la « tristesse (Sorrow) » peut être « Trauer » signifiant aussi le deuil.
4   Baudelaire, Œuvres complètes, t. 1, Paris, Gallimard, « Bibliothèque de la Pléiade », 1975, p. 22.
5   Walter Benjamin, L'origine du drame baroque allemand, Paris, Flammarion, 1985, p. 151.
6   Cf. la note de Claude Pichois dans Baudelaire, Œuvres complètes, t. 1, op. cit., p. 874.

verrons, entre ces deux créateurs. Sans avoir été à Florence, Baudelaire a lu au moins les poèmes traduits de Michel-Ange ; il y avait chez le poète un certain platonisme esthétique hérité notamment de Poe. Les œuvres plastiques et poétiques de l'artiste florentin pouvaient tout à fait suggérer que la beauté, devenue pour celui-ci « principe de tourment et de souffrance morale[7] », doit aller avec la mélancolie. Il n'est pas anodin que Baudelaire ait vu dans le masque en bronze de Michel-Ange, « si profondément exprimée la tristesse de ce glorieux génie[8] ». Mais avant d'en revenir au poète français à la fin de notre parcours, il nous faudra déplier lentement, à travers la mélancolie de Michel-Ange, ce qui se tisse secrètement autour des deux figures de « La nuit » et de « Léda ».

Si l'on met de côté les divergences d'interprétation de l'allégorie des sculptures de la sacristie, quiconque la visite pour contempler l'œuvre de Michel-Ange ne peut nier qu'elle soit teintée de « deuil et mélancolie », les deux à la fois. On pense alors à ce qui a été écrit comme caractéristique de l'art et de la poésie de Michel-Ange, c'est-à-dire « sa capacité d'être en deuil (*his ability to mourn*)[9] » qui pouvait s'épanouir dans ce lieu : cette capacité, d'ailleurs, s'accompagnera d'une autre qu'est la « *tenacissima memoria* » justement, si même l'expérience du deuil se caractérise par « [l]a survivance, l'"après-vivre" des images[10] », par leur façonnement et leur revenance. (Rappelons que Baudelaire commence la section « Sculpture » du « Salon de 1859 » en évoquant la figure de la Mélancolie et celle du Deuil, comme si pour lui la sculpture, ce « fantôme de pierre », incarnait l'essence même de l'art funéraire. Significativement, Michel-Ange est nommé d'emblée : « [...] le beau s'imprime dans la mémoire d'une manière indélébile. Quelle force prodigieuse l'Égypte, la Grèce, Michel-Ange [...] ont mise dans ces fantômes immobiles[11] ! »

---

7   André Chastel, *Art et Humanisme à Florence : au temps de Laurent le Magnifique*, Paris, PUF, 1959, p. 510.
8   Baudelaire, « Vente de la collection de M. Eugène Piot », *Œuvres complètes*, t. 2, Gallimard, « Bibliothèque de la Pléiade », 1976, p. 772.
9   Adrian Strokes, *Michelangelo : A Study in the Nature of Art*, London, Routledge, 2002 [1955], p. 132.
10   Expression de Laurie Laufer, *L'énigme du deuil*, PUF, 2006, p. 92.
11   Baudelaire, *Œuvres complètes*, t. 2, *op. cit.*, p. 671 (*cf.* Jérôme Thélot, *Violence et poésie*, Gallimard, 1993, p. 384). Pour les rapports entre la tradition de l'art funéraire et Michel-Ange, voir Erwin Panofsky, « Neoplatonic movement and Michelangelo » (1939), *Studies in Iconology*, Oxford, Routledge, 1972, p. 183.

Du moins Michel-Ange et Baudelaire étaient situés chacun au début d'une modernité – la Renaissance et la fin du XIXème siècle – qui allait supplanter, renouveler une part substantielle du monde ancien ; le deuil dans ce sens était assez net chez Baudelaire.)

Quant aux quatre sculptures allongées de la sacristie, on sait qu'elles sont appelés « Le jour », « Le crépuscule » (masculines), « La nuit » et « L'aurore » (féminines), y compris par Michel-Ange lui-même, et qu'elles sont censées allégoriser, dans l'ensemble, le Temps. Un mélancolique est justement quelqu'un qui veut suspendre le cours du temps, tout en « manqu[ant] d'appui pour un arrêt : *Halt*[12] » (en effet ces sculptures risquent toutes de tomber de leurs socles). Mais ce *« Halt »* peut signifier aussi qu'il ne reste à un mélancolique qu'à devenir une statue, « fantôme immobile » en somme, s'il se sent déchiré entre le temps qui passe et son être lui-même. Le temps, personnifiée en Kronos ou en Saturne, « mange la vie[13] », disait aussi Baudelaire.

Wind, se référant à « une note poétique » de Michel-Ange sur « La nuit » et « Le jour », rappelle certes que celle-là fait partie des *« pleureurs »* en deuil, qu'elle se lamente sur le pouvoir destructif du temps[14], mais il creuse davantage la piste de Léda. Quant à son maître Panofsky, pour lui « La nuit » doit plutôt correspondre au tempérament flegmatique, ce qui n'exclut quand même pas la dominance de la mélancolie[15]. Il est du moins évident que sa pose est trop « étrange » et ambiguë pour qu'elle soit une figure du sommeil simple[16]. L'ambiguïté est inhérente à une telle œuvre, dit Freud à propos de la pose d'une autre sculpture de

---

12 Henri Maldiney, « Psychose et présence », *Penser l'homme et la folie*, Grenoble, Millon, p. 15.

13 Expression de « L'ennemi » de Baudelaire qui aurait vu « Saturne dévorant son enfant » de Goya (*cf.* Harald Weinrich, « Lectures de Baudelaire », *Conscience linguistique et lectures littéraires*, Paris, Maison des Sciences de l'homme, 1989). Michel-Ange lui-même pensait à sculpter pour « La nuit » un rat qui devait allégoriser « le temps qui dévore tout » selon Condivi, son biographe (*cf.* E. Panofsky, art. cité, p. 205).

14 E. Wind, art. cité, p. 166. Il s'agit d'une note en marge du dessin préparatoire pour les tombes de Médicis.

15 E. Panofsky, art. cité, p. 207-208. Quelques savants souhaitaient voir dans les sculptures de la chapelle l'expression subjective de la mélancolie de Michel-Ange (*cf.* Ch. de Tolnay, *The Medici Chapel, op. cit.*, p. 62).

16 La figure avec la main appuyant sa tête peut être ensommeillée si elle a les yeux fermés. Un exemple sera « Le rêve de Saint Hélène » (vers 1570) de Véronèse à Londres, tableau qui s'inspire du dessin de Raphaël copiant « La nuit » de Michel-Ange (*cf.* Marzia Faietti, *« Guercino e La Notte Ludovici »*, *Rivista d'arte*, n° 1, 2011). Quant au rapprochement avec

Michel-Ange, celle de Moïse (créée vers 1513-1515), soulignant qu'« un si riche contenu de pensée lutte pour s'exprimer[17] ». Du côté de Michel-Ange lui-même, dans un poème écrit plus de quinze ans après l'exécution de « La nuit », il fera exprimer à cette sculpture son affinité avec le sommeil et sa préférence d'être une pierre pour se fermer à la honte et à la misère du monde[18]. Les désastres attendaient l'âge d'or florentin (Chastel) : Michel-Ange dans ce poème aura suivi le fil que traçait sa *melancholia* (bile noire)[19]. Le corps de « La nuit » entre dans la léthargie, la tête qui doit héberger l'esprit étant trop lourde à porter. Sa pose fait penser à l'*acedia*, cette « paresse du cœur[20] », signe de la lente évolution de Saturne et assimilée au *furor melancolicus*. On sait aussi que les mélancoliques désirent le sommeil – sans pouvoir y parvenir – qui pourra apaiser leurs désirs inaccomplis.

Toujours est-il que l'exemple apparent de cette coïncidence de pose, pareillement dans l'inactivité, entre l'image plus ou moins typée de la mélancolie et celle de la déesse (ou de la Vénus) nue et endormie, se trouve dans la chapelle Médicis. Le fait que l'image de « La nuit » ait des rapports avec une image érotique (de Léda ou de la Vénus endormie) n'est donc sûrement pas non plus dû au hasard : l'expression de l'éros peut venir constituer le pendant de celle de la mélancolie en tant surtout qu'oubli de soi. Le titre de l'article de Wind, « *Amor* en tant que dieux de la mort », n'est sans doute pas pour rien : si le mythe de Léda signifie, comme le résume Wind, le point de vue mythologique selon lequel la mortalité des hommes en arrive à être expiée par l'amour des dieux, cela ne peut être qu'en guise de compensation pour la finitude

la Vénus endormie – figure nue et allongée, les yeux fermés avec la tête posée sur sa main – sujet érotique vénitien, voir Ch. de Tolnay, *The Medici Chapel*, *op. cit.*, p. 107.

17 Freud, « Le Moïse de Michel-Ange », *Œuvres complètes*, t. XII, PUF, 2005, p. 158 (trad. Pierre Cotet et al.).

18 *Rime* 247 (éd. Girardi) : « *Caro m'è 'l sonno, e più l'esser di sasso, / mentre che 'l danno e la vergogna dura ; / non veder, non sentir m'è gran ventura ; / però non mi destar, deh, parla basso.* » (*cf.* Ch. de Tolnay, *The Medici Chapel*, *op. cit.*, p. 135)

19 Par exemple la pose de « L'aurore » en face de « La nuit » – sculpture d'une jeune femme comme sortant à peine de son sommeil et bougeant languissamment son corps (fig. 4) – a été rapprochée, dans un article publié en 2003, d'un dessin de la même époque (environ 1533), intitulé « *Il sogno* », qui peut allégoriser l'inspiration mélancolique (*cf.* Maria Ruvoldt, « Michelangelo's dream », *The Art Bulletin*, Vol. 85-1, 2003).

20 W. Benjamin, *L'origine du drame baroque allemand*, *op. cit.*, p. 166. Sur l'*acedia*, voir E. Panofsky, F. Saxl et R. Klibansky, *Saturne et mélancolie*, Gallimard, 1989, p. 9 (trad. Louis Évrard et al.).

SEIJI MARUKAWA

150

humaine, inséparable de la déploration de leur expulsion de l'Arcadie. C'est justement cela que médite, selon André Chastel, « *Il penseroso*[21] ». « Léda » en extase ainsi que « La nuit » dans son état d'accablement pouvaient constituer, que Michel-Ange en fût conscient ou non, l'envers et l'endroit de la figuration mythique de la destinée humaine. On peut ajouter qu'une interprétation de l'allégorie de la chapelle des années 1990 propose entre « La nuit » et « Léda » un autre lien : la sculpture de « La nuit » figure à la fois la Terre-Mère, Vénus et Léda, et les deux sculptures masculines, « Le jour » et « Le crépuscule », ses deux enfants. Cette lecture fait figurer à l'ensemble de la sacristie le *circuitus universalis* eschatologique[22].

« La nuit », « Léda » et « *Il penseroso* » de Michel-Ange nous replacent décidément dans le sentier des mélancoliques, que représentent par excellence les artistes et les poètes si on croit toujours le traité du pseudo-Aristote (*Problème XXX, 1*), réhabilité justement par Ficin. Si l'expression de la mélancolie allait gagner un certain rang dans l'art de la Renaissance à partir notamment de « *Melencolia I* » de Dürer (fig. 5), les signes avant-coureurs étaient repérables dès la fin du quatorzième siècle, tant dans « l'aspect nocturne du style international[23] » que dans la poésie de l'époque (où d'ailleurs le mot « mélancolie » a commencé à prendre son sens moderne[24]), reflétant les malheurs des temps ainsi que le bouleversement des valeurs entre autres sociales et religieuses. « *Melencolia I* », selon toute vraisemblance, ne fut pas sans influencer Michel-Ange[25]. Cette gravure représentait pour Panofsky une mélancolie devant être propre aux esprits humanistes de la Renaissance : sentiment de l'échec de la volonté d'accéder au « monde supérieur des "idées", ciel platonicien auquel l'âme parvient[26] ». Alors pouvait être ressenti l'envers

---

21 *Cf.* André Chastel, « Mélancolie de Laurent de Médicis », *Fables, formes, figures 1*, Paris, Flammarion, 1978.
22 Edith Balas, *Michelangelo's Medici Chapel : A New Interpretation*, Philadelphia, American Philosophical Society, 1995, p. 113-115.
23 E. Panofsky, *Les primitifs flamands*, Paris, Hazan, 2003, p. 143 (trad. Dominique Le Bourg).
24 Panofsky énumère Alain Chartier, Eustache Deschamps et Charles d'Orléans (*ibid.*).
25 *Cf.* A. Chastel, *Art et Humanisme à Florence, op. cit.*, p. 512. Panofsky ne mentionne pas la possibilité que Michel-Ange connût la gravure de Dürer mais souligne, suivant Vasari, l'influence de l'artiste allemand.
26 A. Chastel, *ibid.*, p. 201. L'hypothèse « romantique » de Panofsky a été contredite par Frances Yates. *Cf.* Frances Yates, *The Occult Philosophy in the Elizabethan Ages*, London,

du dogme (néo)platonicien – qu'a complété la pensée chrétienne –,
c'est-à-dire l'inaccessibilité de la forme idéale ou de la beauté éternelle
et de leur essence métaphysique dans l'au-delà[27], et par conséquent le
fait que « [n]otre condition est l'exil[28] » comme le redit Bonnefoy sur
la mélancolie, attentif quant à lui à la pensée néoplatonicienne. Michel-
Ange dans certaines œuvres aura témoigné de ce renversement où le *furor*
retombe et le doute survient, tentant de capter cette forme qui serait
autant salvatrice par sa beauté que le mirage. Le jeune Baudelaire avait
noté que Michel-Ange était « l'inventeur de l'idéal chez les modernes
[qui] seul a possédé au suprême degré l'imagination du dessin[29] » :
mais cette forme idéale et intégrale que doit dégager le *disegno*, une fois
matérialisée, lui restera finalement autre – ce qui provoquera l'aspect
non finito chez lui[30]). Pour nous inspirer maintenant de l'intuition de
Bonnefoy, le génie, s'il est mélancolique, sera celui qui sait s'obstiner
dans ce déchirement paradoxal tout en le questionnant : « Bientôt, dit-il
donc, Michel-Ange aura jeté son marteau contre le marbre qui lui refuse
la forme à la fois représentation et présence, à la fois figure et visage, qui
mettrait fin à son inquiétude[31]. » Ajoutons que la mélancolie d'un artiste
de grande ambition comme Michel-Ange ou Dürer peut être vue comme
le négatif du sentiment victorieux croissant avec l'extension du savoir et
du pouvoir humains tel qu'il se manifeste dans la conquête du monde
visible et intelligible, ou actuel et possible (comme le dit Galilée : « *Mente
concipio* »). L'orgueil humain, à l'aube des Temps modernes, prétendant
à un pouvoir dès lors aussi agressif que transgressif, n'allait pas sans
soulever doutes ou repentirs – et on pourra aussi repenser à Baudelaire,
à son blasphème et à sa déchéance, lui-même s'identifiant au couteau
et à la plaie (« L'héautontimorouménos »). Avec sa mélancolie même,
Michel-Ange devient donc plus que l'artiste présomptueux réalisant le

---

Routledge, 1979, p. 59.
27 *Cf.* E. Panofsky, *Idea*, Gallimard, « Tel », 1989, p. 70 (trad. Henri Joly).
28 Yves Bonnefoy, « *La mélancolie, la folie, le génie, – la poésie* », in : *Mélancolie*, Gallimard, 2005, p. 62.
29 Baudelaire, « Salon de 1846 », *Œuvres complètes*, t. 2, *op. cit.*, p. 458.
30 Michel-Ange, dit Chastel, a certes découvert l'effet suggestif de « la forme imparfaitement dévoilée, au moment où elle émerge du bloc » (*Art et Humanisme à Florence, op. cit.*, p. 331), mais il laisse aussi inachevés ses sonnets et évoque l'inachèvement de son travail dans un poème (*Rime* 241) : l'approche de la mort après tant d'années et d'essais, écoulés entre l'image vive et la pierre dure (Buonarroti, *Rime*, Milan, Rizzoli, 1975, p. 114).
31 Y. Bonnefoy, « *La mélancolie, la folie, le génie, – la poésie* », art. cité, p. 17-18.

« David » démesuré qui déplaisait par exemple à un Ponge[32]. La figure
de David, aimée des Florentins comme le symbole de leur ambition, a
été sculptée par Donatello et Verrocchio, avant celle de Michel-Ange
évocatrice de l'*hybris* humaine et dépassant le contexte local.

Revenons à la chapelle Médicis : Panofsky a donc entériné l'image de
Michel-Ange néoplatonicien dont les sculptures de la sacristie viennent
constituer le témoignage exemplaire. Il nous faut rappeler rapidement le
noyau de son argument. Les principales figures sont au nombre de deux,
assises (*figura sedens*) dans la niche. L'une, celle de Laurent correspond
à la structure fermée symbolisant la vie contemplative, et l'autre, celle
de Jullien, à la structure ouverte qu'est le propre de la vie active (la
paire figurant l'analogie cosmique Saturne/Jupiter). Quant aux quatre
figures allongées en dessous, elles sont parallèles aux quatre fleuves de
Hadès[33], dont le nombre est encore en phase avec les quatre éléments et
les quatre humeurs. Il est arrivé que cet argument qui servait d'autorité
pendant des lustres a été qualifié d'« incertain[34] » par une monographie
sur l'artiste publiée en 1997 : l'objection, minorant de façon inhabituelle
l'ascendant du néoplatonisme sur Michel-Ange, cherche à dépouiller
l'artiste de l'image héroïque du sauveur du spirituel, captif du corporel
ou du matériel. On peut certes avoir de doutes sur la prédominance
de cette image par trop héroïque mais pour la raison que son négatif,
c'est-à-dire le côté mélancolique, sera ignoré. La sous-estimation du (néo)
platonisme ne signifie pas seulement le rejet de la pensée mystique ou
du dualisme corps/âme, matière/forme, mais revient aussi à accorder
peu de prix à ce qui n'est ni corps ni matière, soit l'esprit ou l'âme
(discrédités en général par le scientisme ou le positivisme logique),
alors que le mythe de la *melancholia* est ce qui lie ceux-ci au corps, et
suppose l'interaction entre la santé mentale et la santé corporelle – c'est
pourquoi d'ailleurs l'examen de ce mythe décidément psychosomatique
était entrepris à la croisée de la philosophie et de la médecine depuis

32 *Cf.* Francis Ponge, « Notes pour un coquillage », *Œuvres complètes*, t. 1, Gallimard,
     « Bibliothèque de la Pléiade », 2006, p. 40. Michel-Ange a pourtant fait un autre David(-
     Apollo) plutôt tourmenté à l'époque de « L'aurore » : c'est un « vainqueur vaincu par sa
     mélancolie » (Ch. de Tolnay, *The Medici Chapel, op. cit.*, p. 97).
33 Michel-Ange envisageait de construire sur le sol les sculptures représentant les quatre
     fleuves-dieux (projet abandonné). Or dans l'Hadès, il y a un autre fleuve – en surnombre
     par rapport au quatre – qui a pu jouer un rôle dans l'imaginaire de Michel-Ange : Léthé
     (*cf.* E. Panofsky, art. cité).
34 *Cf.* Anthony Hughes, *Michelangelo*, London, Phaidon, 1997, p. 194.

Démocrite. On gagnera peu en infirmant la part de la métaphysique néoplatonicienne chez Michel-Ange, en filigrane dans ses poèmes : elle soutient la tendance allégorique enrichie par Dante (recherche du sens chrétien dans le mystère païen), assigne un sort ambigu à l'âme (soumise à la pesanteur, au corps, tout en étant capable d'accès à la région supérieure). Établissant des rapports analogiques entre le visible et l'invisible, elle favorise encore la double entente de l'artiste. Si son « riche contenu de pensée *lutte* pour s'exprimer », on pensera aussi au *polemos* héraclitéen qui fait naître de la matière la forme, de l'obscurité l'apparition, quitte à les replonger dans les ténèbres.

Pour Adrian Strokes, Michel-Ange était obsédé par sa « fantaisie du poids » pouvant à la fois être la pesanteur dépressive et la vitalité du mouvement. L'« ambivalence intense[35] » comme il le dit lui-même alimente aussi sa poésie – la nuit et la lumière[36], le froideur et la passion, etc. – et s'exerce pleinement dans ce vers souvent commenté de Michel-Ange septuagénaire : « *La mia allegrezz' è la malinconia, / e 'l mio riposo son questi disagi* » (*Rime* 267). Panofsky comme Chastel l'ont cité, et ce dernier infère qu'il témoigne de la mélancolie de l'artiste qui consiste dans « la rumination mentale du sarcasme et du désespoir[37] ». « L'"éthos" du saturnien, dit encore Chastel, ignore l'entre-deux. » S'il ne s'agit pas ici d'une dépression mélancolique (qui serait l'incapacité même de déplorer), ce qui s'y exprime se différencie de la mélancolie aigre-douce du sentiment amoureux par exemple. L'heure est à l'antiphrase auto-ironique : ici l'artiste dit ne trouver le repos que dans « ces désagréments », causés par l'« insondable insatisfaction avec lui-même et l'univers[38] », qui ne cesse de l'exposer à la tension croissante de son travail[39]. Le plaisir du sommeil et celui encore plus grand d'être la pierre que fait évoquer Michel-Ange à « La nuit » dans le poème cité plus haut est à l'extrême opposé de l'exigence de son travail : ce qu'il faisait, c'était la

---

35 A. Strokes, *Michelangelo : A Study in the Nature of Art*, op. cit., p. 132 (cf. p. 130).

36 « L'ombre est très exactement la lumière [...] », disait aussi Ficin, même si le superlatif est accordé à la lumière et à la forme (*forma*) : (Marsile Ficin, *Quid sit lumen*, Paris, Allia, 2009, p. 22 ; trad. Bertrand Schefer).

37 A. Chastel, *Art et Humanisme à Florence*, op. cit., p. 513. Cf. E. Panofsky, F. Saxl et R. Klibansky, *Saturne et la mélancolie*, op. cit., p. 376.

38 E. Panofsky, « Neoplatonic movement and Michelangelo », art. cité, p. 180.

39 Nous revient aussi ce mot ironique de Baudelaire dans « Hygiène » : « Plus on travaille, mieux on travaille, et plus on veut travailler. » (*Œuvres complètes*, t. 1, op. cit., p. 668)

laborieuse « *scultura per forza di levare*[40] », c'est-à-dire qu'il fallait tailler
directement dans la pierre, tout en s'infligeant de la peine. Si cette
souffrance lui donne une certaine satisfaction (que Freud suppose chez
les mélancoliques), n'en sera pas loin la coprésence de « jouissance et
terreur[41] » chez Baudelaire alléguant l'« Hygiène ». Il faut certes prendre
avec précaution ce que dit Strokes sur le vers où Michel-Ange se raille
de lui-même : « s'il n'avait pas été un homme moins affligé, il n'aurait
pu être un si grand artiste[42] » ; mais on peut se rappeler aussi ce vers de
Heine qui parle ainsi de la nature de sa création poétique : « C'est bien
la maladie qui a été l'ultime fond / de toute la poussée créatrice ; / en
créant je pus guérir[43] ». L'« ambivalence intense » culminera au point
de partage entre la maladie et la création, voire peut-être entre le stress
cumulé et la tension exprimée, par chance les deux faces d'une même
médaille, autrement dit encore la possibilité ou non de la catharsis, ou
de la conversion de la bile noire.

  L'ironie, l'allégorie et la mélancolie étaient indissociablement liées
chez les romantiques, mais l'ironie, selon Quintilien, n'était déjà qu'une
allégorie tirée du contraire[44]. Il n'y a donc pas à s'étonner de retrouver actif
ce complexe chez Michel-Ange. C'est encore Benjamin qui nous donne
la clef en réhabilitant le rôle de l'allégorie, d'abord dans les *Trauerspiels*
baroques (dont les prodromes étaient présents chez les humanistes de
la Renaissance), avant même la place qu'elle prend chez Baudelaire. Il
voyait dans la *Trauer* qu'exprimaient ces drames – il aborde « *Melencolia
I* » de Dürer en passant – le sentiment dans lequel l'esprit s'aiguise et
« donne une nouvelle vie, comme un masque, au monde déserté, afin
de jouir à sa vue d'un plaisir mystérieux[45]. » Pour Benjamin l'allégorie
est « moins un trope qu'une vision du monde propre au mélancolique »,
voire « la figure centrale d'une rhétorique du désenchantement[46] », résume
Patrick Labarthe. Benjamin évoque le sentiment selon lequel les choses
du monde commencent à paraître vidées de leur sens habituel – masquées

---

40 E. Panofsky, « Neoplatonic movement and Michelangelo », art. cité, p. 178, p. 180.
41 « J'ai cultivé mon hystérie avec jouissance et terreur » (Baudelaire, *Œuvres complètes*, t. 1,
    op. cit., p. 668).
42 A. Strokes, *Michelangelo : A Study in the Nature of Art*, *op. cit.*, p. 132 (*cf.* p. 57).
43 *Cf.* Freud, « Pour introduire le narcissisme », *Œuvres complètes*, t. XII, *op. cit.*, p. 229 (trad.
    Jean Laplanche).
44 *Cf.* Patrick Labarthe, *Baudelaire et la tradition de l'allégorie*, Genève, Droz, 1999, p. 22.
45 W. Benjamin, *L'origine du drame baroque allemand*, *op. cit.*, p. 150.
46 *Cf.* P. Labarthe, *Baudelaire et la tradition de l'allégorie*, *op. cit.*, p. 60.

ou allégorisées –, sentiment de « l'abîme qui sépare la belle apparence de la désolation d'un monde ravagé par le deuil » (Labarthe) et que l'on prête, pour rester avec l'art florentin, aux maniéristes précurseurs de l'esprit baroque. S'exprimer par voie oblique peut en effet aller avec des masques et des allégories. Reste cependant que Michel-Ange savait davantage susciter la vivacité que l'artificialité.

« La nuit » alors nous revient : sous le bras gauche de la sculpture se trouve posé un masque (on en voit encore plusieurs dans le dessin « *Il sogno* », rapprochable de « L'aurore » [fig. 4]), auquel s'ajoutent d'autres objets sculptés, une chouette et des pavots (plantes symbolisant le sommeil et la mort, Hypnos et Thanatos, enfants de la déesse de *La nuit* comme le rappelle aussi Wind[47]). À la rigueur pour Michel-Ange la nuit, toujours présente, est masquée par le jour, comme il le dit dans un de ses sonnets : « *Ogni van chiuso, ogni coperto loco, / quantunche ogni materia circumscrive, / serba la notte, quando il giorno vive, / contro al solar suo luminoso gioco*[48]. » Tout lieu clos ou couvert – quelque matière le circonscrive – préserve la nuit, contre le jeu lumineux du soleil. La nuit, l'obscurité peuvent constituer le sanctuaire protégé où se forment les images, ou « une chambre d'écho d'images[49] » : la main droite de « La nuit » serre une pierre de feu (invisible de face), comme si elle avait des choses à dissimuler dans l'obscurité. L'esprit ténébreux de Michel-Ange préférait ainsi l'*inversio* – au sens de l'allégorie et l'antiphrase, ironique ou oxymorique –, et dans sa concentration méditative ou mélancolique frôlait le devenir-pierre ou la pesanteur léthale.

Revisitant la chapelle Médicis, nous avons aperçu l'ombre de « *Melencolia I* » de Dürer cher à Benjamin et à Baudelaire (fig. 5). Juste un mot encore pour cette œuvre majeure de l'artiste allemand avant de parvenir au poète français, œuvre qui nous dit que la passion, ou plutôt la manie perfectionniste devra aller de pair avec son envers, la mélancolie, voire la dépression pathologique. Si on ne peut s'attarder ici sur la divergence des interprétations de « *Melencolia I* », la gravure montre

---

47   E. Wind, art. cité, p. 165. Charles de Tolnay note cependant que le pavot symbolisait la fertilité à l'époque de la Renaissance ; le masque la tromperie ou le rêve (*The Medici Chapel*, *op. cit.*, p. 136-137).

48   Buonarroti, *Rime*, *op. cit.*, p. 60 (*Rime* 103).

49   « L'endeuillé entre […] dans une chambre d'écho d'images. » (L. Laufer, *L'énigme du deuil*, *op. cit.*, p. 95)

au moins un ange dans le moment du désœuvrement, de la léthargie, dont peut faire l'expérience un être qui a tenté de voler. Son caractère décidément « indécidable[50] » est dû, comme chez Michel-Ange, à « un si riche contenu de pensée [qui] lutte pour s'exprimer », finissant toujours par sécréter d'autres possibilités de sens.

Dans son analyse des sculptures de la sacristie, Panofsky compare, ne fût-ce qu'un instant, « *Il penseroso* » à « *Melencolia I*[51] ». À part leur pose et leur « *facies nigra* », visage sombre caractéristique de l'emprise saturnienne, un autre point commun est celui du motif de la chauve-souris, dont l'apparition crépusculaire annonce la fin de la journée et sa précarité. Elle symbolisera, avec l'*acedia* qu'incarne le chien dormant, la retombée dans le monde médiéval, diabolique et maléfique (auquel s'opposeront la polyèdre et le compas représentant la géométrie humaniste – avec entre autres la perspective). Du côté d' « *Il penseroso* », une tête de chauve-souris est figurée sur la boîte en or (la tirelire) où est posée sa main gauche. Panofsky omet de rapprocher cette boîte du porte-monnaie de l'ange de Dürer : il peut s'agir de l'avarice, ou de l'obsession de compter, censées être les traits de ceux qui sont placés sous le signe de Saturne – ou bien l'expression allégorique du savoir accumulé. Si ces deux figures sont pareillement mélancoliques et méditatives, celle de Dürer se trouve pour Benjamin entourée des « objets de la méditation morose », révélant « cet état pathologique où les choses les plus insignifiantes [...] apparaissent comme le chiffre d'une sagesse mystérieuse[52] ». Des objets insignifiants deviennent pleinement significatifs en eux-mêmes – ou allégoriques – dans le rituel des *mania*. Karlheinz Stierle note ceci sur « *Melencolia I* », dont le souvenir selon lui transparaît dans « Le cygne » de Baudelaire : « Pour le mélancolique, la cohérence de sens du monde s'effrite. Il voit l'élément isolé sorti de son cadre habituel d'action et de références, et celui-ci prend alors l'aspect du non-familier, possédant une force déictique énigmatique qui appelle le concours de l'imagination allégorique[53]. » Ce n'est pas un hasard si la mélancolie rime avec l'allégorie dans ce poème.

---

50   *Cf.* Wojciech Bałus, « Dürer's *"Melencolia I"* : Melancholy and the Undecidable », *Artibus et Historiae*, 1994, Vol. 15-30, p. 9-21.
51   E. Panofsky, « Neoplatonic movement and Michelangelo », art. cité, p. 210.
52   W. Benjamin, *L'origine du drame baroque allemand*, *op. cit.*, p. 152.
53   Karlheinz Stierle, *La capitale des signes*, Maison des Sciences de l'homme, 2001, p. 524 (trad. Marianne Rocher-Jacquin).

C'est ainsi par un détour obligé par Dürer que nous revenons aux rapports latents entre Michel-Ange et Baudelaire. Le fil qui associe « *Melencolia I* » et « Le cygne » baudelairien nous reconduit à la sculpture « La nuit » et au tableau « Léda et le cygne ». Relisons les trois premières strophes de ce poème, préludant à l'apparition de l'oiseau dans la cinquième :

Andromaque, je pense à vous ! Ce petit fleuve,
Pauvre et triste miroir où jadis resplendit
L'immense majesté de vos douleurs de veuve,
Ce Simoïs menteur qui par vos pleurs grandit,

A fécondé soudain ma mémoire fertile,
Comme je traversais le nouveau Carrousel.
Le vieux Paris n'est plus (la forme d'une ville
Change plus vite, hélas ! que le cœur d'un mortel) ;

Je ne vois qu'en esprit, tout ce camp de baraques,
Ces tas de chapiteaux ébauchés et de fûts,
Les herbes, les gros blocs verdis par l'eau des flaques,
Et, brillant aux carreaux, le bric-à-brac confus[54].

Sur la toile de fond du quai du Louvre s'enchevêtrent de façon dense la perception (*aisthesis*), la mémoire (*mnémé*) et la fantaisie (*phantasia*, formation-en-image) du *je* ; mais dès ce début transparaissent selon Stierle les rapports avec la gravure de Dürer. Stierle rapproche l'expression « le bric-à-brac confus » – qui garde le souvenir du chantier du Carrousel – des objets dispersés autour de l'ange dans « *Melencolia I* ». « De même que l'image du cygne évadé est lisible sur l'arrière-plan du mythe antique, de même le chantier du Louvre devient lisible sur l'arrière-plan du chantier allégorique et codé de la vision de Dürer [...][55] ». La gravure « *Melencolia I* » qui a beaucoup marqué plusieurs poètes romantiques français avant même Baudelaire n'est pas nommée dans ce poème mais Baudelaire la mentionne dans l'essai « L'art philosophique » et la phrase placée juste avant dit : « tout est allégorie [...][56] », au lieu de « tout devient pour

---

54 Baudelaire, *Œuvres complètes*, t. 1, *op. cit.*, p. 85-86.
55 K. Stierle, *La capitale des signes, op. cit.*, p. 522. C'est « comme si l'absolu allait s'enflammer dans le "bric-à-brac" des illusions et des vices », écrit Bonnefoy sur « Le cygne » (Y. Bonnefoy, « Baudelaire contre Rubens », *Sous le signe de Baudelaire*, Gallimard, 2011, p. 51).
56 Baudelaire, *Œuvres complètes*, t. 2, *op. cit.*, p. 600. Cet essai et « Le cygne » datent d'environ 1860. *Cf.* Antoine Compagnon, *Baudelaire devant l'innombrable*, Paris, Presses de l'Université

moi allégorie » dans « Le cygne ». Ce désordre, cette ruine, ces restes constitueront l'envers de la poursuite de l'Idéal. Benjamin, par rapport au « culte baroque de la ruine », notait déjà : « Les allégories sont au domaine de la pensée ce que les ruines sont au domaine des choses[57]. » L'image de la ruine dans le poème baudelairien fera penser à celle d'un temple jadis comparable à la Nature qui offrait des réseaux de « correspondances », cette harmonie que tissait la *musica mundana* à l'époque de la Renaissance : « des forêts de symboles » qui s'avèrent si irréelles dans la ville se modernisant sans cesse. Une « force déictique » se concentrera alors sur « ce tas des chapiteaux » avec les « blocs » et les « carreaux » : loin de l'idéal céleste ne subsisteront que ces fragments pétrifiés et minéralisés au-delà de la putréfaction et des immondices dont sont parsemées les images dans *Les fleurs du mal*. Pour Benjamin méditant des années plus tard « l'intention allégorique » de Baudelaire, celle-ci répondait à la « destruction de l'organique et du vivant – dissipation de l'illusion[58]. » L'allégorie sera, dit cette fois Starobinski en commentant « Le cygne », « le comble de la mélancolie : un moyen de conjurer le passage du temps et les images de destruction, certes, mais en arrêtant toute vie, en jetant sur soi-même et sur le monde le regard de Méduse[59]... »

C'est en marge de l'analyse de Starobinski et de celles d'autres auteurs, tout aussi pénétrantes, que nous nous permettrons de noter encore quelques mots en reprenant le motif du cygne si riche en valeurs symboliques. Si un fait divers est à l'origine de ce motif, il a pu jouer le rôle d'« un levain[60] ». Le cygne, comme le signale Starobinski, est déjà le symbole du poète, et Virgile, que peut rappeler « Andromaque » interpellé au début du poème, était appelé « le cygne de Mantoue ». Dans « ce grand

---

de Paris-Sorbonne, 2003, p. 177. Benjamin rapproche Baudelaire de « *Melencolia I* » dans « *Zentralpark* » (W. Benjamin, *Charles Baudelaire*, Paris, Payot, 1982, p. 243 ; trad. Jean Lacoste).

57 W. Benjamin, *L'origine du drame baroque allemand*, *op. cit.*, p. 191. Il écrit encore ceci dans « *Zentralpark* » : « L'allégorie s'attache aux ruines. Elle offre l'image de l'agitation figée. » (*Charles Baudelaire*, *op. cit.*, p. 222)

58 W. Benjamin, « *Zentralpark* », *ibid.*, p. 226.

59 Jean Starobinski, *La mélancolie au miroir*, Paris, Julliard, 1989, p. 75. Au moyen de l'allégorie Baudelaire « expiait sa pulsion de destruction », dit aussi Benjamin (« *Zentralpark* », *ibid.*).

60 A fait du bruit dans les journaux un cygne évadé de la cage d'un marchand d'animaux près du Carrousel (*cf.* Baudelaire, *Œuvres complètes*, t. 1, *op. cit.*, p. 1005). Benjamin : « Le fait divers est le levain qui fait se lever la masse des grandes villes dans la fantaisie de Baudelaire. » (« *Zentralpark* », *ibid.*, p. 233)

poème de la mélancolie [qui] conjugue l'acte de penser et l'image de la figure penchée[61] » s'établit une double structure superposant le proche et le lointain temporels (le Paris du XIXᵉ siècle et l'antiquité gréco-romaine) comme spatiaux (le Louvre et l'Afrique), entre lesquels le *je* du poème se trouve comme suspendu. L'allitération qu'a soulignée Starobinski n'est pas innocente : « penser » a des rapports étymologiques avec « pencher » et même avec « pendre (*pendere*)[62] ». Le *je*, faisant alterner « Je pense à ... » et « Je ne vois qu'en esprit ... » (il fait apparaître des images : *phantasia*), s'enfonce, renonçant au présent, dans sa mémoire des textes et des tableaux, dans la pensivité mélancolique et poétique. Quand la poésie lyrique s'alimente de la pensée-image des absents, elle exploite pourrait-on dire sa « capacité d'être en deuil ». C'est en deuil d'Hector que se trouve Andromaque[63]. Il est peut-être vain de faire remarquer qu'au temps où Baudelaire écrivait ce poème existait déjà une sculpture de François Milhomme intitulé « Andromaque », avec justement une tête penchée (œuvre de 1800). Elle faisait partie d'une collection privée. Baudelaire aurait-t-il eu l'occasion de la voir quelque part ?

Le *je* « pense » à Andromaque : « penser » étant aussi étymologiquement apparenté à « peser », la mélancolie méditative ne peut que se mêler de la pesanteur pierreuse que n'arrêtent pas de rappeler encore « pavé » ou « rocs », venant comme les signes du devenir-pierre (si ce n'est du devenir-statue, personnifiée comme celle d'une allégorie). C'est en effet Pétrarque qui se projetait sur un roc trouvé pendant sa déambulation, laissant un vers capital pour l'image de la *figura sedens*[64]. Et pour un poète lyrique à l'ère du capitalisme qui allait prendre racine, le paysage pouvant servir de cadre à sa poésie est urbain, même industriel. L'accueil étant « sec » et « froid », le *je* se pétrifie alors que « Paris change » – c'est le fameux début de la deuxième séquence : « Paris change ! mais rien dans ma mélancolie / N'a bougé ! palais neufs, échafaudages, blocs, / Vieux faubourgs, tout pour moi devient allégorie, / Et mes chers souvenirs sont plus lourds que des rocs. »

---

61 J. Starobinski, *La mélancolie au miroir, op. cit.*, p. 52.
62 *Ibid.*, p. 48. *Cf.* J. Starobinski, *Trois fureurs*, Gallimard, 1974, p. 11.
63 Les amateurs d'art moderne penseront à l'ambiance lugubre que rendra un demi-siècle plus tard Giorgio de Chirico dans ses tableaux, figurant ces deux personnages par des automates, ces fantômes en bois.
64 « *Me freddo, pietra morta in pietra viva / la guisa d'uom pensi e piange e scriva...* » (cité par A. Chastel, « La mélancolie de Laurent de Médicis », *Fables, formes, figures 1, op. cit.*, p. 151).

Quand tout paraît vide de son sens original et organique à ce *je*, ne peut être que pleinement signifiant le motif du cygne, loin de « son beau lac natal », évadé de la cage mais égaré dans la rue, et qui en boitant regarde « [v]ers le ciel » (anaphore à la fin de la première séquence). Une fois de plus, la déchéance et l'élévation vont de pair. Nous revient aussi l'« albatros » dont les « ailes de géant l'empêchent de marcher[65] ». Ces animaux « exilé[s] au sol » (« L'albatros ») ne sont pas non plus sans rappeler l'ange de « *Melencolia I* ». De même que l'impossibilité d'atteindre l'*eidos* peut marquer cet ange, le *Spleen* baudelairien peut résulter de la prise de conscience de la tombée, pour emprunter sa formule dans « L'irrémédiable », d'« [u]ne Idée, une Forme, un Être [d]ans un Styx bourbeux et plombé[66] ». L'écart par rapport à l'idéal doit être suggéré par l'instance servant de miroir, qui permet d'émettre des reflets (et de faire réfléchir). Dans le poème « Le cygne », on trouve un « petit fleuve, / [p]auvre et triste miroir » et le « ciel ironique », entre lesquels s'abîmera le vol de l'oiseau. La conscience ironique va, en se reflétant, jusqu'à l'auto-dérision (ici avec la série des épithètes négatives : « petit », « pauvre » et « triste »). La perte ou l'éloignement de l'idéal « anime[nt] le sentiment réflexif », dit Starobinski sur la *Wehmut* (la mélancolie, la nostalgie) schillérienne dans « la poésie sentimentale, plus particulièrement l'élégie, qui mène le deuil de la nature perdue, de l'idéal inaccessible [...][67] ». Cette rupture, cet écart entre l'idéal et la réalité génère la conscience ironique, voire satyrique. « [L]a mélancolie qui s'aggrave en réfléchissant » trouvera dans « cette image de l'homme penché sur la fontaine ou sur la rivière [...] sa version parodique[68] ». Une autre version serait le cygne, cou courbé, si déplacé et affolé dans la ville. Jadis consacré à Apollon, associé souvent à Aphrodite, mais naguère dans la « ménagerie », « [l]e cygne en cage est un superbe emblème de la mélancolie », dit Starobinski, et la gravure de Virgil Solis nommée « Mélancolie » qu'il convoque mérite attention (fig. 6). C'est un des

---

65 Baudelaire, *Œuvres complètes*, t. 1, *op. cit.*, p. 10. On pensera également au cygne mallarméen marqué par « l'horreur du sol où le plumage est pris » (Mallarmé, *Œuvres complètes*, t. 1, Gallimard, « Bibliothèque de la Pléiade », 1998, p. 36).

66 *Ibid.*, p. 79 (on pourra aussi lire « *De Profundis clamavi* »). *Cf.* le commentaire que donne Marc Eigeldinger de ce poème dans *Le platonisme de Baudelaire*, Neuchâtel, À la Baconnière, 1951, p. 100.

67 J. Starobinski, « Le rire de Démocrite », *L'encre de la mélancolie*, Le Seuil, 2012, p. 169-170.

68 *Ibid.*, p. 175, p. 173.

« Quatre tempéraments » de l'artiste, daté du milieu du seizième siècle.
Or cette gravure qui mêle la figure typique de la mélancolie, l'« éros
funéraire[69] » et l'animal cygne nous ramène à « La nuit » et à « Léda et
le cygne » de Michel-Ange. Il s'agit d'une figure féminine demie-nue,
la tête appuyée sur sa main droite, l'autre main tenant un compas (à
l'inverse de chez Dürer), un cerf couché devant elle (à la place du chien
de Dürer). On entrevoit un cours d'eau en arrière-plan. Si cette figure
féminine est sans ailes, on trouve, derrière le bloc de pierre sur lequel
elle s'appuie, un cygne, le cou recourbé vers celui de la femme, tendant
son bec en direction de sa bouche, ce qui fait évidemment penser à
Léda. Dans cette gravure Solis paraît avoir repris le motif du cygne des
livres d'heures et du Calendrier des bergers[70] ; mais on sait aussi que
Solis a gravé une plaque intitulée « Léda et le cygne » où l'influence de
Michel-Ange, directe ou indirecte, est manifeste.

Solis est un graveur de Nuremberg qui produisait des images populaires et il s'inspirait sûrement de la tradition iconologique de la mélancolie
qu'a confortée Dürer. La « Mélancolie » de Solis réunit donc en une seule,
de façon hétéroclite (en une sorte de bric-à-brac), les éléments saillants
de « *Melencolia I* » de Dürer d'un côté, et de « Léda et le cygne » et « La
nuit » de Michel-Ange de l'autre. On ne peut pas avoir la certitude que
Baudelaire ait eu l'occasion de voir les gravures de Solis : du moins leurs
tirages se trouvaient aussi à Paris.

Reprenons le sonnet « Idéal » dont la dernière strophe est citée en
exergue : le *je*, déclarant être à la recherche de son « rouge idéal », en vient
à « La nuit » et la tutoie. Il s'agit ici de la couleur de la profondeur, que
nuance la rime entre « abîme » et « crime » : Macbeth vouvoyée avant
« La nuit », associée par Stendhal à Michel-Ange, peut aussi l'incarner[71].
Comme dans le poème « Le cygne », le fond grec fait surface ici avec
la mention d'Eschyle à travers le dix-septième siècle. N'en reste pas
moins curieux le choix de « La nuit » comme candidat ultime. Pourquoi
« [o]u bien, c'est toi [...] » ? On peut certes spéculer sur les avatars de
l'image du cœur déchu mais on se doute aussi de la couleur du drap
dans le tableau original de « Léda ». L'original étant perdu, la beauté de

---

69 Expression de Franz Cumont citée par E. Wind, art. cité, p. 158.
70 *Cf.* P. Labarthe, *Baudelaire et la tradition de l'allégorie, op. cit.*, p. 483.
71 *Cf.* Baudelaire, *Œuvres complètes*, t. 1, *op. cit.*, p. 873. La force déictique est encore à l'œuvre
dans ce sonnet.

ce rouge (à en juger par les copies de Londres et de Dresde) devait être étrangère à Baudelaire : il n'est tout de même pas impossible qu'il en ait eu connaissance tant que des gravures de copie (par Étienne Delaune, etc.) se trouvaient à Paris. Il a pu voir ces gravures à la Bibliothèque nationale ou chez un collectionneur[72]. De plus, l'image du cygne chez Michel-Ange pouvait avoir une source commune avec Baudelaire : Ovide[73]. Que le poète ait vu ou non toutes ces copies n'est pas sans importance si on croit à son « culte des images » capable de trouver le levain dans toutes sortes de matériaux. À tout le moins, l'impact de (la copie de) « La nuit » est loin d'être négligeable, en ce qu'elle fixe dans une « pose étrange » la « torsion paisible » : l'oxymore est analogue à « l'agitation figée[74] », image même de l'allégorie selon Benjamin. La « grande Nuit » et « les Titans » peuvent entrer en résonance avec le sonnet suivant, « La géante » (« à l'ombre [des] seins » desquels le *je* eût aimé « [d]ormir nonchalamment[75] »), voire avec un autre poème, « Toute entière », dans lequel « Elle éblouit comme l'Aurore / Et console comme la Nuit[76] ». L'inspiratrice de ce poème a été identifiée, mais cela n'exclut pas la possibilité que « La nuit » de Michel-Ange aimante la série de « la Nuit » également personnifiée de Baudelaire. Celle-là revient encore dans le premier poème d'« Un Fantôme » intitulé « Les Ténèbres », sous une formule oxymorique : « C'est Elle ! noire et pourtant lumineuse[77]. » Rappelons que Léda était déjà associable à la déesse nocturne, Léto. Or, une strophe d'un poème écrit trois ans avant le sonnet « L'idéal » et intitulé « Le Léthé » – éponyme de Léto – répond dans son érotisme au dernier vers de ce sonnet : « Je veux dormir ! dormir plutôt que vivre ! / Dans un sommeil aussi doux que la mort, / J'étalerai mes baisers sans

---

72 L'auteur remercie les documentalistes du musée du Louvre pour les informations qu'ils lui ont fournies.

73 Le cygne apparaît chez Ovide (*Métamorphose*, II, 368), poète effectivement nommé dans le poème baudelairien : or cet épisode de la transformation de Cygnus en cygne a été représentée dans un dessin de Michel-Ange, fait à l'époque de la chapelle Médicis (*cf.* Ch. de Tolnay, *The Medici Chapel, op. cit.*, p. 114).

74 *Cf.* note 57.

75 Baudelaire, *Œuvres complètes*, t. 1, *op. cit.*, p. 23. Dans le poème suivant (« Le masque » dédié à un statuaire) sont incrustées les images du « trésor de la grâce florentine » (*cf.* P. Labarthe, *Baudelaire et la tradition de l'allégorie, op. cit.*, p. 168).

76 *Ibid.*, p. 42 (voir aussi p. 906).

77 *Ibid.*, p. 38. Encore une inspiratrice pour ce poème, mais il s'agit de voir l'image nocturne ambivalente.

remord / Sur ton beau corps poli comme le cuivre[78].» Outre le fait que
ce passage nous fait songer, par-delà la léthargie que rend « La nuit », à
un des sonnets de Michel-Ange : « *O notte, o dolce tempo, benchè nero, / con
pace ogn' opra sempr' al fin assalta;* [...] *O ombra del morir, per cui si ferma /
ogni miseria a l'alma* [...][79] », c'est « [l]'oubli puissant [qui] habite sur
ta bouche » dans le poème « Le Léthé » qui nous ramène à l'image de
« Léda ». Voici la dernière strophe du « Léthé » : « Je sucerai, pour noyer
ma rancœur, / Le népenthès et la bonne ciguë / Aux bouts charmants de
cette gorge aiguë / Qui n'a jamais emprisonné de cœur. » Le népenthès
est un ancien remède grec contre la mélancolie, qui fait oublier la douleur. Mais c'est surtout la tournure qui nous fait imaginer « Léda » de
Michel-Ange. Toutes les copies existantes de ce tableau mettent l'accent
sur le baiser, ou le contact de la bouche de Léda avec le bec du cygne : ils
s'unissent[80]. Le poème « Le Léthé », objet de censure à l'époque, dit désirer
l'oubli de soi, ou l'« extase courbée » – pour adapter l'expression dans
« Le cygne » – atteinte dans la copulation pour « noyer » la mélancolie,
quitte à goûter à du poison. Si l'érotisme est dit spiritualisé dans « Léda »
de Michel-Ange[81], Baudelaire, défendant ses poèmes condamnés, disait
opposer « à une obscénité, des fleurs platoniques » (et à un blasphème
« des élancements vers le Ciel »)[82].

Nous irions sans doute trop loin en pensant à la proximité phonique de
la « ciguë » avec le « cygne », et même à la forme du bec de celui-ci. Mais
entre « Léda » et « La nuit » de Michel-Ange s'esquissent non seulement
une ressemblance formelle mais aussi ce lien symbolique : la léthargie
qu'exprime « La nuit », comme l'extase de « Léda », aboutiront au repos
total, à cette quiétude absolue – si ce n'est l'immobilité de la statue – que
désireront les mélancoliques. Wind, pour faire la liaison entre « La nuit »
et « Léda » par rapport à Baudelaire, se contente de signaler la différence
de sensibilité entre la Renaissance et le romantisme tardif à l'égard de

---

78 *Ibid.*, p. 156. Le Léthé revient dans un des poèmes de « *Spleen* » (*ibid.*, p. 74).
79 Buonarroti, *Rime, op. cit.*, p. 59. On pourra aussi penser à « *La notte lava la mente* » de
    Mario Luzi.
80 À part Michel-Ange, on pense à l'idyllique « Léda » de De Vinci (copie), et à deux autres
    tableaux influencés par celui-ci : ceux d'Andréa del Sarto et de Corrège, tous les deux
    basés sur la frontalisation. Or Michel-Ange, avec sa science de la composition déployée
    sur la surface plane, met l'accent sur la copulation et le contact de la bouche avec le bec.
81 *Cf.* Ch. de Tolnay, *The Medici Chapel, op. cit.*, p. 106.
82 Baudelaire, « Notes pour mon avocat », *Œuvres complètes*, t. 1, *op. cit.*, p. 195.

« l'équation de l'amour et de la mort » – qui entraîne l'intrication de la tristesse et de la joie, de la léthargie et de l'extase. Différemment du temps où on pouvait espérer l'amour des dieux en compensation à sa propre mortalité, « [l]a mort des pauvres » après la révolution industrielle n'a pour salut que la mort elle-même, la fin d'une vie pénible tout court. Il n'était même plus question d'une Arcadie à rêver, à moins que ce fût, pour le dire crûment, les « paradis artificiels » où l'on accède par le vin, le hachisch, etc. Il n'était non plus question d'union extatique avec des dieux qui n'existent pas (« Dieu est mort ! le ciel est vide... », disait déjà Jean-Paul : c'est un mot cité par un autre grand mélancolique, Nerval[83]). Reste que « le principe de poésie » – à entendre dès lors au sens large de *poiein* –, cette « aspiration humaine vers une beauté supérieure », sait encore nous émouvoir aux larmes, en nous faisant entrevoir « les splendeurs situées derrière les tombeaux » : ces larmes « ne sont pas, selon le poète, la preuve d'un excès de jouissance, elles sont plutôt le témoignage d'une mélancolie irritée, d'une postulation des nerfs, d'une nature exilée dans l'imparfait, et qui voudrait s'emparer immédiatement, sur cette terre même, d'un paradis révélé[84]. » Chastel cite justement ce passage pour évoquer le désir exprimé de façon nostalgique chez les néoplatoniciens florentins : « L'aspiration vague et poignante que décrit ainsi Baudelaire, est apparue avec la même acuité dans certains milieux du Quattrocento florentin[85]. »

Il est temps que nous réabordions rapidement, par rapport à Michel-Ange et en guise de coda, « Les phares » de Baudelaire (1857), sixième poème de la section « Spleen et Idéal », hommage rendu aux grands tableaux qui sont « pour les cœurs mortels un divin opium » sinon des « Te Deum » pour les dieux désormais absents. « Phare » ou « flambeau » sont des métaphores pour tout ce qui éclaire ne fût-ce que momentanément l'eau trouble dans le noir, ou « un Styx plombé », refusant à la

---

83 Gérard de Nerval, *Petits châteaux de Bohème*, repris dans *Les chimères*, Gallimard, « Poésie », 2005, p. 243.

84 Baudelaire, « Notes nouvelles sur Edgar Poe » (1857), *Œuvres complètes*, t. 2, *op. cit.*, p. 332-334.

85 A. Chastel, *Art et Humanisme à Florence*, *op. cit.*, p. 279. À part Poe, l'influence de Swedenborg et de Joseph de Maistre fut essentielle pour diriger Baudelaire vers le (néo)platonisme (*cf.* M. Eigeldinger, *Le platonisme de Baudelaire*, *op. cit.*, p. 22, p. 100). Citant le même passage que Chastel, Georges Poulet qualifie l'ambivalence propre à la mélancolie du poète d'« état complexe de l'esprit : prise de conscience d'une perfection irréalisable, en même temps que d'une imperfection trop évidemment réalisée. » (*La poésie éclatée*, PUF, 1980, p. 32)

limite tout reflet et tout regard. Ces œuvres dignes d'admiration, attirant nos regards, donneront le « pouvoir de lever [nos] yeux[86] » – elles seules, pour Proust, permettront de retrouver le temps perdu.

Lever le cou et les yeux, vers l'inapprochable lointain, « vers le ciel » même déserté, voire déchiré (dans lequel, donc, « se mire [l']orgueil » du *je* comme dans « Horreurs sympathiques[87] »). Le ciel, le lointain ou l'inaccessible aspirent nos regards et nous redonnent l'aspiration à tendre vers eux. On voit que la *melancholia* a secrété de façon alchimique « Les phares », même si le nom de Dürer devait être absent du palmarès des peintres. Michel-Ange apparaît en quatrième, après la séquence des deux peintres qui paraissent par leur art rendre « l'absence des tensions[88] » : le « [f]leuve d'oubli, jardin de la paresse » de Rubens avec lequel commence le poème nous fait revenir au Léthé, à l'*acedia*, et à la sensualité avec l'« [o]reiller de chair fraîche où on ne peut aimer ». Après le « miroir profond et sombre » de De Vinci – comme si le poète voyait chez lui cette instance de miroir renvoyant ici non un reflet ironique mais une sorte d'« Idéal du moi », demandant la perfection du moi comme de son objet –, c'est le moment du contraste brutal, de l'oxymore et de la mélancolie : d'abord l'hommage au blasphème et à l'ironie de Rembrandt qui font, avec « un grand crucifix décoré », exhaler « la prière » des « ordures », mélangeant la boue et le ciel. Rembrandt aussi puisait dans la théorie des quatre humeurs et l'apposition « Rembrandt, triste hôpital » donne l'impression de suinter la *melancholia*.

C'est dans la séquence irréligieuse sur fond crépusculaire (avant donc la plongée dans la léthargie nocturne) qu'on retrouve Michel-Ange, juxtaposé à « lieu vague » – comme si le poète avait saisi « l'ambivalence intense » chez l'artiste, lui-même oscillant entre l'*hybris* et la mélancolie. Les œuvres que Baudelaire avait en tête sont évidemment les deux « escl*aves* » exposés au Louvre, sculptures détachées, comme celle de Moïse, du projet pour la tombe de Julius II, projet suivi d'un autre pour la chapelle Médicis : elles sont sans doute les seules originales que le

---

86 Il s'agit de l'aura qu'évoque Benjamin par rapport à Baudelaire et Proust (W. Benjamin, « Sur quelques thèmes baudelairiens », *Charles Baudelaire, op. cit.*, p. 200). *Cf.* J. Starobinski, *La mélancolie au miroir, op. cit.*, p. 49.

87 *Cf.* J. Starobinski, *La mélancolie au miroir, op. cit.*, p. 71.

88 Bernhardt Böschenstein, « Les muses tardives », in : *Mouvements premiers*, Paris, Corti, 1972, p. 199. Pour la strophe sur Rubens, voir aussi « Baudelaire contre Rubens » de Bonnefoy (*Sous le signe de Baudelaire, op. cit.*).

poète ait bien connus de l'artiste italien. Voici la strophe : « Michel-Ange, lieu vague où l'on voit des Hercules / Se mêler à des Christs, et se lever tout droits, / Des fantômes qui dans les crépuscules / Déchirent leur suaire en étirant leurs droits[89]. »

« Le mysticisme, trait d'union entre le paganisme et le christianisme[90] », trouvera du grain à moudre dans l'allégorie, ici avec les Hercules mêlés aux Christs pluralisés. Hercule est un des génies mélancoliques nommés dans le traité du pseudo-Aristote. Avec la puissance étirant les corps (« pose étrange »), des revenants détruisent leurs chaînes : Baudelaire ressent la « capacité d'être en deuil » de Michel-Ange. Les images chtoniennes surgissent, se lèvent en ce « lieu vague » qu'incarne Michel-Ange, avec même « *la forza di levare* ». Puissante est l'opposition de la liquide /l/ et la fricative /v/ de « lever » concentrée dans les deux premiers vers.

L'artiste suivant, Puget, cet « Empereur mélancolique » est un suiveur de Michel-Ange, et Watteau, chez qui des cœurs « comme des papillons, errent en flamboyant » – image de la fragilité qu'a aussi affectionnée Proust –, représente « le style tragi-comique du temps où la tristesse ou la douleur ne pouvaient être évoquées que par la parodie[91] ». L'impact saturnien croît avec « Goya, cauchemar plein de choses inconnues ». L'ironie, l'agressivité tournées cette fois vers les autres se manifestent avec la mention des « vieilles au miroir ». Et c'est Delacroix qui vient à l'apogée du poème, « sous un ciel chagrin », avec une cacophonie de « fanfares » et de « soupir » (le quatrain préféré d'un Longhi). Si Baudelaire voit son *alter ego* en Delacroix, c'est que la poésie souhaite trouver son allé-gorie dans la peinture : l'Un se disjoint en deux. Après Delacroix, le poème se poursuit avec des démonstratifs en série : « Ces malédictions, ces blasphèmes, ces plaintes, / Ces extases [...] » qui « sont un écho redit par mille labyrinthes ». Une force déictique et anaphorique invoque des aspects d'œuvres qui ont marqué le poète et demande ce qu'ils lui signifient à travers le réseau complexe que nouent les traditions littéraire et artistique, comme « la chambre d'écho d'images », images poétiques et visuelles – arrêt sur image ou « agitation figée » qu'il tient à rendre présent à l'esprit de ses

---

89   Baudelaire, « Les phares », *Œuvres complètes*, t. 1, *op. cit.*, p. 13.
90   Baudelaire, « Mon cœur mis à nu », *ibid.*, p. 678.
91   E. Panofsky, F. Saxl, R. Klibansky, *Saturne et Mélancolie, op. cit.*, p. 385.

« semblables », comme si s'approchait le moment de la coagulation de la bile noire, pour ne pas aller jusqu'à dire le chant du cygne laissant sentir « les splendeurs [...] derrière les tombeaux ». On se rappelle le recours similaire aux démonstratifs dans le sonnet « Le Tasse en prison », décrivant le tableau du même titre de Delacroix (fig. 7) : il figure littéralement le poète italien incarcéré, dans la pose de la mélancolie[92]. C'est le cygne de Ferrare en cage.

Toutes les œuvres qu'ont réussi à porter au jour ces artistes ou ces poètes à partir de la nuit de la présumée « raison » – donc du cachot, de l'hôpital, de la cage – doivent constituer, selon « Les phares », « [l]e meilleur témoignage [...] de notre dignité ». Or, cette dignité – qui en est une d'autant plus qu'elle connaît sa débâcle, ou l'échec de la quête de l'idéal –, faudrait-il le dire, semble commencer à être sérieusement ébranlée dans notre ère.

Seiji MARUKAWA
Université Waseda – Tokyo

---

92 Ce sonnet décrivant le tableau vient comme la légende pour son emblème (cf. H. Weinrich, art. cité, p. 146). On peut se rappeler, soit dit en passant, que Montaigne, dans ses *Essais*, pense au Tasse aliéné, en méditant sur la ligne de partage entre la mélancolie et le génie (cf. Montaigne, *Les Essais*, Gallimard, « Bibliothèque de la Pléiade », 2007, p. 518).

FIG. 1 – Michel-Ange, « La nuit », 1526-1531.

FIG. 2 – Anonyme, d'après Michel-Ange, « Léda et le cygne » (après 1530).
© The National Gallery, Londres. Don du duc de Northumberland, 1838.

Fig. 3 – Michel-Ange, « *Il penseroso* », 1521-1534.

Fig. 4 – Michel-Ange, « L'aurore », 1524-1527.

FIG. 5 – A. Dürer, « *Melencolia I* », 1514.

FIG. 6 – V. Solis, « Melancolicus », 1530-1562, © Victoria and Albert Museum, Londres (utilisation permise pour l'usage non-commercial).

FIG. 7 – E. Delacroix, « Le Tasse en prison », 1839.

VAMPIRE ET COMBAT DU POÈTE

Textes réfléchissants : *Le Vampire dans la poésie française*
de Giovanni Dotoli et Mario Selvaggio

« C'est un jour d'août presque caniculaire, mais il règne une fraîcheur de printemps dans le parc de la Villa Diodati, à Cologny. Les jardins sont soignés. L'herbe, modelée. Seize arpents de vignes rythment, à la descente, l'étendue verte, établie sur trois paliers. À leurs pieds, des poiriers. Autour de la maison, des bosquets de lavande, un bassin. C'est dans cette atmosphère pourtant paisible que tout est arrivé, la nuit du 16 juin 1816[1]. » C'est ce que reprend le film *Gothic* (1986), de Ken Russell. L'été 1816, villa Diodati, Lac Léman de Genève, une pléiade de jeunes gens brillants ; ils ont tous le désir de voyager. Il y a Lord Byron, résidant dans l'écrin Diodati amené par le banquier Hentsch, lequel lui fournira aussi le bateau qui le mènera à Chillon ; son médecin, John Polidori ; ainsi que le jeune poète Shelley, sa deuxième femme Mary, qui n'a pas 19 ans, et la demi-sœur de celle-ci Claire Clairmont, maîtresse de Byron. Les Shelley logent dans une maison en contrebas, au bord du lac. On s'ennuie, sous le ciel bas. On lit des contes d'épouvante allemands, alors en vogue. Soudain, Byron lance un concours littéraire : chacun écrira une histoire de fantôme... En 1814, les Shelley avaient fait une escapade amoureuse. La Suisse, Lac des quatre cantons, c'est le pays de la liberté. 1816, est l'année sans été : cendres volcaniques du Tambora. Un an après Waterloo, en 1816, le monde est frappé par une catastrophe restée dans les mémoires comme l'« année sans été » ou l'« année du mendiant ». Une misère effroyable s'abat sur l'Europe. Des flots de paysans faméliques, en haillons, abandonnent leurs champs, où les pommes de terre pourrissent, où le blé ne pousse plus. Que s'est-il passé ? En avril 1815, près de Java, l'éruption cataclysmique du volcan

---

1 David Wagnières, *Le Temps*, 16/08/2011. « https://www.letemps.ch/suisse/maudits-victor-frankenstein (consulté le 20/05/2020) »

Tambora a projeté dans la stratosphère un voile de poussière qui va filtrer le rayonnement solaire plusieurs années durant. Ignoré des livres d'histoire, ce bouleversement climatique fait des millions de morts. On lui doit aussi de profondes mutations culturelles, dont témoignent les ciels peints par Turner, chargés de poussière volcanique, ou le *Frankenstein* de Mary Shelley.

Les amis de la villa Diodati ont tous un attrait pour une esthétique nouvelle, esthétique du sublime, catégorie au-dessus de la beauté ; c'est la verticalité du paysage des Alpes, les émotions fortes. Un jeu s'installe entre les amis pour tuer l'ennui, un concours d'histoires à se faire dresser les cheveux sur la tête ; cela donne : *Frankestein*, 1818 ; Byront (fragment) ; Polidori, 1819, *Le Vampire*.

Polidori va fixer des règles : une force physique extraordinaire, photophobie, inhumanité, et un trait particulier, une aura romantique est la façon d'être seul, de jouir de sa solitude, de ne pas avoir d'égal. Solitude orgueilleuse et aristocratique. Le vampire de Polidori est un lord. Byron a participé à sa construction. Il était lui-même, d'une façon anarchiste, mais toujours, un faste et un dédain des autres.

Si l'Antiquité connaissait des êtres surnaturels buveurs de sang ou dévoreurs de cadavres (les stryges et les lamies), le mythe du vampire est une légende populaire moderne qui, née dans l'Europe slave, s'est propagée aux XVIIe et XVIIIe siècles dans les Balkans. Des récits commencent à en attester l'existence en Serbie et, en 1748, l'allemand Ossenfelder lui consacre un poème[2]. Cependant, sa vraie gloire commence en 1819, avec la publication de la nouvelle *Le Vampire*, imaginée par Byron et rédigée par son secrétaire Polidori. L'histoire est celle de Lord Ruthven, aristocratique vampire buveur de sang et séducteur de vierges : le récit se termine par la mort tragique d'un jeune aristocrate anglais, Aubrey, et de sa sœur, le premier ayant vainement tenté de sauver la seconde de l'avidité sanguinaire de Ruthven. Lord Ruthven vit à Londres, rien ne le distingue des hommes, sinon un charme particulier, une distance et une froideur qui signalent son indifférence et son mépris à l'égard du monde. Car le vampire n'est pas seulement un être maléfique, mais il représente la laideur morale du monde[3], dont il renvoie une image étrangement séduisante, ainsi

---

2   Alain Vaillant, « Vampire », *Dictionnaire du Romantisme*, Paris, CNRS, 2012, p. 759.
3   *Ibid.*, p. 760.

que le dérèglement sexuel qui prospère dans les coulisses de la société et le désir qui hante secrètement chacun.

Dire cette laideur morale du monde, cependant avec un dire de noblesse de cette littérature. Littérature au sens plein du terme. Espace privilégié où se confondent l'onirisme et le réel. Il y a une image de contamination : la morsure est une intrusion dans l'organisme de l'autre. La capacité du vampire d'incarner ce qui nous fait peur et ce contre quoi nous voulons nous protéger. Vamper et vampiriser c'est visiter, franchir, transgresser. Les sexes brouillés, l'acte vampirique est une figuration de l'acte sexuel. Dracula séduit les femmes mais jaloux sur les jeunes ; on voit l'ambiguïté entre les deux sexes. Attraction extrême, mort dans la vie, vie dans la mort, masculin-féminin, éternelle vie signifieront don, calamité, créature malheureuse, prison de son propre destin.

Le goût du fantôme Dracula n'est pas né le 16 juin 1816, mais, comme le signale Georges Didi-Huberman pour l'art, « on peut se demander si l'histoire de l'art est vraiment "née" un jour. Disons à tout le moins qu'elle n'est jamais née une fois[4] ». Si le discours historique ne « naît » jamais. Toujours il recommence. Alors l'histoire du goût recommence chaque fois. Chaque fois, semble-t-il, que son objet même est éprouvé comme mort… et comme renaissant. À partir de là – à partir de cette renaissance elle-même surgie d'un deuil –, semble pouvoir exister quelque chose qui se nomme l'histoire du goût. Comme l'histoire du goût pour les fantômes, pour les vampires.

Dans cette histoire du goût pour les vampires, le livre de Giovanni Dotoli et Mario Selvaggio, *Le Vampire dans la poésie française*[5] vise donc une forme d'énergie historique, une forme du temps. Toute la temporalité vampiresque semble se construire autour d'hypothèses rythmiques, pulsatives, suspensives, alternantes ou haletantes. Ce qui se repère fort bien à seulement feuilleter la masse des poèmes recueillis par les deux chercheurs, où apparaissent souvent les schémas oscillatoires des polarités constamment mises en place : « balancier » de l'idéalisme et du réalisme. Sans doute doit-on encore généraliser cette leçon : le vampire

4   Georges Didi-Huberman, *L'image survivante. Histoire de l'art et temps des fantômes selon Aby Warburg*, Paris, Les Éditions de Minuit, 2017, p. 11.
5   Giovanni Dotoli et Mario Selvaggio, *Le vampire dans la poésie française. XIXᵉ-XXᵉ siècles. Anthologie*, Alberobello – Paris, Aga – L'Harmattan, 2019.

serait quelque chose comme l'hypothèse, toujours renouvelée, d'une forme des formes dans le temps.

La dialectique des monstres, la contorsion comme modèle, la « psychologie historique de l'expression » rêvée par l'historien de l'art Aby Warburg – au titre de fondement théorique pour son anthropologie des images – fut, avant toute chose, envisagée comme une psychopathologie[6]. L'histoire warburgienne des images tente d'analyser le plaisir des inventions formelles à la Renaissance, mais aussi la « culpabilité » des rétentions mémoratives qu'elles peuvent y manifester ; elle évoque les mouvements de la création artistique, mais aussi les compulsions d'« auto-destruction » à l'œuvre dans l'exubérance même des formes ; elle souligne la cohérence des systèmes esthétiques, mais aussi l'« irrationnel » des croyances qui les fondent quelquefois ; elle considère la beauté et le charme des chefs-d'œuvre, mais aussi l'« angoisse » et les « phobies » dont ils offrent, disait Warburg, une « sublimation ».

L'histoire des images est traversée de revenances, de survivances, parce que la culture est chose vivante. Les fantômes n'inquiètent jamais les choses mortes. Et les survivances n'atteignent que le vivant, dont la culture fait partie[7]. Si des modèles antiques détruits n'ont pas cessé de hanter la culture, c'est parce que leur transmission avait créé quelque chose comme un réseau de « vie » ou de « survie », un phénomène organique affectant les symboles, les images : reproductions, générations, filiations, migrations, circulations, échanges, diffusions...

Au chapitre III de leur Introduction, Giovanni Dotoli et Mario Selvaggio nous donnent la *Petite histoire du vampire*. Et ils nous signalent : Satan est là. Le vampire garde son « héritage gothique[8] » et ancestral. En effet, dans la Bible, Moise défend d'invoquer les esprits par « crainte de voir les morts revenir à la vie[9] ». Lilith, créature biblique, haïe par la religion hébraïque, s'abreuve au corps humain tel un vampire. Les Grecs nous fournissent des dieux ayant les caractéristiques d'un vampire. Circé à la réputation sinistre de préparer des philtres magiques à base de sang humain. Médée rajeunit ceux qui boivent sa décoction à base

---

6   Georges Didi-Huberman, *L'image survivante…*, *op. cit.*, p. 284.
7   *Ibid.*, p. 326.
8   Alain Morvan, *Introduction* à *Dracula et autres écrits vampiriques*, Paris, Gallimard, « Bibliothèque de la Pléiade, 2019, p. XXXIII-XXXVI.
9   Cit. in Alain Pozzuoli, *La Bible Dracula. Dictionnaire du vampire*, Paris, Le Pré aux Clercs, 2010, p. 526.

de sang. Dans l'*Odyssée*, Homère rapporte qu'Ulysse est initié par Circé à accomplir des sacrifices de sang humain pour parler avec les morts. Cet axe historique explique parfaitement la présence du vampire au XIXe et au XXe siècles. Les temps modernes le réforment et l'adaptent, mais ne le renient pas[10].

Mais, pour notre propos, nous retenons du livre de Dotoli et Selvaggio, le chapitre *Mal, diable, peur, au-delà*. Pour Alain Rey, tout tourne autour du double Bien-Mal[11], dans la vie, la philosophie, la littérature. Le vampire représente le mal. « Le vampire des légendes d'Europe centrale est un être fondamentalement maléfique. Il provoque toujours à terme la mort de ses victimes et il compromet le salut de leur âme[12]. » Ainsi dans toute la littérature romantique y a-t-il « une image négative[13] ». Il est cynique et débauché et cause la mort ou la perte de la femme, malgré son image aristocratique. « Dracula atteint la quintessence du mal[14]. » Monstre par excellence, sans pitié, le vampire ne respecte ni Dieu ni l'homme.

Le vampire se transforme parallèlement au diable. Cette opposition entre le bien et le mal tout au long de la vie de l'humain, constitue la bifurcation du chemin, l'obligation du choix, entre le sublime de la vertu et le sublime de l'obscurité, de la transgression. Bifurcation du chemin, comme le choix d'Hercule. Hercule doit décider de son avenir et choisir entre la Volupté, qui tente de le séduire par une vie de luxure, et la Vertu, qui lui décrit la satisfaction morale tirée des épreuves et de la bravoure. Avec sagesse, Hercule choisit la Vertu et va tuer le lion de Némée. Ainsi, le conflit moral entre vice et vertu se transforme en vrai combat alors que la Vertu menace d'un bâton la Volupté dans les bras d'un satyre tandis que le jeune Hercule, nu, se tient entre les deux pour veiller à l'équité du combat. Dans son interprétation du thème, Dürer est fidèle à la pensée humaniste en vogue à Nuremberg, quête d'une position morale mitoyenne entre stoïcisme et épicurisme. Erwin Panofsky a identifié le sujet comme étant une allégorie rapportée par

---

10 Marie Capdcomme, *La vie des morts. Enquête sur les fantômes d'hier et d'aujourd'hui*, Paris, Imago, 1997, p. 97-114.
11 Alain Rey, *Dictionnaire amoureux du diable*, dessins d'Alain Bouldouyre, Paris, Plon, « Le dictionnaire amoureux », 2013, p. 591.
12 Jean Marigny, *La fascination des vampires*, Paris, Klincksieck, 2009, p. 144.
13 *Ibid.*
14 *Ibid.*, p. 145.

l'historien grec Xénophon. Le récit stimule l'imagination du peintre qui, comme il n'est pas rare dans les tableaux à la fin du Moyen Âge et à la Renaissance, le paysage de l'arrière-plan en deux moitiés de caractère symboliquement contrasté. Ce «paysage moralisé», comme l'appelle Panofsky[15], est fréquent dans les tableaux religieux où l'*Aera sub lege* (sous la loi) fait contraste avec l'*Aera sub gratia* (sous la grâce divine); et plus particulièrement dans la représentation de sujets comme *Hercule à la croisée des chemins*[16], où l'antithèse entre Vertu et Plaisir est symbolisée par le contraste entre un chemin aisé qui serpente à travers une belle campagne et un sentier abrupt, rocailleux, qui mène à un rocher hostile (Le rocher est aussi un très grand moraliste[17]).

Héraclès (Hercule) arrivait à la sortie de l'enfance et à l'entrée de l'adolescence, âge où enfin les jeunes deviennent indépendants et manifestent l'orientation future de leur vie, en suivant le chemin de la vertu ou celui du vice. Il s'éloigna donc vers un lieu tranquille et s'assit, parce qu'il hésitait sur le chemin à suivre. Alors lui apparurent deux femmes majestueuses. Elles se présentent, et suit une dispute entre les deux femmes, sur laquelle insistera Philostrate l'Ancien[18]. Le moment de la bifurcation est également celui du doute ou de l'équivoque. On remarquera un curieux élément d'indécidabilité. Au carrefour des chemins, il y a le doute, l'équivoque.

L'esprit est ce qui a toujours du mouvement pour aller plus loin : il ne cesse de renverser le sens des symboles qu'il a d'abord admis et ne peut s'en tenir à une seule interprétation qu'au prix d'une crispation, dans laquelle il disparaît. Nous trouvons le rappel d'une vérité très simple : nous n'aimons pas la vertu et ne devenons vertueux que sous l'effet d'une contrainte, dont il ne faut pas sous-estimer le caractère fortuit.

Ce sublime reste au centre de la littérature du vampire. Des risques nécessaires à l'avènement du sublime dans le code littéraire, il en résulte une image littéraire du sublime que nous croyons retrouver dans le discours poétique des représentations du vampire dans les textes que nous proposent les deux chercheurs. Le risque du choix est un combat.

---

15   Erwin Panofsky, *Essai d'iconologie*, Paris, Gallimard, 2005, p. 82.
16   Voir Erwin Panofsky, *Hercule à la croisée des chemins*, Paris, Flammarion, 1999.
17   Gaston Bachelard, *La terre et les rêveries de la volonté*, Paris, Corti, 2004, p. 189.
18   La vertu, chez lui, perdra toute beauté pour ne plus susciter, par son apparence physique, que dégoût et répulsion. La vraie beauté est-elle visible ou invisible ? Tout le problème est là.

L'image du vampire est une image-combat, voilà notre propos à partir de la lecture du livre de Dotoli et Selvaggio. Car ce que déploie l'image du vampire est une écriture et une pensée tout en même temps fulgurantes et suffocantes. Fulgurantes, dans le surgissement perpétuel de formules paradoxales et violentes, jamais « introduites » ou préparées, toujours assenées comme autant de coups frontaux[19]. Des coups comme au profit d'un mouvement critique qui ne semble jamais pouvoir sortir de sa propre tension, de sa propre négativité protestataire.

Pensons à ce que Georges Bataille énoncera, dans le cadre de la revue *Documents*, en disant que, « quand Picasso peint, la dislocation des formes entraîne celle de la pensée[20] ». Il faut dès lors comprendre les images de l'art comme l'efficacité de ces images, comme fondamentalement surdéterminée, élargie, multiple, envahissante. C'est donc sur tous les fronts de la pensée que l'image exige d'être éprouvée, analysée, et c'est bien sur tous les fronts que la pensée de Giovanni Dotoli aura tenté d'en rendre compte.

La poésie sur les vampires est une lutte, un conflit, une tension inapaisable. L'art doit penser le vampire comme une lutte, un conflit formes contre formes d'expériences littéraires, d'espaces inventés et de figurations toujours reconfigurées. La chronologie des poèmes sur le vampire que nous proposent Dotoli et Selvaggio, nous rappelle que « Toute forme précise est un assassinat des autres versions[21] ». Mais c'est aussi l'histoire du combat comme discours (à savoir la discipline qui tente d'interpréter toutes ces figurations, toutes ces reconfigurations) qu'il faut désormais pratiquer comme une lutte, un conflit : pensées contre pensées, pourrait-on dire. Façon de ne se satisfaire d'aucune politesse littéraire. Façon de dramatiser sans répit la pensée, d'avancer dans le savoir contre toutes les autolégitimations à quoi prête généralement l'acquisition d'une compétence « scientifique ».

Le discours vampiresque exige une histoire poétique contre une certaine notion de l'art, c'est-à-dire contre le modèle esthétique et idéaliste qui soutien généralement l'appréciation et l'analyse des images littéraires. On pourrait dire, une critique non kantienne, une analyse critique des

---

19 Georges Didi-Huberman, *Devant le temps*, Paris, Les Éditions de Minuit, 2000, p. 160.
20 Georges Bataille, « Le Jeu lugubre », *Documents*, 7, 1929, p. 297-302.
21 Carl Einstein, « L'enfance néolithique », *Documents*, 8, 1930, p. 479.

images vampiresques qui ne doive rien à l'esthétique des jugements de goût. D'après Konrad Fiedler, « le prôton pseudos [le mensonge principiel] dans le domaine de l'esthétique et de la réflexion sur l'art consiste dans l'identification de l'art avec la beauté ; comme si le besoin artistique était destiné à procurer à l'homme un monde de beauté ; cette première erreur engendre tous les autres malentendus[22] ». Position selon laquelle le point de vue esthétique devait être critiqué et relayé par une théorie capable de repérer, dans les œuvres d'art, non pas ce qui est « destiné à flatter la sensibilité », mais ce qui en fait une « connaissance » fondamentale – une connaissance entendue ici à la façon d'une anthropologie philosophique.

Aux images littéraires des vampires exige d'abord l'impossible – ce qu'en histoire de l'art Carl Einstein nommait un « miracle » ou, bien avant Georges Bataille, une « expérience » : il exigeait à tout le moins qu'elles fussent des exceptions, des actes et non des stases, des révélateurs d'états extrêmes. Voilà pourquoi le beau – le critère du beau – lui semblait, comme à Georges Bataille, une recherche idéaliste de la « moyenne », une « norme abstraite », bref, une « médiocrité commode et béate, faite pour atténuer et apprivoiser les extrêmes », donc faite pour « châtrer lâchement les forces dangereuses » de la vision, qui sont les forces de l'inconscient.

Ce que je trouve important dans le livre de Dotoli et Selvaggio, c'est qu'ils ne se contentent pas d'isoler l'œuvre sur les vampires au XIXe et XXe siècles, par un mouvement de totalisation idéaliste ; elle s'isole elle-même comme discours et comme expérience. Car c'est en termes d'expérience, voire d'« expérience intérieure », qu'il faudra formuler l'essentiel de la compréhension de l'objet littéraire sur les vampires.

Dans le continuum des textes choisis par Dotoli et Selvaggio, toute forme précise est un assassinat des autres versions, elle énonce le caractère dialectique de tout travail formel, c'est-à-dire de tout poème de vampire. Mais elle semble dialectique à un autre niveau encore : car elle énonce et la cruauté (sur un ton parfaitement bataillien) et la « précision » transformationnelle d'une « version » par rapport aux précédentes (et le ton se fait ici, prémonitoirement, lévi-straussien).

Avec Picasso, Braque ou Juan Gris, l'« hallucination », comme dit Carl Einstein, ne se coupe plus du réel, mais crée du réel. Comment cela ? En inventant une « violence opératoire » spécifique de la forme, qui passe par

---

22   Konrad Fiedler, *Aphorismes*, cit. in Roberto Salvini, *Pure visibilité et formalisme dans la critique d'art au début du XXe siècle*, Paris, Klincksieck, 1988, p. 101.

une redéfinition dynamique et dialectique de l'expérience spatiale. Cette redéfinition est dialectique dans la mesure où l'anthropomorphisme n'en est pas exclu, mais très exactement décomposé, comme chez Juan Gris où Einstein décèle une « tectonique » – un refus de l'anthropocentrisme – qui n'est pourtant fait que d'« éléments humains ». Et telle serait la valeur la plus bouleversante du vampirisme : celle d'inclure dialectiquement cela même qu'il décompose, à savoir l'anthropomorphisme.

Ainsi, l'image littéraire du vampire n'est autre qu'une mise en question radicale – et philosophiquement lourde de conséquences – de la substance où objets et humains s'étaient vus « fixés » par la métaphysique classique. Il consomme « la fin du sujet stable et déterminé », la « liquidation de l'attitude anthropocentrique » et d'une foi séculaire « en ce bibelot stupide qu'on appelle l'homme ». Il est donc anti-humaniste, non par goût des formes « pures » ou résolument « non humaines », mais par une prise en considération du caractère symptomal de l'expérience visuelle, nécessitant le recours à une nouvelle position du sujet. Contre cela, l'image du vampire retrouve l'instabilité, la mobilité fondamentale de ces « expériences mixtes » où « se déclare une disproportion entre les processus psychologiques et ceux de la nature ».

En finir avec le jugement du goût ? Dans l'analyse de Giovanni Dotoli, nous le voyons, ce n'est pas chercher la laideur à tout prix, ce n'est pas priser cyniquement la non-valeur, ce n'est pas priver la forme de rigueur et de construction – toute la poésie sur les vampires en est l'éclatante preuve. Mais c'est, renonçant aux substances, accéder au champ de forces. C'est chercher l'« effondrement des refoulements » chers à l'idéalisme ; c'est ne pas craindre l'analogie d'une création formelle avec un « processus mortel » ou une « angoisse » ; c'est faire des œuvres d'art « les dépositaires de forces » tout à tour positives et négatives, sexuelles et mortifères ; c'est ouvrir l'image aux « chocs efficaces » et au « traumatisme psychique » ; c'est faire de l'œuvre un cristal de crise.

C'est au cœur d'un conflit violent entre la structure humaine directe – ou réalité immédiate – et l'apparence externe déjà morte que le poète se trouve situé. Pour lui, l'art est un élargissement énorme et incessant de la connaissance de soi-même, ce qui revient à le définir comme la négation dialectique de la nature. Toute œuvre douée d'une valeur humaine en tant qu'essai d'affranchissement isole et détruit le réel, toute forme étant équivalente à distinction, séparation, négation inquiète. Par ce moyen, l'artiste arrive, non pas au vide, mais à la création de visions concrètes et autonomes. Le poète du vampirisme se sépare continuellement de lui-même et vit dans un état de transformation permanente. On pourrait dire que la condition fondamentale de ses recherches et de ses trouvailles est la destruction dialectique de la réalité.

Dotoli, dans son étude, a compris que la mort de la réalité est une condition nécessaire à la création d'une œuvre autonome, mais il la renforce d'autre part en y projetant de pleins blocs d'imagination. À la fatalité de l'inconscient, il oppose une volonté prodigieuse de figuration nettement intelligible. Le poète du vampirisme ignore le repos et la constance commodes. Ses poèmes sont tendus entre deux pôles psychologiques et on peut parler à leur propos d'une dialectique intérieure, d'une construction à plusieurs plans psychiques.

Aussi, le poète du vampirisme met-il en relation la force meurtrière de l'œuvre littéraire – à l'égard d'une réalité qu'elle assassine – avec l'intérêt soudain pour les époques mythiques ; loin de constituer un repli vers la chrysalide de l'archétype, cette mise en relation n'a d'autre enjeu que de complexifier, de repenser l'histoire de la littérature elle-même.

Le poète du vampirisme est en combat. Il y eut peut-être, dans le geste de tout poète, quelque chose du geste de Rimbaud : un Rimbaud non d'exotisme et d'aventure, mais de conflit à mener contre l'irrémédiable. Dotoli et Selvaggio retiennent de Rimbaud le texte « Angoisse[23] »

Au risque de la vertu, la croisée des chemins, et cette angoisse, ce défi au sentiment d'humanité, cette bifurcation est dans le livre de Giovanni Dotoli et Mario Selvaggio sous le titre du premier chapitre : *Vivants et morts*. Le vampire naît presque avec l'être humain. C'est un buveur de sang qui suce la vie de l'autre. Il fait partie de l'imaginaire collectif. C'est un démon métamorphosé en suceur de sang, qui à partir de la superstition générale se transforme en mythe universel.

C'est une obsession de notre moi, de nos secrets et de nos mystères. C'est pourquoi il se transforme dans le cours de l'histoire, dans l'imaginaire, l'art, la littérature, jusqu'à devenir un astre du cinéma. Il appartient à notre « puissance archétypale[24] ».

---

23   Arthur Rimbaud, « Angoisse », *Illuminations* (1886), in *Œuvres complètes*, édition établie par André Guyaux, avec la collaboration d'Aurélia Cervoni, Paris, Gallimard, « Bibliothèque de la Pléiade », 2009, p. 308 ; cit. in Giovanni Dotoli et Mario Selvaggio, *op. cit.*, p. 324.

24   Alexis Brocas, *D'Ovide à Fred Vargas. Entretiens avec des vampires*, in *Le Vampire : métamorphoses d'un immortel d'Ovide à Fred Vargas*, « Le Magazine littéraire », 529, mars 2013,

Comment expliquer cette présence constante par tous les temps ? « En notant d'abord que le vampire nous vient de la nuit primordiale : son ombre s'esquisse avec nos premières sépultures, qui, comme le rappelle Daniel Sangsue[25], peuvent aussi bien servir à honorer les trépassés qu'à les empêcher de revenir[26]. »

Les jeunes écrivains de la villa Diodoti choisissent un chemin d'écriture dans le sublime de l'obscurité, comme Baudelaire. Dotoli et Selvaggio ont voulu consacrer quelques observations spécifiques aux liens entre Charles Baudelaire et le vampire à titre d'exemple, mais aussi parce qu'il faut considérer les trois poèmes vampiriques qu'ils insèrent dans leur anthologie, comme peut-être les plus beaux de la littérature vampirique. Le poète est mort et vivant. Il est un revenant. Il est un spectre par le monde, victime de l'ennui éternel, du Temps qui passe, des fantômes effrayants qui sont partout.

En effet, le vampire est « une figure de l'altérité[27] » : Est-ce parce qu'en un premier temps l'être qui s'en croit menacé s'exonère par cette assignation de tout devoir d'introspection ? Force est de constater que le mal, le péché, la faute sont volontiers présentés comme une extériorité contre laquelle il faut se prémunir par de simples actions défensives.

Pour Alain Rey, dans « Vampires en vers », avant-propos du livre de G. Dotoli et M. Selvaggio, le grand mérite de cette anthologie est d'explorer les modulations du thème dans la poésie française, à divers niveaux de talent, et de passer de Verlaine à Vigny. Il souligne que le sublime « Je suis la plaie et le couteau » de *L'Héautontimorouménos* conduit à « Je suis de mon cœur le vampire », et c'est la plus profonde et poétique appropriation du thème[28] ».

Encarnación MEDINA ARJONA
Université de Jaén

numéro coordonné par Alexis Brocas, p. 40.

25   Daniel Sangsue, *Fantômes, esprits et autres morts-vivants. Essai de de pneumatologie littéraire*, Paris, José Corti, 2011.

26   Alexis Brocas, *D'Ovide à Fred Vargas…*, *op. cit.*, p. 40.

27   Alain Morvan, *Introduction* à *Dracula…*, *op. cit.*, p. XXVI.

28   Alain Rey, « Vampires en vers », dans Giovanni Dotoli et Mario Selvaggio, *op. cit.*, p. 17.

DE L'ANGOISSE À L'ESPOIR

Le Chant des Sirènes

À *la mémoire de Régis Boyer, et de Sigurdur Palsson et en hommage à Mikaël Hautchamp.*

Au moment où je m'apprête à écrire ce texte, je découvre l'œuvre d'un poète islandais, notre contemporain Sigurdur Palsson, né en 1948 et doublement du Nord, puisqu'il était né dans le nord de cette île où j'ai eu la chance de passer quelques jours de vacances, recherchant la fraîcheur au cours de l'été caniculaire de 1976. Il a fait des études à la Sorbonne, de 1968 à 1973, puis de 1978 à 1983, et en particulier sous la direction d'un grand professeur qui fut aussi pour moi un grand ami, Régis Boyer. Grand traducteur de Kierkegaard, Régis Boyer a été aussi celui de son étudiant exceptionnel, et c'est grâce à lui que j'ai découvert les premiers recueils de Sigurdur Palsson dans un précieux volume de la collection Orphée / La Différence publié en 1993, *Poèmes des hommes et du sel*. Régis Boyer nous a malheureusement quittés le 16 juin 2017. Il a précédé de trois mois seulement Sigurdur Palsson, décédé le 19 septembre 2017.

Selon Régis Boyer, le poète islandais « s'efforce de dépasser notre condition présente tout en exorcisant ses propres démons, afin de nous communiquer une joie de vivre et une acceptation sereine de notre destin » (p. 126). L'angoisse est particulièrement sensible dans un poème du recueil publié en 1990, *Ljod Namu Völd*, et intitulé « Ronde » (« *Sveifla* », p. 116-123). Non pas une innocente ronde enfantine, mais une ronde d'angoisse, « une sorte de fourmillement d'impatience » en ce « vendredi treize », « un vendredi infini sans interruption », où tout « chante et crie », des oiseaux au chœur islandais. « Les baleines chantent sûrement de même », ajoute le poète, « et à vrai dire qu'est-ce qui ne chante pas nous oblige-t-on à demander. Chante et crie ».

Les baleines, muettes d'ordinaire, seraient-elles devenues des sirènes, ces mythiques chanteuses dont les « chants mélodieux » semblaient « faits pour charmer les oreilles[1] » ? Il s'agit bien plutôt de ce qu'elles sont devenues à l'âge moderne, le « puissant appareil sonore[2] » sonnant l'alarme, sur les côtes et dans les ports, mais aussi parfois dans les villes, en particulier en cas d'incendie. D'où la crainte du jeune poète islandais, en 1990 :

> L'horloge ne va-t-elle pas sonner minuit bientôt ?
> Et alors,
> ne semble-t-il pas que l'on entende la sirène (*heyrist pa ekki i sirenum*) ? Est-ce que j'ai pris feu[3] ?

L'oiseau-fille, je crois le retrouver dans un autre poème de Sigurdur Palsson, dans un autre recueil, *Ljod vega gerd* (1982), que Régis Boyer a traduit sous le titre *Sentiers de poésie*. Tout commence par une fin, celle de la lueur de la lune quand l'aube évolue vers l'aurore dans un paysage d'Islande :

> Elle a dû vouloir en finir
> cette lueur de lune d'un gris latin
> qui astique le crâne chauve du glacier.

Et un appel est lancé vers un oiseau-fille, un oiseau d'espoir, comme à la fin du poème :

> *Syngdu nù*
> *öraefanna*
> *einskaeri fugl !*
> *Syngdu nù*
> *Draum arinnar !*
>
> « Chante donc
> les déserts

---

1   Je cite *Les Métamorphoses* d'Ovide (1-8. av. J.C.), Livre V, vers 561, dans la traduction de Georges Lafaye, Paris, Les Belles Lettres, collection des Universités de France, 1928, rééd. 1969, tome I, p. 143. Le texte latin est le suivant : « *ille canor mulcendas natus ad aures* ».
2   Définition du dictionnaire Robert.
3   Ed. et trad. cit., p. 119.

oiseau candide !
Chante donc
le rêve de la rivière[4] ! »

Ce vol des oiseaux-filles, il est bien celui de la poésie née du « désir haletant de se dire en un vol rapide de façon constante et rarement entendue »,
comme l'a écrit encore, en redoublant l'expression, Sugurdur Palsson dans un
autre poème de ces *Sentiers de poésie* : « *Funhiti* » / « Chaleur flamboyante[5] ».
Et ce poème qu'il présente comme un simple fragment, un « lambeau », et
même un « fragment de fragment » (*brotabroti*), exprime « un désir haletant
de s'exprimer » d'où naît le recueil lui-même et, plus largement l'œuvre
de l'auteur, qui est toujours, en 2020, une œuvre en cours.

Le Vol des oiseaux filles, c'est le titre du quatrième recueil de Mikaël
Hautchamp (né en 1975), publié en 2019 par les éditions Cheyne, comme
ses trois recueils précédents, et couronné par le jury du prix Max Jacob,
dont j'ai l'honneur de faire partie. Ces oiseaux filles, à mon sens, ne
peuvent être que les Sirènes.
     Dans l'*Odyssée* (VIIIe siècle av. J. C.), très précisément dans le chant XII,
Ulysse lui-même raconte, devant Alkinoos, le roi des Phéaciens, et sa
cour, comment il a réussi à entendre le chant des Sirènes sans céder à leur
charme dangereux, en se faisant attacher, pieds et poings liés, au mât de
son navire sans avoir à se boucher les oreilles avec de la cire, comme il
l'a imposé à ses marins. Circé lui en a donné le conseil, mais leur forme
n'est pas précisée : il doit « fuir des Sirènes étranges l'herbe en fleur et
les chansons », et il est « le seul à pouvoir écouter leur voix ». Je cite la
belle traduction due à un grand poète d'aujourd'hui, Philippe Jaccottet[6],
qui, dans une note, écrit que « les Sirènes d'Homère n'ont rien à voir avec
des femmes-poissons ; il est plus probable, en fin de compte, malgré le
vague du texte, qu'il s'agit simplement de monstres à forme humaine ».
En revanche, dans les *Argonautiques* d'Apollonios de Rhodes (IIIe siècle av.
J. C.), elles apparaissent « Sous un hybride aspect de femmes et d'oiselles[7] ».

---

4   *Ibid.*, p. 52-53.
5   *Ibid.*, p. 70-71.
6   *L'Odyssée*, éd. La Découverte, 1982, rééd. La Découverte / Poche 2004, p. 198-203.
7   La traduction citée est celle, historique, du comte Ulysse de Séguier, *Les Argonautiques*
     d'Apollonius le Rhodien, Imprimerie de Bartholomé Réus (Majorque), 1906, p. 135.
     Chant IV, v. 896.

Dans les *Métamorphoses* d'Ovide, elles sont bien présentées comme des femmes-oiseaux quand le poète lui-même les interpelle :

> vous, filles d'Achéloüs, d'où vous viennent vos plumes et vos pattes d'oiseaux (*pluma pedesque avium*), quand vous avez un visage de vierge ?

Ce n'est pas un état naturel, mais la conséquence d'une métamorphose. Parties à la recherche de Proserpine, la fille de Cérès, dont elles étaient les compagnes et qui avait disparu au moment où, avec elles, elle cueillait des fleurs, elles avaient « souhaité de pouvoir planer au-dessus des flots avec des ailes pour rames ». Les dieux avaient accédé à leur prière, elles avaient « vu tout à coup [leurs] membres se couvrir d'un fauve plumage ». Mais pour que leur talent de chanteuses fût sauvé, elles avaient « conservé [leur] visage de vierge et la voix humaine (*virginei vultus et vox humensis*)[8] ».

Cette conception s'est diluée ou perdue par la suite. Et, comme l'a écrit Annie Lermant-Parès, « le mythe des Sirènes apparaît bien vite, à qui étudie son contenu et ses formes d'expression artistique dans l'Antiquité, d'une redoutable complexité. La figure des Sirènes se présente elle-même comme une énigme : au-delà d'une évolution au gré des siècles et des auteurs, déjà considérable, mais familière au mythologue, elle subit une transformation radicale et définitive, perdant sa forme initiale de femme-oiseau pour devenir femme-poisson, la seule Sirène qui nous connaissons aujourd'hui[9] ». Dans *Le Figaro* du 4 juin 2020 Etienne de Montéty a écrit, dans un article intitulé « La sirène de Central Park » que Chantal Thomas, « dans son roman *Souvenirs à marée basse*, se sent sirène : elle vient de l'eau et y retourne à la première occasion » et partout où elle passe ce ne sont pas les arbres ni le ciel qui l'attirent, mais le lac et « cette eau qui libère les êtres ». Tout récemment aussi a paru le roman de Mathias Malzieu, *Une Sirène à Paris* (édition Albin Michel, 2019), doublé en 2020 par un film où Marilyn Lina tient le rôle de ce « poisson-fille à moitié mort trouvé sur les quais » de la Seine (p. 63), recueilli par un nommé Gaspard dans son appartement où la salle de bains devient « l'antre d'une sirène » (p. 90), avant qu'ils ne partent ensemble sur une péniche, laissant derrière eux Paris, sentant le fleuve se changer en mer et entrant dans une nouvelle vie (p. 238).

---

8 *Les Métamorphoses*, éd. et trad. cit., p. 143.
9 *Dictionnaire des mythes littéraires* dirigé par Pierre Brunel, éditions du Rocher, entrée « Les Sirènes dans l'Antiquité », p. 1235.

La tradition plus ancienne des oiseaux-filles, qu'on a dite abandon-
née au Moyen Âge, s'est parfois maintenue et renouvelée en poésie. Le
plus bel exemple en est sans doute « Vendémiaire », le dernier poème
d'*Alcools*, où on lit ces beaux vers de Guillaume Apollinaire :

> Mais où est le regard lumineux de sirènes
> Il trompa les marins qu'aimaient ces oiseaux-là
> Il ne tournera plus sur l'écueil de Scylla
> Où chantaient les trois voix suaves et sereines[10].

Au-delà de l'île des Sirènes, l'Ulysse d'Homère devait en effet affronter
deux rochers monstrueux dans la mer, Charybde et Scylla, et dans ce poème
qui parut d'abord dans *Les Soirées de Paris* n° 10, en novembre 1912, et fut
son premier poème sans ponctuation, « les chanteuses plaintives », après
avoir « pris leur vol vers le brûlant soleil », suivent un jeune nageur et des
noyés dans « une onde nouvelle », « où s'enfoncent les astres ». Leurs ailes
d'oiseaux sont devenues « ailes d'anges » dans un autre poème d'*Alcools*,
« Lul de Faltenin[11] ». Mais Raoul Dufy, illustrant pour Apollinaire *Le
Bestiaire ou Cortège d'Orphée*, en 1910, a doté les Sirènes à la fois d'ailes
d'oiseau et d'une queue de poisson. Le poète n'avait donné nulle précision
à cet égard dans le quatrain qui porte ce titre « Les Sirènes » :

> Saché-je d'où provient, Sirènes, votre ennui
> Quand vous vous lamentez, au large, dans la Nuit ?
> Mer, je suis comme toi, plein de voix machinées,
> Et mes vaisseaux chantants se nomment les années[12].

Nombreux sont les poètes français et étrangers qui au XXᵉ siècle
ont repris ce mythe, de Ruben Dario (1867-1916) décrivant la mort
d'une Sirène dans l'un des *Cantos de vida y esperanza* (Chants de vie et
d'espérance, 1905), à Lawrence Durrell (1912-1990), dans « *The Sirens* »
(1960), recueilli dans ses *Collected Poems*[13]. Rainer Maria Rilke lui-même

---

10   Édition originale : *Alcools, poèmes 1898-1913*, Mercure de France, 1913 ; édition citée de
     Claude Debon, *Alcools* et *Calligrammes*, Imprimerie Nationale, coll. Lettres françaises,
     1991, p. 173.
11   Ed. citée, p. 113.
12   Apollinaire, *Œuvres poétiques*, éd. de Marcel Adéma et Michel Décaudin, Gallimard,
     Bibliothèque de la Pléiade, 1965, p. 27.
13   Voir sur ce point la contribution d'Anélie Doudounis (entrée « Sirènes »), dans le *Dictionnaire
     des mythes féminins*, dirigé par Pierre Brunel, édition du Rocher, 2002, p. 1708-1717.

(1875-1926), se rappelant son séjour à Capri en février 1907 et les « trois îles des Sirènes » du golfe de Salerne, a écrit à Paris quelques mois plus tard (entre le 22 août et le 5 septembre) un poème intitulé « *Die Insel der Sirenen* », « Les îles des Sirènes »), qui fut publié dans la deuxième Partie des *Nouveaux Poèmes* (*Neue Gedichte*, 1908). Ulysse, racontant de nouveau ses aventures devant des hôtes accueillants, comme l'a été Alkinoos dans l'*Odyssée*, évoque « la dorure de ces îles sur la mer apaisée par l'amour ». Le danger change alors de face :

> non plus dans le tumulte
> et le déchaînement des tempêtes ;
> c'est en silence qu'il s'abat sur les marins
>
> qui savent que parfois, de ces îles
> d'or un chant s'élève –, alors
> à corps perdu ils empoignent les rames,
> comme cernés
>
> par le silence qui possède
> tout l'espace et vous souffle aux oreilles
> comme si son revers
> était le chant auquel nul ne résiste[14].

Né exactement un siècle après Rilke, grand défenseur de la langue et de la culture française à l'étranger, comme l'était Palsson, Mikaël Hauchamp, qui m'a reçu quand il était conseiller culturel à Athènes et qui exerce aujourd'hui ces fonctions à Pékin, occupe une place importante, par son œuvre d'écrivain, dans la poésie française et européenne.

J'ai été immédiatement saisi par le titre de son nouveau recueil, *Le Vol des oiseaux filles*, qui me paraissait retrouver la figure la plus ancienne des Sirènes. Mais à mesure que se déroulaient les quarante et un poèmes, j'attendais le retour de ces sirènes volantes jusqu'au moment où la danseuse première, celle qui « dansait le possible » (poème 1, p. 9), « indiqu[e] la voie d'or, le sein coupé d'où renaîtr[a] le ciel, la barque de mémoire et le pont de falaise, le vol des oiseaux filles tressé parmi le voile » (poème 27, p. 44).

Le sein coupé rappelle les Amazones, dont le nom même, en grec, désigne « celles qui n'ont pas de sein », parce qu'elles s'en sont privé

---

14   Traduction de Jacques Legrand dans Rainer Maria Rilke, *Œuvres 2. poésie*, volume dirigé par Paul de Man, éd. du Seuil, coll. Le don des langues, 1972, p. 230.

pour pouvoir tendre l'arc et faire la guerre, mais qui, fille d'Arès, sont aussi celles d'Harmonie[15].

Curieusement la première occurrence du mot « sirènes », dans le deuxième poème de Mikaël Hautchamp, n'évoque ni les sirènes d'Homère ni celles de Claude Debussy dans le troisième de ses *Nocturnes* (1899), mais, comme dans l'un des poèmes cités de Sigurdur Palsson, les puissants appareils sonores chargés de donner l'alarme ou du moins de donner un important signal. Mais n'est-elle pas une sirène, cette danseuse qui « franchissait l'orbe des ponts », comme un bateau « offrant son corps au canon des sirènes » (p. 11) ? Les bateaux d'ailleurs sont là et l'on entend, en même temps que les « cris d'enfants montant du soir » le « bourdon continu des navires de passage, rendus à leur emportement, au chorus des engins ». Ce ne sont ni les vaisseaux qui s'efforçaient de ramener de Troie Ulysse et ses compagnons, ni le navire Argo où Jason fut lui aussi soumis au charme des Sirènes, et en sortit vainqueur, comme le roi d'Ithaque, laissant aller seulement l'un des Argonautes, Boutès, rejoindre les dangereuses séductrices.

Mais cette danseuse est bien, elle aussi, une ardente séductrice, « sourde, emportée, impérative ». Elle est non seulement « danse », mais « bloc du temps, sirène au seuil ». Elle est danse et musique à la fois, « offr[ant] son double à la courbe des voix, aux notes prises et incarnées », « dans[ant] neuve, incluse, nacelle désormais d'une musique à terme, tangence manifeste d'une langue fondée » (p. 12-13). Elle danse sur les flots comme la nacelle d'un bateau, les flots d'une musique, d'une danse qui pour moi ne sont autres que celles de la poésie, du magique poème que nous lisons. Elle pourrait être fille des Muses Thalie, cette danseuse, qui semble prête, sinon à susciter, du moins à dévoiler ce vol des oiseaux filles attendu comme un espoir dans la « voie d'or », bien plus belle que la voie lactée, et moins dangereuse que le « brûlant soleil » d'Apollinaire, ou même que les « îles d'or » de Rilke.

Elle ne chante pas, elle écoute. « Prenait feu au moindre cri. Au moindre chant de la rivière ». Elle est aussi « à l'écoute intérieure [d'une] brève transe » (poème 18, p. 33). C'est que, quand elle est « mise en demeure », la voici « parole en feu » (poème 19, p. 34). Et dans le poème 20, « elle dépl[oie] son chant et sa danse immédiate » (p. 36).

---

15 Voir l'entrée AMAZONES dans le *Dictionnaire de la mythologie grecque et romaine* de Pierre Grimal, Presses Universitaires de France, 1951, rééd. 1999, p. 30-31.

Elle semble s'affirmer sirène, « sirène à preuves », dans le poème 24 : « force vive de sa circonstance, elle était seule, debout dans la danse » (p. 41).

Pour son chant, par sa danse, elle donne naissance, « indiqu[ant] la voie d'or », soulevant « la barque de mémoire » et dressant « le pont de falaise », suscitant « le vol des oiseaux filles tressé parmi le voile » (poème 27, p. 44).

Qui sont-ils ces oiseaux filles, sinon encore des sirènes, celles précisément qui tournoyaient en chantant autour du mât du vaisseau d'Ulysse, qui volaient aussi au-dessus du navire Argo ?

Mais la création va se multipliant à mesure que se déroulent et que s'intensifient la danse et le chant, enrichis par ce vol. Et c'est bien la danseuse première qui devient « sirène d'avenir » dans le poème 31 où sa danse déjà multiple s'enrichit encore de « jeu d'évolution que les rêves des autres portaient comme une offrande » (p. 49).

Après toute une longue série d'épreuves, on pourrait craindre que le chant ne se soit tari. Mais voici que celle qui apparaît désormais comme la figure de la poésie « est sereine après la nuit qu'elle a passée » et qui nous apparaît comme le temps des épreuves, cette nuit de cauchemars. Et le dernier poème, le poème 41, la montre « étrangement sereine, souillée de sang, de sable, de fluides de sa nuit », une nuit elle aussi éprouvante. « Elle est brisée des danses qui l'ont portée à nu. À être. À devenir l'enclos des malheurs apportés. Elle a tout vu, porté. Elle a tout pris du malheur qu'on lui avait donné. Et maintenant elle va. Elle est désormais neuve, ouverte, définitive » (p. 61).

Les Sirènes ne seront donc pas métamorphosées en rochers. Le vol des oiseaux filles est assuré sans qu'il soit besoin de le dire d'une manière plus explicite. Le silence est poésie.

Pierre BRUNEL
Sorbonne Université
Académie des Sciences
morales et politiques

D'UN POÈTE À L'AUTRE

La plénitude du temps poétique

In The Fullness of Time
a letter to Octavio Paz

The time you tell us is the century and the day
Of Shiva and Parvati: immanent innocence,
Moment without movement. Tell us, too, the way
Time, in its fullness, fills us
As it flows: tell us the beauty of succession
That Breton denied: the day goes
Down, but there is time before it goes
To negotiate a truce in time. We met
Sweating in Rome and in a place
Of confusions, cases and telephones: and then
It was evening over Umbria, the train
Arriving, the light leaving the dry fields
And next the approaching roofs. As we slowed
Curving towards the station, the windows ahead swung
Back into our line of vision and flung at us
A flash of pausing lights: the future
That had invited, waited for us there
Where the first carriages were. That hesitant arc
We must complete by our consent to time –
Segment to circle, chance into event:
And how should we not consent? For time
Putting its terrors by, it was as if
The unhurried sunset were itself a courtesy[1].

Charles Tomlinson, *New Collected Poems*, Carcanet Oxford Poets, 2009 (p.168)

Dans la plénitude du temps
Lettre à Octavio Paz

Le temps, nous dis-tu, est le siècle et le jour
De Shiva et Parvati : innocence immanente[2],
Moment sans mouvement. Dis-nous, aussi, comment
Le temps, dans sa plénitude nous emplit
En s'écoulant ; dis-nous la beauté de la succession
Que Breton niait ; le jour
Descend, mais il reste du temps avant qu'il disparaisse
Pour négocier une trêve dans le temps. Notre rencontre,
Dans la sueur à Rome et dans un lieu
De confusions, de valises et de téléphones ; et puis
Ce fut le soir sur l'Ombrie, l'arrivée
Du train, la lumière qui déserte les champs desséchés
Et puis les premiers toits. Ralentissant
Dans la courbe à l'approche de la gare, les vitres de tête nous furent
Renvoyées dans notre champs de vision et lancèrent sur nous
Un éclair de lumières immobiles : l'avenir
De notre invitation nous attendait là
Où étaient les premiers wagons. Cet arc hésitant,
Il nous fallait l'accomplir en consentant au temps –
Le segment menant au cercle, le hasard à l'événement :
Et comment ne pas consentir ? Car le temps
Écartant ses terreurs, c'était comme si
Le coucher de soleil nonchalant était lui-même un
compliment[3]

En 1962, doté d'une bourse de recherche, Charles Tomlinson est au Nouveau Mexique sur les traces de D.H. Lawrence qui y termina sa vie. D'Octavio Paz il a déjà lu *Le Labyrinthe de la Solitude* et la traduction anglaise de *Piedra de Sol* (*Pierre de Soleil*) par Muriel Rukeyser. Passant quelques jours dans la capitale du Mexique, il achète dans une librairie *Salamandra* qui vient de paraitre. S'ensuit un début de correspondance

---

2   Alors que je préparais des traductions pour un volume bilingue de poèmes de Tomlinson à partir de ses *Selected Poems* 1955-1997, la deuxième ligne du poème « Of Shiva and Parvati : *imminent* innocence » (c'est moi qui souligne), me laissa longtemps insatisfaite et je finis par interroger le poète qui reconnut avoir laissé passer une erreur dans l'impression de son volume : aussi dans les *New Collected Poems* de 2009 cette ligne est-elle de devenue « Of Shiva and Parvati : immanent innocence ». Et par la même occasion le poète répondait à une autre interrogation, qu'avec ce début de poème il « intended to tease ("taquiner") his » (Paz,) rather sentimental view of reality ».

3   Charles Tomlinson, *Comme un rire de lumière*, poèmes traduits et postfacés par Michèle Duclos, préface de Sir Michael Edwards (pp.142-3).

et une proposition de traduction de ses poèmes à Paz alors ambassadeur de son pays, le Mexique, en Inde. Une correspondance abondante s'ensuit sous la forme de poèmes échangés par les deux poètes, chacun dans sa langue, puis traduits par chacun des destinataires et publiés en édition bilingue en 1981 comme *Airborn / Hijos des Aire on the theme of House and Day*. Plus d'une centaine de lettres-poèmes s'échangeront entre 1966 et 1989. Des rencontres en Angleterre, en France et aux États-Unis suivront. À l'incitation de Paz les deux poètes participeront également à Paris en 1969 avec Jacques Roubaud et Edoardo Sanguineti, chacun écrivant dans sa langue, à un ouvrage commun dans la tradition japonaise ; *Renga*. Paz préfacera longuement en 1975 le catalogue de l'exposition de collages – *Black and White*, qu'il intitule « decalcomanias » – de Tomlinson, révélant une admirable intuition de l'art poétique et graphique du Britannique. Organisant à Londres la rencontre de huit poètes pour participer à une *Octave pour Octavio Paz*[4], Tomlinson y publiera un grand nombre de ses traductions du poète mexicain ; il en préface les *Selected Poems* chez Penguin, en 1979.

Comme rappelé brièvement dans le corps du poème, le robuste Mexicain en provenance de New Dehli et l'Anglais « filiforme » se rencontrent pour la première fois en l'avril caniculaire de 1967 à l'aéroport de Rome ; ils prennent ensemble le train pour le Festival de Spolète en Ombrie où ils sont tous deux invités. « In the Fullness of Time » est la lettre-poème qui rappelle l'événement dans un vers médian avec le recul du souvenir, en plaçant au début du poème en abyme plusieurs éléments culturels – à commencer par le titre qui évoque peut-être aussi saint Paul et qui pour Paz, (nous rappelle Ruth A. Grogan dans son étude séminale *The Fall into History : Charles Tomlinson and. Octavio Paz*), définit « ce temps premier éternellement présent de la présence en opposition au temps linéaire de l'histoire[5] » – un thème majeur de la poétique de Paz rappelé dès le premier vers du poème et qui va donner lieu à des variations comme dans un morceau de musique.

Tout le poème est, non une méditation mais une sorte de « disputation », où Tomlinson rappelle d'entrée allusivement la conception

4 *An Octave for Octavio Paz*, London, Menard et Sceptre, 1972.
5 Ruth A. Grogan : « The Fall into History: Charles Tomlinson and Octavio Paz », in *Comparative Literature*, Université de l'Oregon, printemps 1992 n°44/2, p. 144-159.

métaphysique, par Paz, d'un temps intemporel originel toujours présent dans un présent réanimé : ainsi dans le temps circulaire de la « fiesta » chère à ses compatriotes mais ici tourné vers un Orient précis ; un temps en tout cas qui échappe à la perspective linéaire occidentale moderne du temps non réversible orienté vers un futur, pratiquée jadis par la doxa chrétienne, eschatologie récupéré aujourd'hui en dehors de toute perspective religieuse officielle par la pensée rationnelle scientifique qui a remplacé le Ciel par le Progrès. Toute la poétique du poète amérindien est un rejet de ce rationalisme dualiste au bénéfice de ce temps intemporel découvert dans la mythologie amérindienne et retrouvé avec des variantes locales dans les cosmologies cycliques orientales, particulièrement l'indienne, « immanente ». Cosmologie « innocente » aussi au regard de l'éthique chrétienne d'une eschatologie du châtiment infernal. Ainsi Paz termine-t-il son discours de remise du Prix Nobel à Stockholm en 1990 intitulé en français *La Quête du présent*, par : « Le présent est le lieu de rendez-vous des trois temps (...) le présent est la source vive des présences. Les portes de la perception s'entrouvrent et apparaît l'autre temps, le vrai, celui que nous cherchions sans le savoir. Le présent, la présence[6]. » À l'opposé du temps linéaire de l'histoire qui mutile l'homme et le culpabilise, (alors que le présent intemporel l'invite aussi à regarder la mort en face), pour Paz le poème a mission de recréer un temps originel magique éternellement actif dans le moment présent, source de jouissance érotique à l'instar de l'acte sexuel – le corps et l'imagination créatrice sont liés ; érotisme humain et érotisme cosmique s'unissant en des images où le corps de l'aimée se décline à la manière surréaliste en éléments du paysage.

La référence à Shiva et à son épouse Parvati fait précisément allusion à deux poèmes de Paz suscités par une excursion sur une ile au large de Bombay, repris sous le titre *Domingo en la Isla de Elefanta* : « Imprecacion » et « Invocacion » où, après avoir dénoncé les dommages causés au lieu et aux statues par les Portugais, les musulmans et les touristes avec leurs « pique-niques poubelles », Paz rend hommage à la statuaire indienne érotique ici représentée par les statues du couple divin.

---

6   Octavio Paz, *La Quête du présent*, Paris : Gallimard, 1991, p. 47.

Invocación

Shiva y Parvati :
los adoramos
no como a dioses,
como a imágenes
de la divinidad de los hombres.
Ustedes son lo que el hombre hace y no es,
lo que el hombre ha de ser
cuando pague la condena del quehacer.
Shiva :
tus cuatro brazos son cuatro ríos,
cuatro surtidores.
Todo tu ser es una fuente
y en ella se baña la linda Parvati,
en ella se mece como una barca graciosa.
El mar palpita bajo el sol :
son los gruesos labios de Shiva que sonríe ;
el mar es una larga llamarada :
son los pasos de Parvati sobre las aguas.
Shiva y Parvati :
la mujer que es mi mujer
y yo,
nada les pedimos, nada
que sea del otro mundo :
sólo
la luz sobre el mar,
la luz descalza sobre el mar y la tierra dormidos[7].

Comme son ami André Breton Paz confie à la poésie une fonction magique : recréer subjectivement le monde, le cosmos. Pour lui comme pour Breton il existe un temps premier originel a-historique un temps « sans succession » c'est-à dire sans déroulement qu'il est de la fonction du poète de recréer par le poème. Paz n'est pas loin de Breton quand il écrit : « La poésie est connaissance, salut, pouvoir, abandon. Opération capable de changer le monde, l'activité poétique est révolutionnaire par nature ; exercice spirituel, elle est une méthode de libération intérieure. La poésie révèle ce monde ; elle en crée un

---

7   Octavio Paz, « Domingo en la isla Elefanta » (*Obras Completas*, VII (Obra Poetica 1935 1998), p. 486-487) Opera Mundi Circulode Lectores SA y Nueva Galaxia Gutenberg SA 2004. (Ce poème ne figure pas dans les *Œuvres complètes* chez Gallimard).

autre. Et l'homme acquiert enfin la conscience d'être autre chose qu'un pur passage[8] »...

Dans « Andre Breton and the Search for the Beginning », *On Poets and Others* Paz[9], qui fréquenta à plusieurs reprises le mouvement surréaliste à Paris écrit : « Breton avait une conception magique du langage. On trouve en outre chez lui une vision du temps non comme succession mais comme une présence constante bien qu'invisible d'un innocent présent. » C'est ce que semble regretter, au moins ici, Tomlinson. Au mitan du vers 5, et à renfort d'allitérations harmonieuses il adresse aux deux poètes le même reproche de ne pas prendre en compte la beauté et la fluidité de la réalité quotidienne ; il propose néanmoins, avec des allitérations plus dures, au milieu du vers 8, une « trêve » dans la discussion épistolaire qui va permettre au narrateur, après avoir évoqué la « succession » bruyante de la rencontre à l'aéroport de Rome, la traversée endormie de la plaine ombrienne et l'approche de la ville d'arrivée, de reprendre pour le résoudre le thème des deux temps, linéaire et circulaire, et ce grâce à un accident du terrain, « Curving into the station / la courbe à l'approche de la gare ». Cet accident de terrain se fait « chance into event » (« hasard », et « événement », mots chers à Paz) pour dire l'actualisation soudaine de ce présent intemporel immédiat. Et Tomlinson se livre alors à des arabesques mentales sur l'espace et le temps, le temps présent de l'arrivée tout proche du futur « invitant » ; dans un ballet inattendu et fugitif d'éclairs des lumières projetées sur les vitres des derniers wagons par l'inattendu de la courbe du train, le « segment », « that hesitant arc », l'arc de cercle « hésitant » décrit par le train amène à une vision circulaire, elle, du temps, réclamée par Paz dans sa quête de complétude psychique et cosmique : elle convainc alors le poète narrateur d'un temps absolu recouvré, salué magiquement par le soleil lui-même qui ignore la hâte linéaire anxiogène de la civilisation moderne.

Cette réconciliation des perspectives métaphysiques est-elle étonnante entre deux poètes que beaucoup apparemment sépare sauf, dans leur amitié réciproque, leur rejet spontané dont se nourrit la poésie de

---

8   Octavio Paz, « Poème et poésie », *L'Arc et la lyre*, trad. Roger Munier. Paris : Gallimard, 1965, Intr. p. 9.
9   Octavio Paz, « Andre Breton and the Search for the Beginning », *On Poets and Others*, New York : Arcade, 1976, p. 66-75.

la platitude ordinaire ? Dans ces dernières lignes du poème à la fois denses et dansantes nous découvrons l'art de Tomlinson à son plus caractéristique, dans une attitude précise et originale au réel que Paz a si remarquablement soulignée en analysant l'art du poète et du peintre qu'était aussi Tomlinson. Cette poétique offre des moments de « présence » inattendus et révélateurs qui, si elle ne rejoint pas la revendication « magique » d'une transcendance immédiate et immanente pour l'art, comme chez Breton et chez Paz, n'en récuse pas moins la simple dualité cartésienne qui fige des objets indifférents. Chez Tomlinson « les choses ne sont pas : elles surviennent » écrit Paz dans *L'autre voix – Poésie et fin de siècle*[10]. Mais chez Tomlinson, c'est le regard qui confère un aspect, une fraicheur et une intensité inattendus aux choses les plus anodines, ou aux paysages qui jaillissent brusquement, par exemple au détour d'une route de montagne : son premier volume publié en 1958 aux États-Unis ne s'intitulait-il pas : *Seeing is believing*[11] ?

Dans la Préface à *In Black and White*, Paz écrit[12] : « Quand j'ai découvert il y plus d'une décennie les poèmes de Charles Tomlinson j'ai été frappé par la puissante présence d'un élément que plus tard j'ai retrouvé dans tout son travail créateur : le monde extérieur, présence à la fois constante et invisible. Il est partout mais nous ne le voyons pas (…) Dans les poèmes la distinction entre sujet et objet est atténuée jusqu'à devenir, plutôt que frontière, zone d'interpénétration accordant la préséance non au sujet mais à l'objet. Dans ses poèmes, la réalité extérieure (…) est un climat qui nous implique, une substance impalpable, à la fois physique et mentale, que nous pénétrons et qui nous pénètre. (…) Contre l'idée d'un monde comme spectacle, Tomlinson oppose le concept – très anglais – du monde comme événement (…) ».

Tomlinson ne recherche pas la chose « en elle-même » ni la chose « en moi-même » mais plutôt la chose dans ce moment d'indécision où elles

---

10 Octavio Paz, *L'autre voix – poésie et fin de siècle*, Traduction de Jean-Claude Masson. Paris : Gallimard, 1992, p. 59.

11 Ainsi « The Journey : Pentecocostanzo-Roma NCP 627 » / « Le voyage : Pentecocostanzo-Rome ». Dans « Descartes and the Stove/ Descartes et le poêle », le poète souligne l'indifférence du philosophe français au monde extérieur sensoriel. Charles Tomlinson, *New Collected Poems*. Manchester : Carcanet Oxford Poets, 2009, p. 627 et 171. *Comme un rire de lumière*, poèmes traduits et postfacés par Michèle Duclos, préface de Sir Michael Edwards. Paris : Caractères, p. 101 et 45.

12 Charles Tomlinson, Préface, *Black and White*, pp. 25-26.

sont au bord de la génération ou de la dégradation. Le moment où elles apparaissent ou disparaissent devant nous, avant qu'elles se forment en objets dans notre esprit ou se dissolvent dans notre oubli[13].

Donald Davie, qui fut à Cambridge le professeur puis l'ami du jeune poète, rendait ainsi compte d'un des premiers recueils : « Ses poèmes améliorent le monde. À les lire il nous parait rénové et rafraîchi, ses couleurs plus délicates et claires, ses masses plus imposantes, ses sons et ses odeurs plus vives, plus distinctes. » Tomlinson lui-même définit son art comme manifestant « la dureté des cristaux, les facettes du verre taillé », mais aussi « le mouvement rapide de la lumière et le temps dynamisant qui est le résultat d'une combinaison du soleil et du gel – telles sont les images pour dire un certain climat mental, composantes du paysage moral de ma poésie en général[14] ».

Cette reconnaissance confirme l'aversion du poète envers le discours logique rectiligne et pour la ligne droite et, surtout dans les arts graphiques, pour la perspective elle aussi rectiligne développée à la Renaissance humaniste. Il l'exprime directement dans un poème inspiré par un tableau de Braque :

> [...] We do not know
> with precision or at a glance
> which is space and which is substance,
> nor should we yet : the eye must stitch
> each half-seen, separate
> identity together
> in a mind delighted and disordered by
> a freshness of the world's own weather.

---

13   Ainsi dans *A Given Grace* : Two cups, / a given grace, / afloat and white / on the maho-gany pool / of table. They unclench / the mind, filling it / with themselves. / Though common ware, / these rare reflections, / coolness of brown / so strengthens and refines / the burning of their white, / you would not wish / them other than they are – / you, who are challenged / and replenished by / those empty vessels.– *New Collected Poems*, op. cit., p. 117. – *Don gracieux :* Deux tasses / don gracieux, / flottantes et blanches / sur le bassin d'acajou / de la table. Elles desserrent / l'esprit, le remplissant / d'elles-mêmes. / Bien que de vaisselle ordinaire / ces reflets rares, / une fraîcheur du brun / renforce et raffine si bien / la brûlure de leur blancheur, / que tu ne les voudrais pas / autres qu'elles ne sont – / toi, défié / et rempli par / / ces vaisseaux vides. *Comme un rire de lumière,* op. cit., p. 29.

14   *The Paris Review,* New York, 1998, n° 78, Charles Tomlinson *Interviewed by Willard Spiegelman* (np).

To enter space anew :
to enter a new space
inch by inch and not
the perspective avenue
cutting a swathe through mastered distance
from a viewpoint that is single :
"If you painted nothing but profiles
you would grow to believe
men have only one eye."
Touch must supply
space with its substance and become
a material of the exploration

« On ne peut savoir
avec précision ou d'un coup d'œil
ce qui est espace et ce qui est substance,
et nous ne le devons pas encore : l'œil doit coudre
ensemble chacune des identités entrevues.

Entrer dans l'espace à nouveau :
entrer dans un espace nouveau
pouce après pouce et non
par l'avenue de la perspective
ouvrant une voie dans la distance maîtrisée
d'un point de vue unique :
"À ne peindre que des profils on croirait
que les hommes n'ont qu'un œil"
La touche doit fournir
à l'espace sa substance et devenir
matériau de l'exploration[15] »

Dans « Dans la plénitude du temps » comme dans d'autres poèmes qui en quelques mots simples disent un soudain agrandissement inattendu de la sensation de vie et de voir, nous découvrons la magnifique et tranquille originalité du poète anglais qui découvre et nous fait vivre une sensation brusque de transcendance immanente, ce que plus d'un poète, de Kathleen Raine à Yves Bonnefoy, baptise « la présence ». Ignorant l'érotisme de Paz et ses métaphores cosmiques, ce qu'il voit du paysage lui suffit et il sait faire travailler les sonorités, les rythmes et l'élégante souplesse de la langue anglaise pour faire de ses poèmes

---

15   Charles Tomlinson, « The Miracle of the Bottle and the Fishes » NCP 421 / « Le miracle de la bouteille et des poissons » *Comme un rire de lumière, op. cit.*, p. 78.

des « épiphanies », des « moments d'éternité ». Sans doute, à l'entrée dans la gare de Spolète, Tomlinson a-t-il réellement soudain vécu cette perspective du temps poétique que Paz définissait dans la préface de *Point de convergence : du romantisme à l'avant-garde* – et son poème en est-il l'expression : « L'opération poétique est une inversion et une contradiction du flux temporel ; le poème n'arrête pas le temps ; il le contredit et le transfigure (…) le temps s'écoule autrement que dans l'histoire et dans ce que nous appelons la vie réelle[16]… »

Michèle DUCLOS
Université de Bordeaux

(Première publication partielle dans la revue en ligne *temporel.fr* n° 26 automne 2018)

---

16 Octavio Paz, *Point de convergence, du romantisme à l'avant-garde* (1974), traduction de Roger Munier, Paris : Gallimard, 1976, p. 7

BIBLIOGRAPHIE FRANÇAISE SOMMAIRE

DUCLOS, Michèle, « Charles Tomlinson dans une perspective européenne », *Revue européenne de recherches sur la poésie*, n° 2, 2017, Classiques Garnier, p. 393-412.

EDWARDS, Michael, *Le Génie de la poésie anglaise*, Paris, Le livre de Poche, 2006, Belles Lettres, Paris, 2014.

GROGAN, Ruth A., « The Fall into History : Charles Tomlinson and Octavio Paz », in *Comparative Literature*, Université de l'Oregon, printemps 1992 n° 44/2, p. 144-159.

MOUNIC, Anne, « Lutte et esquive : "Trout" de Charles Tomlinson », Temporel. fr, n° 21, 2016.

SWIGG, Richard, *Look with the Ears, Charles Tomlinson's Poetry of Sounds*, Lang, 2002.

SWIGG, Richard, *Charles Tomlinson and the Objective Tradition*, Bucknell, 1994.

TOMLINSON, Charles, *New Collected Poems*, Carcanet Oxford Poets, 2009 (NCP).

TOMLINSON, Charles, *Comme un rire de lumière*, poèmes traduits et postfacés par Michèle Duclos, préface de Sir Michael Edwards.

PROPOS D'UN POÈTE AU XXIᵉ SIÈCLE

L'Homme de Neandertal aurait-il déclamé des poèmes, qui ressembleraient à un chant confus de voyelles et de consonnes ? Babil, râle, cri, toux, pleurs, murmure, éternuement, diarrhée, vomissements, ce sont là toutes les expressions humaines face à la Nature. La Nature, elle-même, a son propre langage, le bruit d'une cascade d'eau, le bruissement des feuilles, le chant d'une mésange. Cette poésie de la nuit des temps a pu continuer, autour d'un feu, au fond d'une grotte, à la lisière d'une forêt.

Au XXIᵉ siècle, la poésie, serait-elle *morte*, comme l'avait suggéré Nicolas Boileau, dans le troisième chant de son *Art poétique* de 1674 ? Après le Grand Siècle, des poètes reconnus, méconnus, inconnus, ont bâti une œuvre sur les ruines de cette poésie. Dans cette brève histoire de l'humanité, les arts, la poésie, la peinture, la musique, le théâtre, la sculpture, sont morts autant de fois qu'ils sont ressuscités.

Depuis le Moyen Âge, la poésie s'est fixée, de façon classique, à travers des normes, art poétique, traité de versification, dictionnaire de rimes. Toutes ces normes ont apporté un caractère sacré à la poésie. Dans la mesure où les principes classiques, la métrique, le rythme, la rime ont été abolis, tout citoyen peut s'engouffrer dans la brèche de la modernité. L'autre hypothèse, c'est que, pour imiter Joseph Beuys, tout le monde est poète, à cause des valeurs de la démocratie, et de cette République universelle.

De son côté, la mondialisation pourrait donner à la poésie un nouvel essor, à travers la technologie. Cette poésie se répand sur les réseaux sociaux, Facebook, Twitter, Instagram, ou encore l'application Snapchat. Tout « pied-nickelé » peut se déclarer « poète », sans aucune connaissance de la poésie. Sur les écrans, les poèmes fleurissent en direct, et dépérissent automatiquement. Le symptôme, de cette poésie pour tous, est le haïku qui se place à la croisée du mondialisme et du bouddhisme. Cette forme incarne, d'une certaine manière, le rêve de l'esprit républicain, qui a une sainte horreur du catholicisme et du nationalisme. Comment un poète qui a consacré toute sa vie à son ouvrage, pourrait-il émerger dans cette floraison de « pieds-nickelés » ?

Quand j'entre dans une bibliothèque à Paris, en province, à l'étranger, j'ai toujours un sentiment de vertige. Dans la bibliothèque municipale de ma jeunesse, je me retrouvais face à des murs de recueils. Toute la largeur des étagères représentait une trentaine de mètres de livres, ce qui constitue des millions de poèmes. Afin de découvrir la poésie classique, moderne, contemporaine, je choisissais trois livres à lire à la maison. Tout d'abord, je me suis aventuré au pays des poètes français. Ensuite, j'ai approché la poésie étrangère, allemande, anglaise, italienne. Tout recueil de poèmes, bon ou mauvais, devait être réglé en trois semaines de prêt.

Au milieu de très grandes bibliothèques, la Bibliothèque François-Mitterrand ou encore la Bibliothèque publique d'information du Centre Georges-Pompidou, leurs escalators, leurs couloirs, leurs escaliers, comme dans un centre commercial, j'avais l'impression d'être le Petit Poucet dans une forêt de livres. Hélas, ces architectures, gigantesques et pharaoniques, me donnaient des maux de tête. Dans cette atmosphère, portée par la pulsion de mort, comment devenir poète ? Mon rêve, c'était que mes recueils de poèmes figurent sur une étagère avec la cote 840 »20 » GREN, à la portée de lecteurs anonymes. Chaque jour, aurais-je vérifié, tel un bibliothécaire zélé, que mes poèmes n'aient pas été égarés.

Dans les bibliothèques universitaires, la bibliothèque Sainte-Geneviève notamment, parallèlement à mes études, je lisais de la poésie, prenais des notes, photocopiais et recopiais des poèmes, parcourais les biographies de poète dans l'Encylopædia Universalis. Quand j'allais aux toilettes à la maison, je feuilletais, par exemple, le vingtième volume de cette encyclopédie « Rhéologie - silicates ». Durant mes études à Sciences Po Paris, j'ai peu ou prou abandonné la poésie, comme je souhaitais me confronter à la réalité du monde. Dans mon adolescence, je pensais être « fou », étant donné que je ressentais, de façon étrange, cette réalité. Dans cet institut de la rue Saint-Guillaume, j'ai compris la folie du monde que fabriquaient les élites économiques, juridiques et politiques.

L'idéal, en fait, serait une bibliothèque de province qui comprendrait une cinquantaine de recueils de poèmes, dont une dizaine pour la jeunesse. Les horaires sont limités, et la bibliothèque fermée deux jours par semaine. Bref, face à ces millions de bibliothèques, petites et grandes, de la mégalopole au communauté de communes, qui comprennent des volumes de milliards de poètes, des billions de poèmes dans toutes les langues, alors que des poètes en herbe, par centaines, arpentent leurs allées, pourquoi écrire un poème ?

Le XXIᵉ siècle signe le règne de l'imposture, orchestrée par la technologie, qui amplifie le narcissisme, l'individualisme, l'opportunisme. À mon époque, tout écolier avait la pudeur de consigner ses poèmes, dans son journal intime. J'ai commencé par écrire des poésies sur des feuilles simples grands carreaux 17 X 22 cm perforées Clairefontaine que je plaçais chronologiquement dans un classeur rouge. Au fil du temps, j'ai dû prendre un nouveau classeur vert foncé. Avec un stylo-plume, je recopiais à l'encre bleue une dizaine de fois, page par page, chaque poème, court ou long. À la fin du classeur, j'avais établi un catalogue de rimes, relevées au fil de mes lectures. Mes premiers recueils de poèmes s'intitulaient *L'archet, La luthière*... Après des années d'écriture, j'ai soumis, pour la première fois, quelques poèmes à un professeur agrégé de lettres. J'avais poussé la supercherie jusqu'à proposer, avec succès, mes poésies rimées sous le nom du poète du XIXᵉ siècle, Léon Valade, pour la liste des textes du baccalauréat ! Ce n'est qu'à l'âge de dix-neuf ans que j'ai fait part à un confrère de mes « meilleurs » poèmes. Dans une lettre écrite à la main que j'ai jetée à la poubelle, il avait eu l'amabilité de me prodiguer quelques conseils amicaux. Après plus d'une dizaine d'années, mes premiers poèmes ont été publiés dans une revue au format papier, et à trente-cinq ans est paru un premier recueil... raté.

Pour paraphraser le poète libanais Salah Stetié, je serai poète jusqu'à mon dernier souffle, même si j'abandonne, dès à présent, la poésie. Je suis poète, comme d'autres pourraient naître médecin, pompier, footballeur, car j'ai une forme d'esprit, pour n'être que poète. Je suis né le 29 avril, le même jour que la mort en 1933 de Constantin Cavafy et en 1841 d'Aloysius Bertrand. Mon année de naissance est 1975, comme le département de la Seine. Tout ce qui restera après ma mort, ce ne seront que des poèmes. D'un point de vue familial, j'ai tenté, comme un détective, de reconstituer les pièces du puzzle. Mon père est né dans une rue qui porte le nom d'un poète romantique, tandis que ma mère aurait souhaité être comptable. La sœur de mon père a habité dans le centre-ville de Charleville-Mézières. Dans la bibliothèque carolomacérienne, j'ai découvert le beau poème d'un Ardennais. Mon enfance, elle, a été marquée par les voitures Majorette, les briques de Lego, les jeux de société, dans la cuisine, le salon, le jardin. Timide, je n'ai jamais ressenti le besoin de vivre en société. J'étais fort en calcul mental, grâce à l'émission des Chiffres et des Lettres, que je regardais dès l'âge de cinq ans. Comme je faisais les mots croisés du Parisien libéré avec mon père, j'ai fabriqué des grilles. J'ai gardé cette vivacité d'esprit, et cette curiosité intellectuelle, autant de qualités qui ne servent à rien au XXIe siècle. Je n'ai pas grandi dans les livres, avec des écrivains, des penseurs, des poètes. Mes parents ne m'ont jamais forcé à rien, ni à lire ni à écrire. Dans les années quatre-vingts, mon grand-père des Alpes avait offert à la famille une encyclopédie Larousse en six volumes. Un matin, j'ai tenté de lister dans un carnet rose, par ordre alphabétique, tous les poètes, et leurs œuvres. Depuis l'après-guerre, ma grand-mère parisienne, elle, collectionnait les romans à l'eau de rose. Mon père lisait, entre autres, des romans français du XXe siècle, René Barjavel, par exemple, des essais historiques sur la guerre d'Algérie. Dans un placard de la cave, j'ai aussi retrouvé le *Guide du bricoleur* d'Oscar Beausoleil dans la collection *Les livres jaunes*, sponsorisée par le Bazar de l'Hôtel de Ville qui affiche le slogan *TOUT pour ceux qui font TOUT par eux-mêmes*, ainsi que l'ouvrage *Santé et jeunesse avec le Yoga, Manuel pratique médical pratique* du docteur Aldo Saponaro, aux éditions De Vecchi. Lors de son service militaire, il avait rédigé, tel Kurt Tucholsky, des poèmes satiriques, aujourd'hui disparus. J'aimais montrer mes rédactions à mon père. Une fois, il m'a gentiment dit : « Mais Nicolas, tu n'as pas d'imagination ! »

À l'école primaire, chaque enfant rencontre la poésie par la récitation, Jacques Prévert, Maurice Carême, Raymond Queneau. Dans l'esprit du poète, les poèmes vont et viennent. À l'adolescence, on découvre les rondeaux de Clément Marot, et l'on redécouvre, une décennie plus tard, ses épigrammes à la Staatsbibliothek de Berlin dans le quartier de Potsdamer Platz. Sur les épaules d'un poète du XXIe siècle pèse tout le poids de millions de poètes. On le constate derechef à la lecture de l'*Histoire de la poésie en neuf volumes* de Robert Sabatier. Dans cette chronologie de la poésie, je garderais à l'esprit, comme tout citoyen, quelques noms, connus, méconnus, inconnus, quelques poèmes, quelques vers, qui structurent, de façon instinctive, ma poésie.

Qu'un poète vive en Thrace, en pinçant les neuf cordes de sa cithare au milieu des oiseaux, à la cour du comte de Toulouse, Raymond V, avec les troubadours, dans le sud de l'île de Manhattan, le 11 septembre, avec un téléphone portable à clapet Motorola v50, il utilise, à plein régime, ses yeux, ses oreilles, ses doigts, sa peau, ses ongles, son poignet, sa main, son pouce, son index, son nez, sa bouche, ses lèvres. Pour épaissir son expérience poétique, le poète ne doit pas forcément lire de poèmes, mais aller au-devant de tout ce qui diffère de la poésie. Si un poète entre dans une laverie automatique, un Copy-Top, une pizzeria, il écrira un poème. Tel Allen Ginsberg, j'en ai fait l'expérience dans le quartier d'Oberkampf, à travers un sonnet inédit intitulé *Big Mamma* (*sonnet nᵒ 107*), dont voici un quatrain :

> Dans la trattoria, c'est tout un microclimat,
> Avec un air de fête et de vie familière.
> Au plafond, des jambons fleurissent jusqu'au lierre...
> J'avance tout au fond, presque comme à Roma.

À partir du XIXᵉ siècle, les révolutions techniques, scientifiques, industrielles, ont bouleversé la poésie. Depuis l'Antiquité grecque, la poésie est une éternelle querelle entre les Anciens et les Modernes. Dans la préface de l'édition originale des *Orientales*, Victor Hugo indique qu'*il n'y a, en poésie, ni bons ni mauvais sujets, mais de bons et de mauvais poètes. D'ailleurs, tout est sujet ; tout relève de l'art ; tout a droit de cité en poésie.*

La première révolution industrielle détruit toute une poésie qui se plaçait sous l'égide d'un monde ancien. De l'épopée de Gilgamesh à la Révolution française, le visage de la poésie n'a guère changé. Face à l'Exposition universelle de 1855, le chroniqueur Charles Baudelaire décrit, ainsi, cette modernité qui a pour base *la vapeur, l'électricité et l'éclairage au gaz, miracles inconnus aux Romains.* Bref, le progrès technique transforme le monde social, politique, économique, et surtout l'humanité. Si l'on examine la table des matières de recueils du XIXᵉ siècle, on découvre un nouvel univers : la photographie, le chemin de fer, les lunettes, la bicyclette, l'atome, l'omnibus, la morgue, le skating-rink, le shake hands, le créancier, le chercheur, le chimiste, le médecin, le chirurgien, le rasoir, le ballon-poste, la montre, la carte de visite, la parfumerie, la publicité. Le poète, comme nos chers ancêtres, du grand bourgeois à l'ouvrier, plongent dans ce nouveau monde. Il est possible de prolonger cette expérience au XXᵉ siècle, par exemple, avec le recueil *Sous le doux ciel de France* d'Édouard Guerber, publié en 1922, comme l'illustrent les titres de poème : le petit employé, le pharmacien, l'épicier, le tailleur, la sage-femme, l'éditeur, les petits commerçants, le bazar, la maison de campagne, la chambre meublée, les égouts, la banlieue, la tour Eiffel. Comme la presse, la télévision, Internet, le cinéma devient un nouveau média de masse qui colonise l'inconscient des peuples, dans les salles noires. Camille Le Senne, dans son recueil *Rayons et fléchettes*, raconte en 1916 *Le grand film* :

> La foule s'hypnotise au ronron des cinés.
> On avait entassé sur le même programme
> Un ballet et deux sketchs, la Duse dans « la dame »,
> Des vues de Reims en feu, un grand parc d'avions
> Et monsieur Charlot dans ses variations...
> p. 35

Dans la société de consommation, de nouveaux mots décrivent de nouveaux objets du quotidien face à un monde de plus en plus technique, automatique, algorithmique. Pour le poète, ces nouveaux objets, comme les nouvelles marques, ont une valeur esthétique. Amédée Noël, pour *Le concours poétique sur le vin de Champagne* de 1867, évoque, dans son *Éloge du champagne*, de prestigieuses maisons, en deux alexandrins :

> Clicquot, Alfred Roger, Rœderer et Lanson,
> Montebello, Moët, Morizet, Jacquesson.
> p. 167

Au XXIᵉ siècle, le monde en crise est une révolution permanente. La langue apparaît comme le réceptacle de toutes ces transformations. Pour son édition de 2020, Le Petit Robert accueille de nouveaux mots : azuki, blockchain, cadiotraining, coworking, data, hygge, intox, millénial, prosecco, ramen, scroller, serrano, soba, welsh, zythologie. Face à cette nouvelle réalité, la poésie devient un chantier perpétuel. Elle s'enrichit de nouvelles consonances, de nouvelles formes, de nouvelles techniques. Dans mon recueil inédit *Les uns rêvent de lointains voyages*, j'utilise, par exemple, les polices de caractères, Wingdings, Webdings, MT Extra.

Le poète malvoyant Homère, aurait-il existé ? Serait-il l'auteur de l'*Iliade* et l'*Odyssée*, ou bien le porte-voix de légendes ? D'un point de vue archéologique, la tablette d'argile serait le support du premier poème.

Mais l'Homme n'a-t-il pas écrit des poèmes dans un temps plus ancien ? La poésie, elle, est aussi vieille que l'histoire des hommes. De cette poésie la plus antédiluvienne, il ne resterait que des reflets à la frontière du rêve et de la réalité, ou encore des artéfacts archéologiques. Il est vrai toute l'histoire de la poésie repose sur des fragments, à l'image d'un vase décoré, cassé, fêlé, d'une civilisation morte. D'entrée de jeu, toute cette aventure de la poésie, avant la révolution de l'imprimerie qui apportera un nouveau souffle, se place donc sous le signe de la fragilité, la précarité, la fugacité, entre la vie et la mort.

Aujourd'hui, pour écrire son poème, le poète n'a que l'embarras du choix. De façon pratique, il utilise le clavier AZERTYUIOP d'un ordinateur P.C. et de son Iphone, un document Word, la fonctionnalité « Notes » d'un Ipad. À son bureau, dans la poche de sa veste, de son par-dessus, de son pantalon, sur la table de chevet, le poète a toujours des stylos qui ont suffisamment d'encre. Il peut tout aussi bien utiliser un stylo-bille Bic Cristal Original, noir, bleu, rouge, un stylo pression à l'effigie de la S.N.C.F., d'Assur-Travel, d'Allemagne Diplomatie, un Zebra Tapli clip 07 de Japan Airlines, un Pilot Sign Pen et sa pointe moyenne 2 mm, un crayon à papier Faber-Castell GERMANY DESSIN 2001 et sa gomme rose, des feutres Stabilo Pen 68... Pour faire feu de tout bois, le poète prend tout ce qui est à portée de main : une feuille de papier A4 80 grammes, un brouillon d'examen, bleu, jaune, rose, vert, un post-it Super Sticky jaune, une enveloppe blanche à fenêtre 110 X 220 mm, une pochette Kraft brune autocollante, une copie double à en-tête de l'École centrale de Paris, un agenda Crédit Lyonnais imprimé sur papier FSC (comme *Forest Stewardchip Council*), un carnet à spirales petits carreaux, un cahier 17 X 22 cm à grands carreaux de 96 pages, la Une du journal Direct Matin, une revue de haïkus en langue japonaise, un billet d'avion ou de train.

Dès les premiers poèmes, j'avais rapidement adopté, en sténodactylo-graphe, une machine à écrire Olivetti orange. Sur cette machine haute en couleur dont le ruban noir et rouge sautait, j'ai pu composer, entre autres, ma première anthologie de jeunesse d'une centaine de poèmes. C'était assez difficile de fixer le ruban en bobine, sans se tacher les doigts. Ma plus belle histoire d'amour s'est déroulée dans un appartement à Berlin-Est avec une machine en fer, vieille, noire, robuste. Étudiant à l'université Humboldt, j'ai gardé, de cette bécane, un merveilleux souvenir, mon seul regret est de n'avoir pas volé cette antiquité. Lors de cette année berlinoise, j'ai dû taper un millier de poèmes, et écrit, par exemple, le recueil inédit *Good Morning Berlin*.

Durant ma vie de poète, j'ai écrit dans tous les endroits possibles : dans un canapé clic-clac Conforama, un lit king-size, en bonne santé, enrhumé, grippé, avec ou sans boule Quies Mousse Confort, sous la douche, aux toilettes, à la cave, sur la paillasse d'une cuisine, dans un F1 de la rue Boursault, sur le banc d'un jardin public, en me promenant dans la rue, dans la nuit, à bord d'un aéronef, Boeing, Airbus, des compagnies Air France, EasyJet, Lufthansa, d'un TGV, d'un Ouigo, d'un T.E.R., d'une Micheline – peut-être –, d'un tramway Alstom, d'une rame de R.E.R. B en direction Saint-Rémy-Lès-Chevreuse, dans le compartiment d'un Corail, sur un quai de métro, avant d'aller chez ma dentiste, sur la ligne automatique 14, par grands vents, sur le quai d'une station aérienne du S-Bahn jusqu'à me geler le bout des doigts, aux premières loges du théâtre Volksbühne, dans toutes les bibliothèques que j'ai fréquentées, dans des amphithéâtres de Sciences Po Paris, à l'université, dans une chaise de jardin en plastique, sur un fauteuil à roulettes, sur un télésiège deux places, à bord du P.C. le long des boulevards des Maréchaux dans le seizième arrondissement, dans un autobus SAVIEM SC 10, debout, assis, recroquevillé, agenouillé, allongé, sans Covid-19, et jamais dans la cabine d'un paquebot.

Les poètes de l'Antiquité que l'on redécouvre sur Ipad, pensaient-ils exister aujourd'hui ? Comment les poètes de ce siècle seront-ils perçus à la fin du Troisième millénaire ? L'imprimerie a, d'une certaine façon, fait réapparaître cette idée de postérité, dans les bibliothèques, les châteaux, les maisons. Au XXIe siècle, nous vivons dans le monde de l'instantanéité : tout disparaît aussi vite que cela apparaît. Tout poème, publié en ligne sur Internet, constitue un quart de seconde de postérité. Globalement, le nombre de poèmes écrits à l'instant T n'a jamais été aussi grand, alors que la qualité, elle, n'a jamais été aussi basse. La postérité met à l'honneur beaucoup de poètes, et les derniers « strapontins » sont rares. Dans les encyclopédies, les noms de poète apparaissent, disparaissent, réapparaissent. La postérité, elle, semble aléatoire, comme à la roulette russe. Célèbre de son vivant, un poète, peut passer à l'oubli, du jour au lendemain. La mémoire collective retient quelques noms, qui fleurissent par les rues : Alphonse de Lamartine, Victor Hugo, Paul Éluard. Les poètes finissent sur une plaque de rue à Madrid, à Vienne, à Stockholm, sur le mur aveugle d'un immeuble, sur un timbre-poste. Dans les parcs, des statues ou des bustes de poète s'érigent, comme pour Théodore de Banville dans un square, en face de la gare à Moulins.

Toute histoire de la poésie, de la télévision, de l'automobile, est une réécriture, avec sa vérité et ses mensonges, comme une propagande pour les masses. De ses premiers à ses derniers poèmes, l'éditeur a le droit de vie ou de mort sur un poète. Ce récit national de la poésie française est dicté par la République, les poètes, les universités. Tous ces acteurs de la vie publique mettent en avant les poètes qui correspondent à leurs valeurs esthétiques, politiques, morales, comme pour les prix d'agrément que sont le prix Nobel de littérature ou encore le prix Pulitzer. Naturellement, des réseaux, qu'ils soient amicaux, familiaux, francs-maçons, peuvent constituer de puissants relais de croissance. Les poètes et les poèmes que tout à chacun connaît ne sont pas forcément les plus charmants. Un poète qui ne bénéficierait pas de précieuses accointances, aurait toutes les chances de connaître la grandeur de l'anonymat. Beaucoup de poètes, avec tant d'originalité et de singularité, restent à l'ombre, inconnus, méconnus, mal connus. Quelques poètes, aussi, ont eu la chance d'être pris sous l'aile de la papauté. Jean de la Croix a été béatifié par Clément X le 25 janvier 1675, et canonisé par Benoît XIII le 27 décembre 1726. Thérèse de Lisieux, elle, a été béatifiée le 29 avril 1923, canonisé le 17 mai 1925, à Rome par le pape Pie XI, et proclamé Docteur de l'Église par Jean-Paul II. L'Église catholique ouvre, le 23 décembre 2017, un procès en béatification pour la poétesse auxerroise Marie Noël.

Curieusement, j'ai toujours été convaincu, dès l'âge de quinze ans, que j'écrivais pour la postérité. Mon nom figurerait dans le dictionnaire Larousse, car mon patronyme de langue latine, originaire du Limousin, faisait déjà partie des noms communs. Mes œuvres incomplètes en Pléiade ne seraient qu'une formalité administrative, et la collection Poésie/ Gallimard me rendrait hommage. Dès mes premiers poèmes, il m'a toujours semblé que mon expérience poétique était unique. Je pensais mourir jeune, à vingt, vingt-cinq, trente, trente-cinq ans, dans le droit fil de mes frères poètes. Leurs dates-clefs, à savoir les premiers poèmes, les premières publications, les premiers recueils, me permettaient d'avoir des repères pour ma poésie. Comme je devais mourir jeune, et je pense aujourd'hui mourir centenaire, il me fallait, tel un stakhanoviste de la rime, écrire vite.

La poésie étant le métier le plus mal payé au monde, j'ai dû trouver de « sots » métiers, par exemple, professeur à l'École des hautes études commerciales, à l'École centrale de Paris, à Sciences Po Paris, et m'appauvrir, à tous les égards, intellectuellement et financièrement. Mes sonnets, mes alexandrins, mes octosyllabes, n'ont jamais compté pour ma retraite. Je n'ai pas reçu de décoration du ministère de l'Inculture, de docteur honoris causa d'une université, américaine, africaine, européenne. Je n'ai pas rencontré les puissants, empereur, roi, prince. Je n'ai pas eu la chance d'avoir la fortune familiale d'un Valéry Larbaud, la rente de l'État d'un Henri Heine, la protection de Charles d'Orléans, et un « parrain » pour me « caser » dans une académie, une université, un cercle, en France ou à l'étranger.

Quels poètes, quels poèmes du XXIe siècle retiendra l'histoire de la poésie ? Il se peut que la mémoire collective ne retienne en France ni poète ni poème. Dans l'inconscient collectif, les poètes apparaissent comme des héros nationaux, Gongora, pour l'Espagne, Attila Jozsef, pour la Hongrie, Adam Mickiewicz pour la Pologne. Ils ont vécu dans un temps, marqué par la révolte, une révolution, les guerres. Certains poètes ont la chance de briller au firmament. Le Gallois Dylan Thomas, le Kalmouk David Nikitich Kugultinov, l'Indien Sri Chinmoy, l'Anglo-tchèque Elizabeth Jane Weston, et Guillaume de Machaut, Pontus de Tyard, figurent au ciel, pour l'Union astronomique internationale. Depuis le 21 janvier 2007, Houellebecq est un astéroïde de la ceinture principale d'astéroïdes, entre Mars et Jupiter, découvert par l'astronome Jean-Claude Merlin, à l'observatoire Tenagra, à Nogales, dans l'Arizona. À cause de mon recueil cosmique *Rosetta, suivi de Philae*, cette association scientifique aurait-elle la gentillesse d'accorder mon patronyme ou mon prénom à un astéroïde, à une comète, à une exoplanète ?

À la fin du troisième millénaire, de quels poètes les Terriens se souviendront-ils ? Quelle forme la poésie aura-t-elle ? Chaque poète doit-il créer, pour les générations futures, une capsule temporelle qui rassemblerait ses œuvres complètes ? On pourrait déterrer les poèmes, le mercredi 1er janvier 3000. Toutes les civilisations seront-elles enfouies dans un chaos de cendre et de particules ? Le Terrien aura-t-il migré vers d'autres planètes, leurs satellites, ou de nouvelles galaxies, qu'emporterait-il à bord de son vaisseau spatial ? Alors que l'Homme redéfinit les frontières de l'univers, avant de coloniser le Système solaire, le disque d'or de Voyager, cette bouteille à la mer intergalactique, a embarqué, en 1977, les récits poétiques de la plus haute Antiquité, le *Mahabharata*, les contes des *Mille et une Nuits*, l'*Edda poétique*, les hymnes d'Enheduanna, ainsi que *L'Offrande lyrique* de Rabindranath Tagore. La fusée Longue Marche 4B Y 34 a lancé, en 2018, un satellite de SpaceChain qui contient des pages Wikipédia, afin de construire une bibliothèque orbitale, autour de la Terre, pour des milliards d'années. Et plus encore, en dehors du Système solaire, à quoi ressemblerait la poésie extra-terrestre ? Apprécieraient-ils, comme les petits Terriens, les poèmes d'Archiloque, de Pétrarque et de Catulle ?

Nicolas GRENIER
Poète

BIBLIOGRAPHIE

BAUDELAIRE, Charles, « Exposition universelle de 1855 », *Curiosités esthétiques*, Michel Lévy Frères, Libraires éditeurs, Paris, 1868.

BOILEAU, Nicolas, « Chant III », *L'Art poétique*, Imprimerie générale, Paris, 1872.

GRENIER, Nicolas, *Rosetta, suivi de Philae*, L'Échappée Belle éditions, Paris, 2017.

GUERBER, Édouard, *Sous le doux ciel de France*, Librairie de France, 1922.

HUGO, Victor, *Les Orientales*, Librairie Paul Ollendorff, Paris, 1912.

LE SENNE, Camille, « Le grand film », *Rayons et fléchettes*, Éditions & Librairie, Paris, 1916.

NOËL, Amédée, « Éloge du champagne », *Le concours poétique sur le vin de Champagne*, Tome premier, Chez Alfred Roger, Épernay, 1867.

AU PETIT BONHEUR LA POÉSIE
CONTEMPORAINE (ANNÉES 2000)

Christophe Lamiot Enos, Valérie Rouzeau,
Stéphane Bouquet et Sophie Loizeau

À une époque où le bonheur ressemble parfois à un impératif publicitaire, comment la poésie contemporaine représente-t-elle ce sentiment particulier ? Quatre auteurs de la même génération, nés dans les années 60, et ayant publié leurs premiers ouvrages autour de l'an 2000, nous en donnent un aperçu dans leurs œuvres. Forcément subjectif, le bonheur, défini par le *Robert historique* comme « état de la conscience pleinement satisfaite » ne naît pas dans les mêmes conditions chez ces auteurs : certaines circonstances semblent favoriser son apparition[1]. On le voit s'exprimer selon les modalités propres à chacun, tout bonheur ayant en quelque sorte sa propre coloration et ses propres modalités d'expression. Cette jubilation face au monde peut par ailleurs s'avérer fragile, on le sait, le bonheur a une fin, et l'on verra qu'à l'acmé répond la retombée, qui peut sembler menacer le bonheur dès son expansion initiale.

Les conditions du bonheur sont assez subjectives. Chez Christophe Lamiot Enos, par exemple, le bonheur est souvent motorisé. Circuler en voiture, à moto, traverser des paysages en maniant un engin mécanique, tout ceci offre des conditions propices à une communion avec le monde, bien exprimée à la fin du poème « Détail », évoquant une traversée des États-Unis en voiture : « Il y a que nous allons / de l'avant en milieu d'ordinaire / dans l'air doux[2] ». L'idée revient, exprimée plus longuement dans « Week-end » :

Il fait bon rouler
sur le ruban de la route

---

1 *Robert historique de la langue française*, dir. Alain Rey, Paris, éditions Le Robert, 1998, article « heur / bonheur ».

2 Christophe Lamiot Enos, « Détail », *Des Pommes et des oranges, Californie, I-Berkeley*, Flammarion, 2000, p. 41.

qu'on voit loin devant

onduler, par les collines.
La circulation,
Clairsemée, arrive en vagues –

on les voit monter
au loin, étincelants, les
pare-brise[3][...]

La moto (la *Nighthawk*[4]) ou le scooter offrent les mêmes sensations et cette identique plénitude : « Sur les cailloux, sur l'asphalte vont les pneus / le bruit enfle, puis diminue, paysage[5] ».

On observe le même bonheur en mouvement, que ce soit dans un camion, sur un cheval à roulettes (dans le souvenir) ou sur un vélo chez Valérie Rouzeau, ainsi dans ce poème de *Pas Revoir*[6] :

Le ciel se danse.
Parfois le soleil juste en face.
Je prends son vélo à mon père
En vitesse rayonnant comme libre.
Cadre d'alu, vaches légères.
Plateaux pour leurs panses montgolfières.
Toujours librement des rayons[7].

Cet aspect motorisé / véhiculé du bonheur s'introduit, non sans humour, jusque dans la poétique chez cette dernière : « comme moyen de transport, il y a la métaphore / La figure du poème vous porte tout là-bas aussi bien que le train ou le vélomoteur le patin à roulettes le roller le scooter la planche l'aéroplane[8] ».

---

3   Christophe Lamiot Enos, « Week-end », *Des Pommes...*, p. 146.
4   *Passim*, in *Des Pommes...*
5   Christophe Lamiot Enos, « Le mardi 22 juillet 2008, après-midi, Sifnos, Kamarès, sur le scooter loué », *L'Eau – l'alentour – l'eau, journal de cinq journées en juillet vers et sur Sifnos*, Paris, Passages d'encre, 2011.
6   Sur Valérie Rouzeau, voir Éric Dussert, « Neige rien », *Le Matricule des anges*, n° 31, juillet-août 2000 ; Daniel Guillaume, « Pas Bérengère, voix de Valérie Rouzeau », *Quatorze poètes*, anthologie critique et poétique, dir. Lionel Destremeau et Emmanuel Laugier, Paris, Prétexte éditeur, 2004, p. 145-151 ; André Velter, « Une mélodie entêtante », *Le Monde des livres*, 5 avril 2002.
7   Valérie Rouzeau, *Pas Revoir*, Chaillé-sous-les-ormeaux, Le Dé bleu, 2003 (4e édition), p. 31.
8   Valérie Rouzeau, *Quand je me deux*, Bazas, Le Temps qu'il fait, 2009, p. 31.

Un autre surgissement du bonheur s'opère chez certains poètes au contact de l'eau. Chez Christophe Lamiot Enos, cela se vérifie, que ce soit dans une piscine, une rivière, un lac ou la mer, le titre de *L'Eau – l'alentour – l'eau* le dit bien[9], mais dans ce cas surtout en lien avec le sentiment amoureux que nous laissons un peu de côté ici, car il est une spécificité du bonheur, pour nous attarder plutôt sur le bonheur tout simple, le pur bonheur d'être.

La liquidité se retrouve très fortement chez Stéphane Bouquet comme condition du bonheur avec la présence marquée du fleuve, cadre propice aux rêveries heureuses, aux vies imaginaires, au passé recomposé[10] :

> *Il ne sait pas pourquoi l'eau, même sa vue lointaine, lui procure cette sensation de repos, ce bonheur où je deviens proche, un de nos proches [...]. Pourtant il le sait, c'est ce genre de souvenirs qu'il y a dans toute trace d'eau : près d'elle, j'appartiens à la véritable enfance / jeunesse / vie[11].*

Cette liquidité permet une fusion avec les éléments que l'on observe aussi de façon très nette comme poétique chez Sophie Loizeau où la nature devient une véritable partenaire[12] :

---

9   Sur Christophe Lamiot Enos, voir Stéphane Bouquet, « Matière de la mémoire, Christophe Lamiot Enos », *Quatorze poètes*, éd. citée, p. 52-58 ; Armelle Leclercq, « Les nourritures de Christophe Lamiot », *ParAgeS*, 5, décembre 2001, p. 157-160 et « Les dispositifs visuels dans la poésie de Christophe Lamiot Enos », *Écrire l'image*, éd. Marianne Simon-Oikawa, Tokyo, en français : Presses de l'Université Todai, 2011, p. 113-134 ; en japonais, trad. Suzuki Takami, « *Kurisutofu Ramio Enosu no shi ni okeru shikakuteki shikake* » [Les dispositifs visuels dans la poésie de Christophe Lamiot Enos], dans Marianne Simon-Oikawa (dir.), *E wo kaku* [Écrire l'image], Suiseisha, Tokyo, 2012, p. 237-277 ; Gérald Purnelle, « Préférer l'impair : contrainte et régularité chez Christophe Lamiot », *Formules*, 2002, p. 228-238.

10 Sur Stéphane Bouquet, voir Omar Berrada, « Le poème réel, Stéphane Bouquet », *Douze poètes*, Prétexte éditeurs, 2006, p. 23-31, Emmanuel Laugier, « Le Mot frère », *Le Matricule des anges*, n° 62, avril 2005 et Armelle Leclercq, « Dire ou ne pas dire : l'intime chez Stéphane Bouquet », *Soi disant. Poésie et empêchements*, *Modernités*, 36, Presses de l'Université de Bordeaux, 2014, p. 217-228.

11 Stéphane Bouquet, *Nos amériques*, Seyssel, Champ Vallon, 2010, p. 32. Le fleuve représente aussi la langue d'après l'auteur qui dit dans la revue *Sarrazine*, numéro *Hors*, 2014, p. 63 : « Mais sûrement qu'elle [la langue] peut couler comme un fleuve, tout ramasser sur son passage, tout mélanger dans son flux, tout tenir ensemble. Disons que le fleuve me semble une bonne utopie pour la langue : le flux c'est quelque chose à sa portée. Pour faire une autre référence un peu savante, Benveniste rappelle que le mot rythme vient du grec *rhéo* qui veut dire couler ».

12 Sur Sophie Loizeau, voir Jan Baetens, « Sophie Loizeau, les mots en amour », *Pour en finir avec la poésie dite minimaliste*, Bruxelles, Les Impressions Nouvelles, 2014 ; Richard

du vent, dans l'arbre dont les branches atteignent la fenêtre,
par la fente du velux aux roucoulements des ramiers mêlé
aux voix des chiens. l'intensité lumineuse est fonction des passes.
Retranchée de la chaleur diane nage dans le lit liquide, touille avec ses jambes[13].

Évidemment le personnage mythologique de Diane qui sous-tend l'évocation de cette femme enceinte dans *Le Roman de Diane* redouble la signification de la mention du bain. Le premier cadre sans doute du bonheur dans les textes de Sophie Loizeau est l'écriture elle-même, au sein d'une nature parée de mythologie antique :

le soir je dresse un petit autel païen
d'écriture à ciel ouvert. sur une table basse les livres, mon ordinateur; mes carnets.
des bougies, le champagne et l'encens.
peu à peu la faune s'habitue à me sentir veiller où d'ordinaire elle n'y a rien[14].

Souvent aussi le soleil s'invite comme chez la plupart des gens sensibles à la qualité de la lumière en tant que condition du bonheur. Valérie Rouzeau le décrit bien dans le poème « *Seize the day (Carpe Diem)* » :

Le soleil brille jusqu'aux poussettes
Les bébés braillent comme des marchandes

Je veux attraper ce dimanche
Entre les mailles de mon filet
Gros poisson d'argent préparé
Ce quatre janvier ruisselant[15]

D'autres poètes insistent sur ce point, comme on peut le voir avec le miel lumineux de Stéphane Bouquet :

Blin, « Environs du bouc », *Le Matricule des anges*, n° 62, avril 2005 ; Françoise Clédat, « Sophie Loizeau, *caudal* », site poezibao (poezibao.typepad.com/poezibao/2013/05/note-de-lecture-sophie-loizeau-caudal-par-françoise-clédat-html (consulté le 08/03/2019)) ; Matthieu Gosztola, « *La Femme lit* de Sophie Loizeau » (www.paperblog.fr/4716244/la-femme-lit-de-sophie-loizeau-par-matthieu-gosztola (consulté le 08/03/2019)) ; Serge Martin, « Chronique "poésie". Sophie Loizeau ou l'écrire organique en poème », *Le Français d'aujourd'hui*, 2006/4, n° 1555, p. 119-124 ; Romain Verger, « Sophie Loizeau, *caudal*, l'anormâle langue », *L'Anagnoste* (anagnoste.blogpost.fr/2013/03/sophie-loizeau-caudal.html (consulté le 08/03/2019)).
13   Sophie Loizeau, *Le Roman de Diane*, Paris, Rehauts, 2013, p. 12.
14   Sophie Loizeau, *Le Roman de Diane*, p. 20.
15   Valérie Rouzeau, *Quand je me deux*, p. 50.

4. le soir de soleil enrobe de biais
le tronc des pins, provoque
une apparition de miel
à ce point les bergers antiques
nous tendent
les draps de blondeur liquide je peux
m'étirer très bien
dans l'événement qu'il y a de la lumière
sur le plexiglas des balcons[16]

Si, pour Stéphane Bouquet, la qualité du jour a son importance, il y faut aussi, c'est mieux, la présence humaine, la foule lui convient parfaitement, dans ses possibilités de fusion avec autrui qu'elle propose :

le 9ᵉ jour, un samedi, sticky sun / soleil
de sueur, sur le ponton

bcp en nombre de gens amassés
dans la chaleur[17]

Pour d'autres auteurs, ce sera au contraire la solitude ou du moins la tranquillité qui sera favorable pour mieux ressentir cette possibilité de bonheur. Valérie Rouzeau exprime bien l'absence d'obligation ou de devoir social, comme condition parfois de la plénitude :

Sur la carte rouge à l'œil bleu
De la bien bonne SNCF
Il est inscrit grand voyageur
Or je suis petite casanière [...]
Je ne rêve loin que dans mon plume[18].

Ailleurs elle écrit : « Je suis libre aujourd'hui au bord de la fontaine / Le devoir m'oublie, tant mieux rue Saint-Martin[19] ».

Au-delà de ses conditions d'apparition, communes à beaucoup de gens mais avec ses petites particularités pour chacun, le bonheur pose aussi aux poètes la question de ses moyens d'expression. Comment rendre, dans la langue, cette bouffée de bien-être intérieur ?

---

16   Stéphane Bouquet, *Le Mot frère*, Seyssel, Champ Vallon, 2005, p. 89.
17   Stéphane Bouquet, *Nos amériques*, p. 12.
18   Valérie Rouzeau, *Vrouz*, Paris, La Table ronde, 2012, p. 49.
19   *Ibid.*, p. 130.

C'est via les sons, si présents dans son œuvre, que le bonheur éclate chez Valérie Rouzeau. Dans le texte qui suit, extrait de *Pas Revoir*, c'est le poème tout entier qui par ses jeux sonores mimétiques fait entendre les rires :

> *Papa dire papa dear dada pire : tu te souviens de mon petit cheval ?*
> *Comme ça tournait autour de la table à roulettes de cuisine sa crinière nos cheveux noirs au vent.*
> *Comme ça valsait les boîtes à thé les casseroles belles comme ça y allait à dada rire oh papa rear à tout casser pas dire*[20] *?*

Un autre texte traduit une explosion de joie en créant une ligne verticale à travers une série de vers monosyllabiques :

> *J'y*
> *Rafle*
> *Une*
> *Joie*
> *Je*
> *Ne*
> *Sais*
> *Quoi*
> *Qui*
> *Monte*
> *Qui*
> *Grimpe*
> *Ciel*[21]

Chez Christophe Lamiot Enos, la présence humaine d'un petit nombre de personnes vient souvent ajouter sa touche de chaleur et de bien-être et cela va s'exprimer en termes exclamatifs : « Un café et de la bière moussent. / Oh, / Trois amis et, il fait chaud[22] ! »

Parfois c'est juste la déclaration d'un plaisir tout simple, accompagné d'un vocabulaire mélioratif plus ou moins fourni :

> *J'aime lire*
>
> To the Lighthouse, *pendant qu'en*
> *Bounty, deux*

---

20 Valérie Rouzeau, *Pas Revoir*, p. 23.
21 Valérie Rouzeau, *Quand je me deux*, p. 68.
22 Christophe Lamiot Enos, « Portrait de Maud à Bancroft Way », *Des Pommes…*, p. 103.

Hommes rament, torses nus[23].

Outre ces moyens rhétoriques classiques, le bonheur transparaît souvent par un lexique de l'inclusion. Être heureux semble être : avoir sa place au sein du monde.

Cette place se fait dédoublement, aspect gigogne dans *Le Roman de Diane* de Sophie Loizeau, avec le positionnement en tant que sujet de la femme enceinte : « Mon bas ventre abrite. / mussée dans le lit comme dans une poche diane dort en fœtus avec son fœtus au fond ».

Il y a quelque chose des cercles concentriques dans cette inclusion, le parc, la maison, le lit, la femme, « l'enfante », qui une fois née devient un « elle » plus petit, qui fait écho au « elle » de la mère. Et cette jubilation du monde passe aussi chez cette auteure dans ses ouvrages récents par un détournement de la langue, une féminisation généralisée du monde qui donne cette impression d'un univers soudain familier et féminin, tout à coup plus accueillant pour la femme : « ses mains gantées de laine. elle a beaucoup neigé les bois partent dans des directions de neige où que diane scrute[24]. »

Enfin, chez Stéphane Bouquet, on observe souvent une pluie de métaphores pour signaler ces instants de grâce :

> *Le 20ᵉ jour l'anglais se dépose*
> *comme hier une sorte de suie laquée or*
>
> *vers la fin du soleil se déverse dans les rues*
> *les gens s'arrêtent et sourient, on est cernés*
>
> *par la douceur [...]*[25]

---

23   Christophe Lamiot Enos, « Je me promène sur la plage (II) », *Des Pommes...*, p. 221.

24   Sophie Loizeau, *Le Roman de Diane*, p. 39 ; c'est nous qui soulignons. On trouve aussi plusieurs fois l'expression *elle y a*, au lieu du traditionnel il y a. Cette technique est utilisée depuis *La Femme lit* (Paris, Flammarion, 2009, p. 75) où l'auteur explicite cette démarche : *Si les deux groupes nominaux sont de genres différents, l'adjectif attribut se met au féminin pluriel. même chose concernant l'accord du participe passé / employé comme adjectif / les pronoms possessifs démonstratifs COD COI s'adaptent / certains noms puissants* être / sexe / corps / désir *s'ils sont d'une femme ont leur adjectif au féminin. le reste de la construction suit le cas échéant / en découlent* soi *et on féminines au sens large / qui ne représentent plus seulement la locutrice elle-même, mais la locutrice et le groupe auquel elle appartient et au-delà / une sororalité apparaît tout à coup dans la langue / substitution du sujet grammatical d'usage ; à ce poste cependant elle non moins arbitraire / elle neige / elle y a / elle faut que j'aille troublante inhabituelle.*

25   Stéphane Bouquet, *Nos amériques*, p. 16.

Cependant, comme pour tout le monde, cette merveilleuse atmosphère où l'on se sent heureux se révèle dès le départ menacée. La jubilation du bonheur reste temporaire. Des éléments extérieurs forment des signes pour nous prévenir, comme la bénigne frayeur du trajet suivant, dans « Une histoire de pont » de Christophe Lamiot Enos :

> *Soudain on ne voit plus bien,*
> *suspens, où l'on va. La nuit*
> *tombe. La suspension de*
> *notre Dasher, suivant les embardées, nous rappelle à la baie*[26].

Le parcours en voiture mythifié, sorte de *road movie*, rejoint brusquement le réel.

De même la forêt, lieu de la plénitude, des mythologies, recèle son lot de dangers potentiels, *a fortiori* pour une femme seule, ce qui menace toujours sourdement l'extension du bonheur chez Sophie Loizeau :

> *elle [« la femelle homme »] tressaille tandis que les bois se referment. par ce détail je*
> *rejoins la biche aiguë, à la vue à l'ouïe aiguës et qui sentant le danger continue à*
> *paître de toute son âme jusqu'au dernier moment où elle détale*[27].

Ailleurs est évoquée « l'habitude des cachettes, des refuges, des gîtes, des postes de guet lorsqu'on est une femme avec soi-même[28] ».

Le bonheur comme une grande vague peut aussi de lui-même redescendre, il porte en lui sa dynamique et donc sa fin même. C'est cette crainte que l'on voit apparaître dans les vers suivants de Stéphane Bouquet qui, à l'apothéose du bonheur, en redoute déjà la dégringolade :

> *il faudrait avoir le courage*
> *de mourir ici*
>
> *maintenant dans la satisfaction froide du fleuve*
>
> *la vie ne pourrait plus redescendre*
> *du sentiment de super-être*[29]

---

26 Christophe Lamiot Enos, « Une histoire de pont », *Des Pommes…*, p. 57.
27 Sophie Loizeau, *Le Roman de Diane*, p. 36.
28 Sophie Loizeau, *Le Roman de Diane*, p. 42.
29 Stéphane Bouquet, *Nos amériques*, p. 92.

Le bonheur alors risque de ne devenir plus que le souvenir d'un bonheur passé, celui que l'on retrouve, éclatant, lumineux mais clos chez Valérie Rouzeau :

> *Les pommes d'or en été roulées dans ton camion.*
> *Cabine mirador au soleil qui écrase.*
> *Pépites sur le goudron bulles qui pètent en rond.*
> *Les pommes d'or terminées balancées à la route.*
> *Golden jusqu'au trognon*[30].

De ce fait, au présent, le bonheur demeure cette chose difficile à attraper, ce que dit bien Valérie Rouzeau, qui n'enjolive pas la vie, dans le poème « L'âne dans » :

> *Pas comme le pré le bonheur court*
> *Ça oui le bonheur court toujours*
> *Fout le camp dure pas s'en vient s'en va*
> *Carotte déchante attention trappe*[31]

Plutôt rare chez Valérie Rouzeau aux ouvrages assez marqués par la pensée de la mort et une attention sociale, le bonheur apparaît de façon discrète chez Sophie Loizeau, comme une présence quasi toujours là mais secrète, non énoncée, il loge en quelque sorte dans la nature elle-même ; chez Stéphane Bouquet il retentit à certains moments précis de communion avec la foule tout en demeurant toutefois toujours menacé par le manque, l'absence, la retombée ; enfin il est assez présent dans le premier ouvrage de Christophe Lamiot pour s'estomper un peu dans la suite de ses œuvres. Sans doute est-ce parce que le bonheur, malgré sa possible durée, reste si fugitif qu'il est tant chéri et qu'il correspond parfois à la brièveté et à l'explosion conjointes du poème.

Armelle Leclercq
Université de Pau

---

30 Valérie Rouzeau, *Pas Revoir*, p. 32.
31 Valérie Rouzeau, *Quand je me deux*, p. 70.

ELENA MARTÍN VIVALDI

La esperanza como materia poética

Fue Elena Martín Vivaldi una mujer poeta que nunca quiso ser llamada poetisa por las connotaciones que tal término tiene en nuestra tradición literaria. A pesar de ello, y de la enorme discreción con que ejerció su actividad poética, fue inevitable que con el paso del tiempo y la aparición de la crítica literaria feminista en España –y aún antes, me atrevo a decir– su obra fuera abordada desde tal perspectiva. En 1973 la escritora se expresaba con total contundencia en una entrevista que le realizaba Carlos Centeno:

> –Si hablo de poesía femenina, no te gusta, ¿verdad?
> –No. La poesía es poesía. Sin más. Que los versos escritos por una mujer puedan tener un algo, unas vivencias, un lo que quieras distinto, pues a veces de acuerdo. Pero claro está que eso de poesía femenina no me gusta nada. ¿Sabes que también los propios poetas suelen marginarnos? Pues a veces ocurre. Hay muchos más hombres que escriben, pero también hay mujeres; bueno, ¿pues cuándo has visto tú el nombre de una mujer en la plana diaria que |«ABC» dedica a la poesía? Desde hará dos años, más o menos, dos o tres veces (Centeno, 1973, p. 4).

Hablaba así una mujer nacida en 1907 que empezó a publicar en edad madura. En 1942 aparece su primer cuadernillo poético; en 1954, su primer libro, *Escalera de luna*; antes había estudiado en el Instituto Padre Suárez y en la Universidad de Granada primero Magisterio y luego Filosofía y Letras, se había convertido en bibliotecaria por oposiciones y había ganado la independencia económica que ejercía con familiares y amigos, y soltera siempre. Elena aprendió a convivir con los hombres y nunca se leyó queja alguna de ellos en su obra, y menos aún rechazo; eso sí, el lamento ante el amado por el dolor que produce un amor difícil sí está presente[1]. En los años cuarenta no tiene

---

1 Si el amor en un principio es real, pronto se convertirá en un tema literario, como señaló oportunamente la escritora: «Yo ahora mismo lo pienso y me parece abstracto, algo

problemas para integrarse en el grupo de poetas hombres que llevaba la revista *Vientos del sur* –Andrés Soria, Miguel Cruz, Rafael Acosta o Antonio Gallego Morell-, grupo más tarde ampliado con nombres tan destacados como el de Carlos Villarreal, Antonio Carvajal, José Guevara o Rafael Guillén.

Será precisamente Gallego Morell el primer crítico que sitúe tempranamente la poética de nuestra autora al calificar su obra de «saudade andaluza»:

> Elena Martín Vivaldi acaso sea la voz más reciente de este pozo de nostalgia andaluza o si queremos que crucen por las notas críticas resonancias de Manuel Machado o de Lorca, Martín Vivaldi es el último eco de la pena del Sur. Porque en su obra se agolpan los últimos ecos de la pena de la poesía de Herrera y el más tópico Garcilaso.

Idea que años después hará extensiva el profesor Gallego Morell a toda la obra de Martín Vivaldi cuando se publican sus obras completas en dos volúmenes:

> Para el futuro historiador de la literatura la poesía de Elena Martín Vivaldi presta el servicio de hacer posible enhebrar esa línea andaluza que corre soterrada desde Herrera, Soto de Rojas y Juan Ramón Jiménez a lo largo del tiempo –Bécquer en verso y prosa muy en su sitio– para alcanzar esta orilla de los versos de Elena que permanecerán mañana, aunque hubiesen pasado como aconteció con el jardín-huerto de Soto, los tilos de una plaza que no llegó a cantar (Gallego Morell, 1959, s/p).

Pero no siempre los críticos del momento hicieron lecturas tan certeras. M. Fernández Almagro, en relación con el tema de poesía-mujer, realiza unas afirmaciones en todo punto desfasadas e inoportunas:

> La mujer, por el simple hecho de serlo, se halla en una situación genuinamente lírica, sin necesitar de otra experiencia que la de los sentidos para reaccionar poéticamente: «sentimental, sensible, sensitiva». Siendo así, el verbo le es tan espontáneo como el suspiro, la lágrima, o la sonrisa (Fernández Almagro, 1959, p. 26).

---

inexistente, un simple tema literario. La verdad es que la poesía de amor sobre un ser determinado es sólo la de 'Presencia en soledad'. Ahí cuento una historia real, un poco camuflada, un poco elaborada, pero de las que se escriben porque se necesita escribirlas, como se necesita respirar, Después ya me enamoré del amor sin cara, de una idea abstracta del amor», Luis García Montero (1997, p. 14-15).

Aunque había pasado el meridiano del siglo XX, ni que decir tiene que
se mantienen las ideas de matriz patriarcal que le atribuyen a la mujer
la posesión de todos los elementos pertenecientes al ámbito espiritual-
sentimental mientras que el hombre estaría regido por la razón, que es
la que otorgaría legitimidad a una posición social que le permite ejercer
el poder dentro y fuera del hogar, pues la naturaleza, y sus cualidades
intelectuales, son argumentos que se esgrimen para justificar esta situación. Pero ignora el crítico que la poeta Elena Martín Vivaldi ha ganado
un lugar en la esfera pública de su tiempo, que convive con los hombres,
que esa supuesta espiritualidad en modo alguno puede identificarse ni
con el (auto)biografismo de las autoras del siglo XIX[2], que indagan en
su propio ser —colocándose con frecuencia frente al espejo de la escritura
autorreferencial— para poder luego pasar a tratar otros temas, ni en la
línea erótico-reivindicativa de los años ochenta, que pone de manifiesto
una diferencia nunca expresa en los versos de los hombres poetas.

Es precisamente *Cumplida soledad* (1958) la obra que reseña Fernández
Almagro, una obra en la que no encontramos nada de sentimentalismo
ni desmesura que pudieran atribuirse a una *mujer-poetisa* en sentido
decimonónico. Este libro es, por el contrario, el manifiesto más claro de
un clasicismo hondamente asimilado pues, aunque hallamos en Martín
Vivaldi rastros más que evidentes de un romanticismo de estirpe bec-
queriana que sin duda tiene mucho que ver con el neorromanticismo que
practicaba Vicente Aleixandre y otros poetas destacados del momento
en que la autora empieza a escribir, la raigambre clásica de su obra sólo
ha sido afirmada por un poeta amigo, Antonio Carvajal:

> [...]la obra de Elena Martín Vivaldi parece plena de romanticismo, pero es, en
> realidad, profundamente clásica, con ese marcado estoicismo que resulta de la
> aceptación, no del enfrentamiento con la vida. Describe profusamente el choque
> de yo con la realidad, pero acepta la imposición de la realidad con el «dolorido
> sentir» que aprendió en Garcilaso, un Garcilaso que no es para ella un tópico

---

2   Desde los años noventa del siglo XX la escritura autorreferencial y/o autobiográfica ha sido
    objeto de reflexión teórica en España. Es en 2001 cuando tiene lugar en la Universidad de
    Córdoba un encuentro dirigido por las profesoras Hermosilla Álvarez y Prieto Fernández
    titulado «Autobiografía en España, un balance: congreso internacional celebrado en la
    Facultad de Filosofía y Letras de Córdoba del 25 al 27 de Octubre de 2001». Las apor-
    taciones, de gran interés, serían publicadas por Visor en 2004. Desde Philippe Lejeune,
    intelectual invitado, hasta Anna Caballé, Laura Freixas o José Romera Castillo, pasando
    por mi intervención en la que hablé sobre la escritura autobiográfica en Paul De Man,
    la obra es hoy imprescindible para abordar esta cuestión.

literario, sino afinidad proclamada. Y por eso es capaz de dar el «ciego y oscuro salto» desde su experiencia individual a la universal poesía (Carvajal, 1995, p. 6).

Universalidad que incluye, lógicamente, a hombres y mujeres, aunque con cierta frecuencia no haya sido extraño que en mesas redondas y tertulias surgiera la pregunta sobre cuál es el secreto de la poesía de Martín Vivaldi que, sentida como diferente a la escrita por mujeres anteriores y posteriores a ella, tiene la extraña virtud −así lo parece a los lectores de la España contemporánea− de gustar a hombres y mujeres sin provocar grandes polémicas de género o de sexo, tal como parece ser habitual desde que la mujer española se fue incorporando de forma paulatina al mundo de las letras en el siglo XIX hasta llegar a regularizar su situación en este campo, batalla que a principios del siglo XXI parece definitivamente ganada, aunque ciertos estereotipos perduren.

Hace años yo misma me manifesté sobre esta cuestión tras compartir con la escritora no pocas tardes en su casa de la calle Martínez Campos:

> De femenina, sin duda, se puede calificar la poesía de esta poetisa en la que no encontramos ni el menor atisbo de reivindicación. Autora de grandes poemas de amor, Elena Martín Vivaldi parece entender que se es mujer con todas sus consecuencias, y entre tales consecuencias está, aún sin quererlo, la expresión, a veces específica y a veces común con el hombre, de una determinada posición ante el mundo en su variada complejidad (Pulido Tirado, 1992, p. 29).

Que desde los años cuarenta no se puede hablar de temas concretos de la literatura escrita por mujer parece evidente, pero no puede negarse que unos temas son más frecuentes que otros, según las autoras y la época: el erotismo y el sexo presentado desde la perspectiva de las mujeres, la maternidad vista desde la rivera materna, la reivindicación de unos sentimientos y necesidades ignorados casi siempre... hacen que la poesía española de las poetas de los ochenta tenga un carácter singular a la par que fundamental para explicar la poesía que vendrá después. Pero si aceptamos que la mujer no sólo tiene alma, sino que también pertenece con pleno derecho de ciudadanía al género humano, cualquier cuestión que atañe a éste le interesa a ella igualmente. Y los temas que más frecuenta la autora granadina, la soledad, el amor o el tiempo, son esos temas eternos de la poesía de todas las épocas que, tratados con sobriedad, rigor y dominio del lenguaje poético, otorgan a su obra una universalidad y permanencia que explican esta reivindicación *postmortem*

–todos los homenajes lo son-, oportuna por cuanto su poesía, hasta ahora leída y venerada casi siempre en Granada, debe darse a conocer más allá de la Vega, en un amplio mundo lleno de colores y árboles –como a ella le gustaba-, donde sin duda gozará de igual aceptación.

A pesar de este hecho, la crítica ha calificado con cierta frecuencia *Materia de esperanza* (1968) como la obra más característica de esta mujer poeta puesto que su tema es la maternidad: el hijo deseado y nunca tenido biológicamente. Tal vez por respeto a la autora, las reseñas que se realizan de este libro tras su publicación en 1968 son moderadas en sus alusiones hacia una posible frustración al respecto, por lo que se centran a veces en valoraciones globales (y hasta ambiguas), como lo hace Jean Aristaguieta (1968, p. 21): «En la descripción de los sentimientos, Elena Martín Vivaldi consigue argumentaciones que van a convergir [*sic*] al aislamiento. Porque es un anhelo fragmentario, temible y vehemente lo que ella expresa líricamente. Y hay un forcejeo de trémula adivinación ante lo deseado que no llega porque se bifurca hacia el secreto». No se ignora, en cualquier caso, el tono elegíaco de la obra, si bien el desbordamiento de la sensibilidad o la fuerza de sus estremecimientos no parecen mayores que en otros puntos de su obra donde el dolor, de tan variada procedencia, traspasa e hiere como un rayo, y nunca abandona esta poesía. Su presencia en el «Soneto de la oscura morada», de su primera obra *Escalera de luna* (1945), es ya un manifiesto:

Buscadme en el dolor, si la segura
estrecha senda, norma de vida,
encrucijada fue y en la florida
perdiese vuestro pie que me procura.

Seguid –lámpara y sol– hacia la oscura
morada –sombra y gris– estremecida;
fondo de un mar, arena conmovida,
nostálgico ausente de la albura.
Allí estaré. Mi pulso enamorado,
universal la voz, vuestros oídos
avisará constantemente, desangrando.

Y yo seré, medida por el llanto,
idéntica a mi ser y a los dolidos
paisajes desvelados por mi canto.

(Martín Vivaldi, 1985, vol. I, p. 29).

Y, en efecto, así la encontramos más de dos décadas después, fiel a sí misma. Jiménez Martos realiza otra reseña de *Materia de esperanza* en la que pone de manifiesto la continuidad con una línea poética anterior:

> En esta misma revista escribí que era Elena martín Vivaldi la más patética de las poetisas españolas actuales, sincera consigo misma hasta la insistencia en unos motivos, que son familiares para quienes seguimos desde el principio la obra de esta granadina enraizada en su tierra. Una de esas motivaciones ha sido siempre sueño del hijo, y es ahora cuando halla completo desarrollo. [...] Es una prueba de madurez, de amplitud de registros (Jiménez Martos, 1968, p. 26).

Pero no podemos confundir realidad con ficción, ni siquiera en poesía, donde la enunciación en primera persona se presta más a la confusión del lector incauto. De esta poesía y de estas apreciaciones podría desprenderse una imagen de Elena Martín Vivaldi como mujer sola y atormentada, pero no era así, en vida estuvo rodeada de amigos y siempre inmersa en el rico panorama cultural granadino con sus exposiciones, recitales y tertulias, y el ya inexistente Café Suizo como punto de encuentro en el que intercambiar vivencias y tardes de conversión de una mujer vital y dicharachera que lo fue hasta que su avanzada edad y su salud le iban marcando algunas limitaciones.

Cuando José Espada Sánchez la entrevista para su conocida obra *Poetas del Sur* lo nota de inmediato:

> Es una mujer modesta, evidentemente, pero bajo ese aspecto de timidez aparente está una persona de carácter firme, voluntariosa, entusiasta de la poesía, trabajadora y tenaz, que desgrana su lírica como un manantial que no cesa. La soledad y la tristeza son cultivadas por ella muy literariamente. Ella se ha definido en un poema como *plenamente triste*, enfatizando sobre su nombre la especial característica de su tristeza, porque en el fondo Elena es animosa, alegre a su manera, y nada solitaria (Espada Sánchez, 1989, p. 23).

Rafael Morales relacionó en su momento la autenticidad femenina con el libro que vengo comentando aquí, aunque parece resultarle difícil realizar esta calificación sin caer en la que sabe que es una posición inoportuna tanto desde una perspectiva social como crítico literaria:

> Cuando se dice de un libro de poemas que se trata de una poesía típicamente femenina, es frecuente que no falte quien interprete esta aseveración como si se tratase de una frase despectiva, provocada por la presencia de

una poesía bobita que sólo canta nimiedades o que es la nimiedad misma. No he visto nada más injusto y falso. Y lo más grave es que ha provocado a algunas mujeres a hacer poemas viriloides y a que muchas de ellas sientan complejo de inferioridad cuando las llaman «poetisas», que es su auténtico nombre gramatical, y prefieren que les llamen «las poetas» [...] Dudo que Elena Martín Vivaldi guste de ser calificada en ese género ambiguo, porque su poesía es profunda y auténticamente femenina, es decir, auténtica desde su raíz (Morales, 1968, p. 3).

J. Corral Maurell, en cambio, anota la creación discursiva del hijo pues, con independencia de la existencia biológica o no de un ser, su presencia en el ámbito de la escritura conlleva un proceso de creación en el que se le otorgan determinadas características y funciones que Maurell señala oportunamente:

> Y está, Elena, ese deseo de comunicación, de mostrar al hijo un mundo, aunque en realidad, todo poeta vive para descubrir y comunicar el mundo a los demás, y en su canto «se realiza», al mismo tiempo; justifica su vida y «se comunica» en plenitud, sin saberlo, pues cuando se siente como tú sientes las nubes, las estrellas, aromas antiguos o amarillos encendidos no estamos solos... (Maurell, 1968, p. 11).

En efecto, el hijo es una creación poética, no es extraño, pues, que la autora dé este título, «Creación», a uno de los poemas más significativos del libro:

> Buscándote voy
> queriendo decirte
> caminos, nombres,
> desvelándote las sombras,
> la puerta abierta a tu paso.
> Buscándote voy,
> que tengas
> la vida que no te di,
> nombrada en mi palabra,
> crecida por este mar
> de esperanza, fiel, lejano
> ...
> (Elena Martín Vivaldi, *Ob.cit.*, p. 273)

El hijo, es, por tanto, un interlocutor más, un cómplice en ese difícil trabajo que es vivir, en un incesante ejercicio de descubrimiento y conocimiento en el que la poesía se muestra como un instrumento privilegiado. No debe extrañar la presencia de los ecos de la Égloga Primera de Garcilaso como modelo poético enormemente productivo; recordemos las palabras de Salicio: «Materia diste al mundo de esperanza / de alcanzar lo imposible...». Además, no es el tema lo único a destacar de este libro en el que se presenta un conjunto de sonetos, romances y poemas en verso libre dignos de destacar junto a cancioncillas que establecen un inequívoco nexo con la vena popular que en más de una ocasión aparece en la obra de nuestra autora.

En cualquier caso, conviene aclarar que no son sólo los críticos varones los que caen con frecuencia en el tópico y la interpretación errónea o improcedente. Nuestra poeta ha sido incluida en antologías de poesía escrita por mujeres, lugar en el que, por su propio carácter, cabe esperar algo diferente, pero no siempre es así. En el balance que hace Concha de Marco de *Veinticinco años de poesía femenina española* es significativo del lugar incierto que ocupan las mujeres críticas en un momento importante puesto que es la reivindicación crítica la que puede y debe rescatar del olvido la escritura de numerosas mujeres ignoradas en la historia poética hecha por varones que sólo atendía a algunas excepciones notables:

> El tema que más caracteriza a la poesía femenina es el de la maternidad, como si la Madre Naturaleza hablara por su boca. [...] Es igual que hayan tenido hijos o que permanezcan estériles. La suya es otra especie de maternidad más amplia y profunda, más entregada, no sólo a la humanidad, sino a todos los seres vivientes, incluso a las cosas. El segundo tema, que falla pocas veces, y aún empleado con mucha más frecuencia por algunas, es el de Dios. Rara es la mujer que en España y en forma poética no invoque a dios para suplicarle, para hacerle partícipe de sus desgracias, de sus alegrías o de su soledad, que no pregunte a Dios sobre las razones ocultas de la vida y de la muerte, del sufrimiento (De Marco, 1969, p. 3).

Madres y devotas, en definitiva, parecen ser las poetas españolas que publican a partir de 1944 y hasta 1969, año que escribe De Marco, aunque con alguna matización.

Veinte años después emprende una tarea similar Ana María Fagundo en «Poesía femenina española del siglo XX», quien señala, para las poetas nacidas entre 1900 y 1940, unas circunstancias comunes:

> En primer lugar, se pudiera aseverar que la presencia de la mujer poeta es extensa y constante en todo lo que va de siglo. En segundo lugar, que éstas

suelen publicar sus poemas, por lo general, bastante tarde si bien en la mayoría de los casos confiesan haber escrito desde jóvenes (Fagundo, 1987/1988, p. 5).

Aunque en Elena Martín Vivaldi no hubo un marido que retrasara su actividad poética, sí existieron circunstancias laborales y personales que la obligaron a encerrarse a preparar oposiciones y después a vivir en distintos lugares de Andalucía hasta volver a Granada y, definitivamente, en plena madurez, darse a conocer como poeta. Facundo señala otro hecho importante: las mujeres de esa época no pertenecieron a ningún grupo poético, revista, colección de poesía o tertulia, como los hombres, por lo que estaban sumidas en un aislamiento que dificultaba su actividad y la difusión de la misma. No es éste el caso de Elena, que en Granada participó activamente en el ambiente poético de su época, lo que explica el conocimiento y reconocimiento que su ciudad natal le brindó siempre. Pero no podemos ignorar que el hecho de haber publicado de forma coetánea a los autores del 36 –de los que discrepa radicalmente– cuando por fecha nacimiento, y por su propia escritura poética, se acerca más a los del 27 dificultó su adscripción a una generación poética y, por tanto, su entrada en el canon literario.

Posterior es la antología de Manuel Francisco Reina, *Mujeres de carne y verso*, que desde el título indica ya una perspectiva otra:

> Esta antología es también un manifiesto a favor de la mujer, un reconocimiento de pináculos perversamente oscurecidos en la historia de la literatura. «Usted no sabe que es ser mujer sobre esta tierra», dice la emblemática Sylvia Plath, doliente y verdadera, ante la injusticia que la marcó denostándola como creadora por razón de sexo. Mis *mujeres de carne y verso* son aquellas que, frente a la tradicional asignación de la sociedad a un papel reproductivo, ejercen su derecho a la producción intelectual y artística, lo que, lejos de reducirlas, como algunos coetáneos decimonónicos sostuvieron, las multiplican. Todas ellas tienen algo en común, una manera *poética de habitar el mundo* y entender la vida (Reina, 2001, p. 7).

Y no es que Elena Martín Vivaldi no viviera el tiempo que le tocó, nada fácil para las mujeres españolas de pre y posguerra. No es que quisiera ignorar la realidad que la rodeaba. Es que su actividad poética, en lo relativo al género, la encauzó con la naturalidad a la par que la valentía de una mujer que es mujer y no tiene que demostrar nada, ni a hombres ni a mujeres. En cuanto a la mujer como tal, sí hizo declaraciones muy significativas al mismo José Espada Sánchez:

¿Qué te hubiera gustado ser en la vida?: De pequeña y de joven me hubiera gustado ser hombre, para tener esa libertad que tanto deseaba la poetisa uruguaya Juana de Ibarbourou, que yo entonces leía, y que decía en su poema «Mujer»:

'Si yo fuera hombre, que hartazgo de luna
de sombra y silencio me habría de dar!
¡Cómo noche a noche, solo ambularía
por los campos quietos y por frente al mar!'

Bueno, eso era entonces, en aquellos años. Pero, además, como decía antes, me hubiera gustado ser músico. Y también un buen novelista (Espada Sánchez, *ob.cit*, p. 51).

Esto es, la ansiada libertad de la que gozaba el hombre es ya percibida y deseada desde la infancia, pero es desde la condición de mujer desde la que se lucha y se vence. Y es que en la España de los años cincuenta encontramos poetas mujeres en cuya escritura se ve ya una clara superación del nacional catolicismo que durante los largos años del franquismo terminó con casi todos los logros de las mujeres españolas de las primeras dos décadas del siglo XX. A pesar de todo, la generación poética por excelencia de esa época, la llamada Generación de los Cincuenta o Generación del Medio Siglo, las ignora.

Muy significativa es la antología de José Batlló, *Antología de la Nueva Poesía Española*, que publica en 1969 con la nómina de los que después serían integrados en el canon poético de los cincuenta, se trata de una nutrida nómina de hombres: Carlos Barral, Francisco Brines, José Manuel Caballero Bonald, Eladio Cabañero, Jaime Gil de Biedma, Pedro Gimferrer, Ángel González, José Agustín Goytisolo, Félix Grande, Joaquín Marco, Claudio Rodríguez, Carlos Sahagún, Rafael Soto Vergés, José Miguel Ullán, José Ángel Valente y Manuel Vázquez Montalbán, y una sola mujer: Gloria Fuertes, cuyo éxito en el ámbito literario está aún gestionándose.

Una situación similar es la que encontramos en la antología de J.M. Castellet, *Nueve novísimos poetas españoles* (1970), de influencia enorme ya que recogía a un grupo de autores que definitivamente habían roto con la estética franquista. De buena familia, buena formación, acostumbrados a viajar y sin restricciones en sus lecturas destacarían por un profundo culturalismo. La situación, en relación con las mujeres, era la misma, todos hombres escritores, algunos de los cuales con posterioridad no destacarían como poetas: Manuel Vázquez Montalbán, Antonio Martínez

Sarrión, José María Álvarez, Félix de Azúa, Pere Gimferrer, Vicente Molina Foix, Guillermo Carnero, Leopoldo María Panero, y una sola mujer Ana María Moix. Esto no puede interpretarse como una ausencia de mujeres poetas en las nuevas tendencias, de claro carácter subversivo. Hay que esperar a 1980 para que Ana Rosetti publique una obra que hace tambalearse las creencias más obsoletas de la crítica, es *Los devaneos de Erato*. Rossetti aparece como un huracán, con una obra de un culturalismo denso y elaborado que sorprende a todos, y con el erotismo como centro de su mundo poético de mujer que, como ya habían hecho con anterioridad otras mujeres de posguerra, usa el mundo clásico para reescribirse[3], ya sin miedos ni complejos, destacando la existencia del cuerpo femenino, del erotismo de la mujer y de su propio deseo. Nadie se atrevió a acusar a Rossetti de ser mala poeta al menos en lo referente a su uso del lenguaje y las técnicas poéticas; la atención, sobre todo, y de nuevo, de la crítica masculina, se centró en un elemento sexual, que veían intolerable en la obra de una mujer poeta.

Cuatro décadas habían pasado ya desde que Elena Martín Vivaldi, con su femenino pero potente trabajo de bibliotecaria por oposición, empezará a escribirse mujer hasta que Rossetti se presentara como decidida poeta erótica a la que los roles tradicionales asignados a la mujer no le parecieron nunca fuente de inspiración. En esta larga cadena, que hoy se sigue extendiendo en las llamadas poetas *millennials* (Pulido Tirado, 2018), el lugar de Martín Vivaldi debe ser conocido y reconocido, pues el canon poético debe estudiarse y revisarse constantemente ya que únicamente de este modo tendremos una historiografía poética de calidad.

Genara Pulido Tirado
Universidad de Jaén

---

3   Quizás uno de los casos más significativos sea el de Paca Aguirre con *Ítaca*, obra que, aunque publicó en 1972, tardó en escribir una década. Ni que decir tiene que la presencia de Penélope y Ulises en la poesía española actual es importantísima, pero ya ni Penélope espera ni Ulises es un héroe. Con anterioridad a esta fase de relectura de los autores griegos clásicos hay que recordar que para muchas mujeres que aspiraban a abrirse paso en el mundo de las letras la Biblia había sido su única referencia.

REFERENCIAS BIBLIOGRÁFICAS

AGUIRRE, Francisca, *Ítaca* (Premio "Leopoldo Panero" 1971), Madrid, Cultura Hispánica, 1972.

BATLLÓ, José (ed.) (1968). *Antología de la Nueva Poesía Española*. El Bardo, ed. (1ª ed.), Barcelona, Ciencia Nueva.

CARVAJAL, Antonio, «Elena Martín Vivaldi, en su poesía», *Ficciones. Revista de Letras*, año I, n° 3, 1995, p. 26.

CASTELLET, Josep Maria, *Nueve novísimos poetas españoles*, Barcelona, Península 2011, 1ªed. 1970.

CENTENO, Carlos, «Entrevista a Elena Martín Vivaldi», *Patria*, 3 de febrero de 1973, p. 4.

CORRAL MAURELL, José, «'Materia de esperanza', de Elena Martín Vivaldi», *Poesía española*, n° 189, 1968, p. 21.

CORRAL MAURELL, J. «'Materia de esperanza', de Elena Martín Vivaldi», *Ideal*, 11 de mayo de 1968, p. 11.

DE MARCO, Concha, «Veinticinco años de poesía femenina española», *Árbol de Fuego*, n° 16, julio, 1969, p. 3.

ESPADA SÁNCHEZ, José, *Poetas del Sur (Conversaciones en dos actos y un poema final)*, Madrid, Espasa-Calpe, 1989.

FAGUNDO, Ana María, «Poesía femenina española del siglo XX», *Alaluz*, n°19-20, primavera-otoño de 1987/1988, p. 5.

FERNÁNDEZ ALMAGRO, Melchor, «'Cumplida soledad', por Elena Martín Vivaldi», *ABC*, 3 de octubre de 1959.

GALLEGO MORELL, Antonio «Saudade andaluza», *Ínsula*, n° 154, septiembre de 1959, p. 11.

GARCÍA MONTERO, Luis, «Entrevista-Prólogo» a Elena Martín Vivaldi, *Las ventanas iluminadas. Antología*. Madrid, Hiperión, 1997.

HERMOSILLA ÁLVAREZ, María Ángeles y PRIETO FERNÁNDEZ, Celia (eds.), *Autobiografía en España, un balance: actas del congreso internacional celebrado en la Facultad de Filosofía y Letras de Córdoba del 25 al 27 de Octubre de 2001*, Madrid, Visor, 2004.

JIMÉNEZ MARTOS, Luis, «Olvido, esperanza y otras materias poéticas», *La Estafeta Literaria*, n° 339, 1 de julio de 1968.

MARTÍN VIVALDI, *Obras completas*, Granada, Excmo. Ayuntamiento de Granada, 1985, 2 vols.

MORALES, Rafael, «Elena Martín Vivaldi, o la autenticidad femenina», *Arriba*, 11 de agosto de 1968.

PULIDO TIRADO, Genara, *Cinco poetas de Granada*, Granada, Ayuntamiento de Granada/Cultura, 1992.

PULIDO TIRADO, Genara, «Musas de masas en las pantallas. Mujeres poetas españolas en el siglo XXI», *Signa. Revista de la Asociación Española de Semiótica*, 2020 DOI: https://doi.org/10.5944/signa.vol29.2020.23416

REINA, Manuel Francisco, *Mujeres de carne y verso: antología femenina en lengua española del siglo XX*, Madrid, La Esfera Literaria, 2001.

ROSSETTI, Ana, *Los devaneos de Erato*, Prometeo, Col. Gules, 1980, 1ªed.; en Madrid, Genialogías, 2019.

COMPTES RENDUS

Adrien CAVALLARO, *Rimbaud et le rimbaldisme. XIXe-XXe siècles*, Paris, Hermann, « Savoir lettres », 2019, 496 p.

Un autre livre sur Arthur Rimbaud ? Était-il indispensable ? C'est que la question Rimbaud est ouverte, et le sera à jamais. Une œuvre si révolutionnaire, et une vie si révolutionnaire elle aussi, ne trouveront jamais d'accord général.

Mais c'est là la force de Rimbaud. C'est désormais un classique, avec toutes les connotations du classique. Un mythe général et des interprétations même opposées les unes aux autres.

Dès les premières critiques on parle en effet de mythe de Rimbaud. Son cas est tellement extraordinaire, que l'on ne trouve pas de mieux pour le classer.

D'après l'auteur de ce livre, c'est le mythe rimbaldien qui déroute la critique. À la place de partir du texte on part du mythe, et tout se complique. En plus, on parle trop de deux Rimbaud, celui d'avant, le poète, et celui d'après, l'explorateur et le marchand.

Même la plaque que l'on lit sur sa maison de naissance parle d'explorateur et de poète. La Société de Géographie le fait trop passer par la lignée du géographe. Moi, dans un livre d'il y a quelques années, je parle de *géographe visionnaire*.

Ce livre est très précieux. Il examine la construction du mythe Rimbaud en ayant recours à tous les témoignages, à toute sorte de document, à partir de la thèse de Stéphane Mallarmé, pour qui Rimbaud est un « passant considérable ».

Le rimbaldisme se construit dès le début. La disparition du poète et la découverte de son œuvre créent le mythe du silence et de l'ailleurs, du départ vers l'Orient et l'infini.

Pendant plus d'un siècle il y a deux Rimbaud. Ce livre conteste cette lecture. Je partage cette contestation. Il y a un seul Rimbaud, ce que j'ai répété dans mes recherches.

À lire son œuvre dans son intégralité. La poésie et la correspondance, les photographies et les cris de là-bas, en Afrique et à Aden.

Le rimbaldisme appartient à la modernité. Il se tient si nous voyons un seul Rimbaud. Même ses rêves font partie de l'œuvre. Et quelle œuvre ! Nous assistons toutefois à quelque chose d'extraordinaire. Un poète total aimé par toute sorte de public, par les jeunes et les adultes. Rimbaud est un seul. Le personnage fantastique qu'il est. Étiemble a son rôle, avec son *Mythe de Rimbaud*, mais tout va vers le mythe dans la réception rimbaldienne. Il faut la repenser. On aimera encore plus ce poète universel.

Ce livre nous aidera à réfléchir. Un autre pas en avant sur une interprétation plus correcte de Rimbaud.

Giovanni DOTOLI
Université de Bari Aldo Moro
Cours de Civilisation française
de la Sorbonne

*

* *

Steve MURPHY, sous la direction de, *Rimbaud, Verlaine et zut. À la mémoire de Jean-Jacques Lefrère*, Paris, Classiques Garnier, « Rencontres », 2019, 608 p.

Steve Murphy, l'un des plus grands spécialistes d'Arthur Rimbaud, rend hommage à un géant des études sur l'auteur des *Illuminations*, Jean-Jacques Lefrère, trop tôt disparu (1954-2015).

J'ai eu la chance de le connaître. Je l'ai croisé deux fois, surtout au colloque organisé par la Société de Géographie sur « Rimbaud géographe ». Il m'a dit à cette occasion-là qu'il avait apprécié mes livres *Rimbaud, l'Italie, les Italiens. Le géographe visionnaire* et *Rimbaud ingénieur*.

Il parlait comme un ange de projets, de documents, de découvertes, de visions. Et il m'avait donné des conseils pour continuer sur la route que j'avais entreprise. Puis je n'ai plus eu l'occasion de le croiser.

Quand on ouvre les livres de Jean-Jacques Lefrère sur Rimbaud – des recherches sublimes, précises et pleines de nouvelles orientations – on est pris par une nouvelle énergie. C'est grâce à lui que le mythe de Rimbaud a trouvé un nouvel essor.

Et toutefois la littérature pour Lefrère était un hobby ! Il était professeur des universités en hématologie, et directeur de l'Institut national de transfusion sanguine ! Et... aussi docteur ès lettres. Un miracle de science et de confiance dans la recherche à l'infini.

Promoteur de colloques et revues, biographe sublime – Lautréamont, Verlaine. Rimbaud –, il ouvre la littérature comme un livre aux mille secrets. Et il déniche ces secrets avec aisance et humour, d'où le titre de ce livre, rappelant le zutisme, qui a joué un grand rôle dans la poésie de Rimbaud.

Dans ce livre, 36 chercheurs rendent hommage à Jean-Jacques Lefrère. Le trio Rimbaud-Verlaine-cercle zutique révèle son humour et son goût de la parodie. Une mine pour la verve de Lefrère.

« Rimbaldo-verlaino-zutophile » (p. 7), Jean-Jacques Lefrère montre une érudition hors pair, une passion qui est un modèle. L'un de ses livres porte le titre *Rimbaud ailleurs*. Oui, il nous amène toujours ailleurs, où la critique n'a pas réussi à arriver. Et grâce à lui nous aimons la littérature comme notre salut.

Il m'est impossible de choisir des titres et des noms dans la foisonnante table des matières de ce livre. On y repère des diamants, et des découvertes à la Lefrère. Tout chercheur d'Isidore Ducasse-Verlaine-Rimbaud devra en tenir compte.

Giovanni DOTOLI

*

*　*

Paul VERLAINE, *Écrits sur Rimbaud*, choix de textes, préface et notes d'Andrea Schellino, Paris, Payot & Rivages, «Rivages poche. Petite Bibliothèque», 2019, 146 p.

Un petit livre précieux comme un bijou. Andrea Schellino, connu comme un grand baudelairien, a l'heureuse idée de recueillir tous les écrits de Paul Verlaine sur Arthur Rimbaud, en prose et en vers.

Un véritable diamant, à la lumière centrale d'azur avec toutes les couleurs de l'arc-en-ciel autour. Tout ce que l'on sait des liens entre les deux poètes s'éclaircit. Logique biographique et logique poétique.

«La débauche parisienne, le ménage à Londres, le drame de Bruxelles» (p. 7) trouvent une explication fondée sur les faits, de l'écriture et de la vue. C'est Verlaine qui est à l'origine du mythe Rimbaud, d'après les signes «d'une amitié 'très réelle, très profonde et *très persévérante*'» (p. 7), bien que «pas *très pure*».

Rimbaud apparaît à Verlaine comme un «enfant sublime», un «Casanova gosse», un être au «visage parfaitement ovale d'un ange en exil, avec des cheveux châtain-clair mal en ordre et des yeux d'un bleu pâle inquiétant».

Charme physique et charme poétique. Supériorité de l'œuvre, que Verlaine reconnaît l'un des premiers, si ce n'est le premier, et subjugation physique. Verlaine sait que Rimbaud va renouveler la poésie, à jamais. Son mythe se fonde sur la réalité de l'œuvre. Ce qui l'amène à publie les *Illuminations*.

Verlaine ne cesse de publier son ami, de l'admirer, d'annoncer au monde la grandeur d'un poète universel. Ce jeune maudit et infernal est son compagnon sur la route du monde et de la poésie.

«Verlaine est à l'origine d'une réhabilitation littéraire qui se fonde sur une admiration lucide et sincère. Les questions qu'il aborde occuperont durablement la postérité rimbaldienne» (p. 13).

Nous les chercheurs, mais aussi les lecteurs communs, nous devons savoir gré à cette belle idée d'Andrea Schellino. L'«ange ET démon», «exquisément perverse ou chaste» Rimbaud apparaît dans toute sa fulgurance. Verlaine lui aussi. « En précurseur, Verlaine prolonge l'enchantement de Rimbaud au-delà de la page écrite » (p. 14).

Giovanni DOTOLI

*
* *

Paul VERLAINE, *Œuvres poétiques*, édition de Jacques Robichez, « Classiques jaunes. Littératures francophones », 2020, 808 p.

Cette édition est la réimpression de l'édition de Paris, 1995, par un spécialiste attitré de l'œuvre de Paul Verlaine. Jacques Robichez est l'auteur d'une thèse capitale, intitulée *Le symbolisme au théâtre. Lugné-Poe et les débuts de l'œuvre*, et notamment de *Verlaine entre Rimbaud et Dieu : de Romances sans paroles à Sagesse*, des chefs-d'œuvre.

En faisant trésor d'études importantes, surtout d'Antoine Adam, Jacques Borel, Y.-G. Le Dantec et Jacques-Henry Bornecque, Jacques Robichez choisit de ne pas publier les œuvres poétiques complètes de Verlaine, mais ses huit recueils historiques, des *Poèmes saturniens* à *Parallèlement*, c'est-à-dire l'œuvre publiée entre 1866 et 1889. Il n'exclut que les premiers vers « ainsi que les poèmes non recueillis en volume par l'auteur » (p. xv). « Ce n'est rien sacrifier d'essentiel et retenir tous les chefs-d'œuvre » (*Ibid.*).

Robichez privilégie la meilleure édition parue du vivant du poète et l'originale pour cinq recueils et la seconde pour *Romances sans parole, Sagesse* et *Jadis et naguère*. Il maintient la ponctuation de Verlaine, même quand elle est bizarre. Un choix que je partage totalement, parce que la grande poésie n'est jamais bizarre : la ponctuation est le rythme de la poésie, et Verlaine suit son rythme à lui. Il laisse ainsi des expressions telle « Incendie ès-mon-cœur », dans *Parallèlement*.

Le professeur et directeur et fondateur des éditions Classiques Garnier, M. Claude Blum, a fait un choix de grande importance pour l'interprétation de Verlaine, en publiant cette édition, qui est un modèle de rigueur et de simplicité.

Il y a une unité dans l'œuvre de Verlaine, sous la marque de la dualité et de la nostalgie. Jeux de l'amour et libertinage apparaissent dans toute leur force. Plaisir et déception. Péché et Dieu. C'est-à-dire l'homme Verlaine à l'unisson avec le poète.

Verlaine se révèle, comme il se doit, l'un des plus grands poètes français et au monde. Son mysticisme est contrebalancé par son amour de la chair. Le voilà alors aller par « accords dissonants », d'après sa dualité intrinsèque. Le rêve se fait éphémère. L'écriture impressionniste est en effet une écriture d'avant-garde.

Plus de malentendus. Verlaine est l'un des plus grands poètes de France. Il faut le relire. Il faut l'aimer. Il faut qu'il revienne dans les écoles. On découvrira l'allure poétique d'un géant.

Giovanni DOTOLI

*
* *

Dante ALIGHIERI, *La Divine Comédie*, nouvelle traduction de l'italien et préface de René de Ceccatty, Paris, Éditions du Seuil, « Points », 2017, 698 p.

« Retraduire un chef-d'œuvre après tant de prédécesseurs peut paraître une tentative absurde, périlleuse et inutile. *La Divie Comédie* a connu tant de versions françaises obéissant aux principes les plus divers qu'en proposer une de plus semble voué à répéter le travail d'un autre et à risquer d'ajouter ou d'aggraver des erreurs, des malentendus ou des

inexactitudes, plus qu'à trouver des solutions élégantes et lumineuses »
(p. 7).

René de Ceccatty ouvre sa préface par ces mots précis, comme s'il voulait s'excuser d'avoir oser traduire l'un des chefs-d'œuvre de l'humanité.
Il nous dit que la traducteur est un musicien. Et il est un musicien. Il
connaît bien l'original et la traduction qu'en en a fait Jacqueline Risset,
une amie à moi qui nous a quittés il y a quelques années. Mais si Risset
« a conservé des zone d'obscurité », Ceccatty essaie de tout éclaircir.

C'est une traduction sans notes – Ceccatty les refuse, pour éviter que
le lecteur aille à droite et à gauche, en perdant le rythme du texte. Pour
lui la lecture doit être « sinon totalement courante, plus qu'elle ne l'est
d'ordinaire », de toute façon fidèle à l'original. C'est le texte qui guide
le lecteur et non pas les notes.

Romancier et essayiste, traducteur de nombreuses ouvrages classiques et contemporains du japonais et de l'italien (Pasolini, Moravia,
Leopardi, Michel-Ange, Pétrarque, Saba, Penna), Ceccatty nous offre un
texte qui garde tout son rythme, son importance, sa densité reconnue
par toute la critique.

La Divine Comédie est un voyage parmi les mots, pour parler des
vivants, de leurs défauts, de leurs crimes. C'est un tableau de l'Italie, de
l'Antiquité au XIVe siècle, un texte de théologie, un pamphlet contre la
corruption des puissants et la décadence des papes, à Rome.

Ceccatty nous prouve que ce texte est un roman d'aventures, avec
des visions d'horreur et d'extase.

Pour obtenir une lisibilité facile, à la hauteur de nos temps, il choisit
l'octosyllabe, ce qui lui permet de retrouver la légèreté brillante d'un
texte total.

Giovanni DOTOLI

*
* *

DANTE, *La Divine Comédie*, traduction et édition critique par Henri Longnon, Paris, Classiques Garnier, «Classiques jaunes. Textes du monde», 2019, 718 p.

Archiviste paléographe, Henri Longnon était un spécialiste de la Renaissance. On le connaît pour sa biographie de Pierre de Ronsard et son édition des poètes de la Pléiade.

Sa traduction de *La Divine Comédie* reçut un prix de l'Académie française. Longnon a aussi édité en édition critique la *Comédie humaine* d'Honoré de Balzac, en quarante volumes, un travail colossal.

Cette édition de sa traduction du grand œuvre de Dante Alighieri est la réimpression de l'édition de Paris, 1999. Le texte de départ est celui de la Società Dantesca Italiana.

Henri Longnon choisit une traduction où le rythme est central, un peu selon les théories d'Henri Meschonnic. En partant du fait que «Dante est le maître de l'allusion» (p. XXVII), il prend «le parti de le rendre indifféremment en coupes de dix ou de douze syllabes, selon que le vers venait à l'appel de son modèle italien» (*Ibid.*).

Ainsi, si en français le décasyllabe a «toujours sa césure après la quatrième», en italien elle peut varier. C'est ce que fait Henri Longnon, en assurant un rythme musical à sa traduction du chef-d'œuvre de Dante. Une opération bien réussie, malgré sa difficulté.

Comme il sait qu'il est impossible de comprendre *La Divine Comédie* sans le contexte de l'époque et sans la vie mouvementée de Dante, il fait précéder sa traduction d'une longue importante préface, où la vie de Dante et l'interprétation de l'énigme de *La Divine Comédie* ont un rôle fondamental.

Je salue donc cette réimpression comme un événement, par ces temps tragiques de perte des valeurs et de pandémie.

Giovanni DOTOLI

*
* *

Daniel LANÇON, *Yves Bonnefoy, histoire des œuvres et naissance de l'auteur.*
Des origines au Collège de France, Paris, Hermann, « Savoir Lettres »,
2014, 618 p.

Voici un livre que j'aurais voulu écrire. J'ai été ami d'Yves Bonnefoy
à la fin de sa vie. Mes entretiens avec lui étaient sublimes. On pensait
être dans une sphère céleste, ici sur cette terre qu'il comprenait mieux
que n'importe quel grand philosophe.

L'un des plus grands spécialistes de l'œuvre de Bonnefoy, Daniel
Lançon, analyse ici, dans ce livre fondateur, les recueils de poèmes de
Bonnefoy de *La Révolution la nuit*, paru en janvier 1946, à l'édition des
Poèmes en 1978 dans la collection « Poésie », chez Gallimard.

La « fiction poétique » se construit au fur et à mesure, jusqu'à la
chaire au Collège de France – voir la leçon inaugurale du poète.

À une époque de grandes mutations, Yvs Bonnefoy garde toujours
un parcours linéaire : le poète, le prosateur, le critique d'art, le traducteur, l'éditeur sont liés par un fil rouge poétique qui est l'axe central
de mouvement du poète.

« C'est la raison pour laquelle la mise en lumière d'une archéologie
poétique et intellectuelle méconnue (1946-1952) est apparue indispensable, ainsi que celle de la position du jeune écrivain dans les débats du
moment existentiel de la pensée française dans les premières décennies
de l'après-guerre » (p. 11).

C'est une méthode que j'apprécie énormément, celle de faire l'histoire
des œuvres, en utilisant tout document possible, même les textes non
recueillis par le poète. « La genèse de chaque recueil ou livre est prise
en compte, tout comme la matérialité des éditions premières » (*ibid.*),
ainsi que l'illustration, le livre de poche, le volume luxueux.

Tout se fait réalité symbolique, et la figure d'Yves Bonnefoy et de
sa poésie se font visibles. La poésie devient la vie.

Yves Bonnefoy est-il désormais un écrivain « classique » ? Je le
pense. Ce livre lui aussi le prouve. Par sa « gestation en amont »

(p. 12), on remonte à la source. Bonnefoy ne quitte jamais sa pensée et sa route.

Tout chercheur voulant étudier l'œuvre de ce grand poète, un patrimoine de l'humanité, doit en tenir compte.

Giovanni DOTOLI

*

* *

Marina ALBERGHINI, *La fortuna è un gatto nero. I poeti cantautori del cabaret Chat Noir di Montmartre*, Viterbo, Stampa Alternativa/Nuovi Equilibri, 2013, 144 p.

Je ne connaissais pas Marina Alberghini. Puis une heureuse soirée avec l'une de ses amies m'a permis de connaître ses livres et son action en faveur des chats.

Elle m'a envoyé une immense biographie de Louis-Ferdinand Céline, dont elle est l'auteur, parue en 2009 chez Mursia à Milan : un monument.

J'ai appris que Mme Alberghini est peintre et essayiste et qu'elle a la passion des chats et de la présence du chat dans les arts, dans la littérature et dans le différentes civilisations. Elle est aussi l'auteur de biographies de Paul Klee, Suzanne Valadon, Jacopo Bassano, Lewis Carroll.

Ce livre est un modèle de perfection et d'élégance. La première partie décrit la naissance du célèbre cabaret de Montmartre, fondé par Rodolphe Salis en 1881, *Le Chat noir*, ce local mythique où on fait de tout et surtout où la littérature et l'art sont vivants.

La crème des poètes et artistes indépendants fréquente le Chat Noir. Il a même un journal, « Le Chat Noir », dans lequel écrivent les grands de l'époque, Renan, Bloy, Coppée, Maeterlinck, Loti, Saint-Saens, Jarry, celui qui écrira le sublime *Ubu Roi*.

Les fous, les poètes, les révolutionnaires qui ont fait faillite, les artistes contre, les mythomanes, les libertaires, les érotomanes, sont là, pour chanter, danser, écrire, présenter leurs folies.

C'est le vrai Montmartre, celui qui est resté dans l'histoire. En 1885, un nouveau siège, rue Laval. Sur la façade on lit à côté d'un grand chat noir : « Passant, sois moderne ! ». On y fait aussi du théâtre d'avant-garde. Le Chat noir est idéaliste, concret, chauvins, fumistes, réactionnaires, républicains, et surtout indépendants. Toute âme qui rêve y est accueillie.

Les noms les plus importants : Salis lui-même, Goudeau, Bruant, Allais, Ghil, Rollinat, Cros, Verlaine, Mallarmé, Rictus, Satie.

Ce livre est donc fondamental, pour connaître l'un des lieux où naît l'avant-garde. Après l'histoire du cabaret relatée comme un roman, Marina Alberghini donne une anthologie commentée des poètes du Chat Noir, traduits en italien.

À lire avec passion. Un monde s'ouvre. C'est un monde d'amour et de rêve.

Giovanni DOTOLI

*
* *

René CORONA, *Compitare nei cortili*, postfazione di Emanuele Spano, Pasturana, puntoacapo, 2019, 174 p. ; *La conta imprecisa*, prefazione di Alessandro Quattrone, Pasturana, puntoacapo, 2019, 122 p.

Je connais René Corona depuis très longtemps, comme professeur de Langue et Traduction françaises, à l'Université de Messine, en Sicile.

J'adore ses essais et ses livres, surtout un livre que j'ai publié dans ma collection parisienne « Vertige de la langue », chez Hermann : *Le singulier pluriel ou « Icare et les élégiaques »*.

Je percevais l'âme poétique profonde de René Corona, mais je ne savais pas qu'il était poète à plein titre. Puis un jour voilà le miracle. Il me propose de publier dans ma collection « L'Orizzonte » (Aga - L'Harmattan), premièrement un merveilleux livre d'essais poétiques : *Passage du temps et des courants. L'imagination ô savoir ! Le spectacle du monde : pour un micro-imaginaire poétique*, 2019, 408 p., et immédiatement après, deux recueils de poèmes : *Croquer le marmot sous l'ombre*, 2019, 216 p., et *Sortilèges de la retenue sous le bleu indigo de la pluie*, 2019, 128 p., en langue française.

C'est une découverte qui me procure un immense plaisir. Je suis face à un grand poète.

Puis, à tour de rôle, je reçois deux autres recueils de poèmes : *Compitare nei cortili*, postface d'Emanuele Spano, et *La conta precisa*, préface d'Alessandro Quattrone, les deux parus chez puntoacapo, en 2019, en langue italienne.

Quatre livres de poèmes en un seule année. Je me console. Je ne suis pas le seul à trop écrire. La raison vient en direct des poèmes de René Corona. Des poèmes d'avant-garde claire, accessible, où l'éclair de lumière est toujours ensoleillé.

J'aime la préface d'Alessandro Quattrone, laquelle m'ouvre les yeux et me donne des pistes de lecture. René Corona joue avec les mots. Il aime les mots. Il en invente. Il les orchestre. Chaque poème est la confirmation que l'être est fait de mots. Nous sommes mots plus que chair. Et aussi chair de mots.

La mer de la poésie est un plateau de mots. René Corona y nage comme un poète d'autrefois, en cherchant des réponses. Même sa mélancolie est faite de mots. Il est à l'écoute du monde via les mots. Les plus insignifiants eux-mêmes lui parlent, lui désignent la voie à suivre.

Mais tout cela sans rhétorique. En liberté, tel un poète de l'avant-garde historique. Les « sources » que Corona aime, surtout Charles Baudelaire – un amour partagé – sont dans les coulisses. Elles sourient et craignent même que notre poète les dépasse. Le langage se fait magique, fort, profond. René Corona sait qu'il a une énergie et se lance à la recherche de cette énergie pour la donner en cadeau au lecteur.

C'est la fête du langage, et de la poésie, lieu par excellence du langage. Une nouvelle étoile poétique est née, j'en suis convaincu, en langue italienne et en langue française. Un autre élément qui nous unit.

Giovanni DOTOLI

*
* *

Filip KEKUS, *Nerval fantaisiste*, Paris, Classiques Garnier, 2019, 844 p.

Cet imposant volume, fruit d'une thèse soutenue en 2015, vise à approfondir un volet peu connu de l'œuvre de Gérard de Nerval, toujours considéré comme un poète fou ou tout du moins mélancolique, vu son inspiration fantaisiste. Ce qui, comme le dit l'auteur dès la quatrième de couverture, « ne revient nullement à nier sa folie », mais plutôt à la mettre en relation avec une des possibilités de l'inspiration romantique, qui permettrait de ne plus voir Nerval comme un personnage isolé dans le panorama littéraire de son époque, mais au contraire comme un sujet original dans son contexte.

L'étude s'appuie sur une bibliographie importante (p. 797-829). Tout en élisant comme texte de référence l'édition Pléiade en trois volumes des *Œuvres complètes* de Nerval par J. Guillaume et C. Pichois (1984-1993), Kekus consulte un très grand nombre d'autres éditions, ainsi que les manuscrits de Nerval et de nombreux périodiques d'époque. Il ajoute à cela un apparat bibliographique critique important pour supporter sa lecture centrée sur l'inspiration 'fantaisiste' de Nerval.

Le « Préambule » (p. 9-28) fait le point sur de véritables « bévues » (p. 14) de la critique, qui a attribué à Nerval l'image du poète fou et maudit, mélancolique, oubliant presque qu'il était ce poète humoriste, causant un « rire sonore » (p. 14 d'après les mots de Marcel Du Camp dans ses *Souvenirs littéraires*) chez ses contemporains, ainsi que toute la production burlesque et ironique de l'auteur. Les quelques critiques qui ont essayé de réévaluer les éléments fantaisistes de l'œuvre nervalienne se sont limités à de brèves études qui n'ont pas mis en valeur l'ensemble des éléments plus proprement fantaisistes, car « la fantaisie n'efface pas la folie, et inversement » (p. 19).

Pour ce qui est du corpus analysé, l'auteur inclut aussi les journaux auxquels Nerval a collaboré, *L'Artiste*, *Le Monde dramatique*, *Le Mercure de France au dix-neuvième siècle*, le *Figaro*, outre les « chefs-d'œuvre de fantaisie » (p. 24) comme *Les Faux Saulniers* ou *Les Nuits d'octobre*, mais aussi les sections les plus fantaisistes du *Voyage en Orient* et de *Lorely*, et encore des sections fantaisistes d'ouvrages "insoupçonnables", comme *Aurélia* et « Les Chimères ». Certes, plusieurs œuvres ont échappé à cette enquête, comme « Sylvie » et *Pandora*, dont l'ironie est le sujet de récentes recherches tout à fait intéressantes, mais l'auteur avoue ce choix qui n'affecte en rien la force de l'analyse, puisqu'aucune recherche n'est jamais complète ni achevée. L'auteur laisse aussi de côté les œuvres écrites à plusieurs mains, théâtrales notamment, ou des œuvres dont la part d'attribution nervalienne est extrêmement douteuse.

Après les sections consacrées à l'analyse de la production nervalienne, le volume consacre des pages à une réflexion plus théorique, qui tente de renouer la notion de 'fantaisie' à l'époque romantique avec une tradition importante d'ouvrages où fantaisie et imagination étaient déjà liées, dans l'Antiquité et à la Renaissance par exemple (*i.e.* au début de la littérature moderne). Et c'est justement la possibilité de trouver une troisième voie entre le Bien et le Mal, une voie échappatoire brouillant raison et folie, qui peut faire de la fantaisie une source de salut, cherchant en même temps un contact avec le lecteur à travers un sourire. Car Nerval n'a jamais été un homme isolé de son vivant, bien au contraire. La « Conclusion » (p. 783-796) contient une liste des fonctions que la fantaisie peut avoir dans l'œuvre nervalienne. Parmi ces nombreuses fonctions, l'une des plus importantes nous semble être la fonction critique et subversive, car d'après Kekus « la fantaisie est la nuance particulière de l'opposition nervalienne » (p. 791).

Un écrivain engagé dans la communauté intellectuelle de son temps, un écrivain informé, rieur, amuseur, tout en étant original, traçant des directions d'écriture et de réflexion nouvelles, un écrivain dont la production a peut-être trop longtemps fait les frais d'une lecture partielle ne

permettant pas d'en apercevoir les particularités. Ce volume a le mérite de
re-porter l'attention sur Nerval en regardant sa production d'une manière
nouvelle et convaincante mettant en lumière des éléments insoupçonnés
ou passés sous silence grâce à une analyse rigoureuse et détaillée.

Concetta CAVALLINI
Université de Bari Aldo Moro

*
* *

Ferdinand ALQUIÉ, sous la direction de, *Le Surréalisme*, Paris, Hermann,
2012, 568 p.

Fidèle à la mission qu'elle s'est donnée, la collection « Cerisy Archives »
aux éditions Hermann re-propose aux lecteurs un livre « de prime importance » (p. 5), comme le précise l'« Avertissement » d'Édith Heurgon,
directrice du CCIC (Centre Culturel International de Cerisy-la-Salle). Il
s'agit des actes du colloque *Entretiens sur le Surréalisme*, qui a eu lieu du 10 au
18 juillet 1966 à Cerisy-la-Salle. Le volume, sous la direction de Ferdinand
Alquié, était sorti aux éditions Moutons & Co (Paris – La Haye), avec des
contributions de Gérard Legrand, Jean Brun, Michel Guiomar, Annie Le
Brun, Jean Jaude, Alain Jouffroy, Robert S. Short, Maire-Louise Gouhier,
Jean Whal, Stanley S. Collier, René Passeron, Michel Carrouges, Gaston
Ferdière, Jean Schuster, José Pierre et d'autres encore. Le volume présente
aussi la transcription des discussions qui ont eu lieu après les séances.
    Ces contributions ont permis de dessiner les caractères du Surréalisme
ainsi que ses rapports avec le cinéma, l'art, surtout la peinture, et d'autres
mouvements comme Dada. La réflexion a touché aussi les rapports d'écriture
dans les genres principaux où s'est essayé le surréalisme, notamment la
poésie et le roman. Cependant, ce qui nous paraît encore d'actualité, ce

sont les approfondissements concernant les rapports entre les idées de ce mouvement et le langage finalisé à la communication, ainsi que les croisements notionnels avec les idées de liberté humaine et de hasard dans l'existence, qui ont fondé la modernité au XXe siècle et qui sont aussi à la base d'autres philosophies et d'autres mouvements. L'originalité du Surréalisme réside dans la manière de traiter ces idées, originalité qui a très bien été mise en évidence pendant les discussions, lesquelles apportent toutes une contribution d'envergure à la représentation plus précise des problématiques.

Comme le rappelle l'« Avertissement », le but de ce colloque était de dessiner le visage entier de ce mouvement ; et il rappelle aussi que le colloque s'était déroulé sous le parrainage et sous la supervision discrète d'André Breton, qui devait disparaître deux mois plus tard (« [...] tandis que chaque soir André Breton, resté discrètement dans les parages [...] donnait ses directives », p. 5). Le livre des actes n'étant plus disponible, cette réédition donne au public des chercheurs et des amateurs la possibilité de consulter et de se servir de cet outil de grande importance pour la connaissance du Surréalisme, qui a été le focus de nombreux colloques au cours des années suivantes, toujours à Cerisy, sous la direction notamment de Henri Béhar et de Jacqueline Chénieux-Gendron.

Concetta CAVALLINI

*
* *

Thomas BUFFET, *Le Renouvellement de l'écriture élégiaque chez Friedrich Hölderlin et André Chénier*, Paris, Classiques Garnier, 2019, 602 p.

Le titre de ce volume offre immédiatement un éclairage sur les visées de cette enquête qui s'insère dans le domaine de la littérature comparée, en établissant pour la première fois un rapprochement entre deux poètes élégiaques, dont l'œuvre est passée à la postérité : André Chénier et Friedrich Hölderlin. C'est Thomas Buffet lui-même qui explique les raisons de ce choix en soulignant comment ces deux poètes « quoique très proches d'un point de vue esthétique comme spirituel, n'ont pas encore fait l'objet d'une comparaison approfondie » (p. 9).

Dans l'Introduction de cette étude, après des constatations relatives à un état des lieux de la recherche sur ce sujet, l'auteur fixe ponctuellement les étapes de son analyse et les principes qui l'ont guidée.

L'ample réflexion de Th. Buffet se nourrit de diverses interrogations et s'égrène au fil de deux parties. La première dresse un arrière-plan autobiographique pour s'arrêter par la suite sur les motivations qui ont pu inciter Chénier et Hölderlin à privilégier le modèle antique dans la composition de leurs élégies. Le contexte culturel, philosophique, religieux et politique n'est pas négligé dans cette exploration des enjeux poétiques. Au contraire, la prise en compte de l'évolution diachronique du style élégiaque en France et en Allemagne au XVIIIᵉ siècle constitue un moment clé pour avancer vers le deuxième volet de l'étude où est mise en lumière l'originalité que le genre élégiaque acquiert sous la plume de ces deux poètes, grâce à l'héritage antique, source d'inspiration incontournable pour les deux auteurs.

Dans cette perspective, Th. Buffet souligne l'importance qu'il a accordée dans son ouvrage aux traductions des textes anciens que Chénier et Hölderlin ont respectivement réalisées et enrichies de commentaires. Par ce biais, la pratique de l'intertextualité littéraire est également envisagée, afin de mieux cerner la réception de l'Antiquité chez ces deux poètes et les nouveaux horizons ouverts à un genre qui suscita de nombreux débats au cours de ces années.

Th. Buffet nous livre une analyse comparative lucide et juste sur des aspects fondamentaux et encore peu connus dans le panorama de l'écriture élégiaque au XVIIIᵉ siècle en Europe.

Giovanna Devincenzo
Université de Bari Aldo Moro

*

*   *

PÉTRARQUE, *Le Chansonnier (Canzoniere)*, traduction et édition critique par Pierre Blanc, Paris, Classiques Garnier, 2020, 589 p.

Spécialiste de la littérature humaniste et classique française et italienne, Pierre Blanc a contribué par ses travaux à une réévaluation de l'œuvre de Pétrarque et de son influence sur la culture européenne au fil des siècles (*Pétrarque en Europe, XIVᵉ-XXᵉ siècle : dynamique d'une expansion culturelle*).

En 1989, il a offert à tout lecteur – chercheur, étudiant, amateur – une édition de référence bilingue du *Canzoniere*, édition dont ce volume nous propose une réimpression.

Les visées du projet sont bien articulées et énoncées au cours de l'Introduction. Deux niveaux de lecture sont envisagés et privilégiés – les perspectives génétiques de l'œuvre ainsi que les retombées poétiques et existentielles – en fonction de la stratégie culturelle et de la *praxis* d'écriture.

Ce travail s'attache à illustrer comment le *Canzoniere* est beaucoup plus qu'un simple exemplaire d'histoire d'amour spiritualisé et comment, en revanche, il entend véhiculer un message plus puissant, dans une dimension où se côtoient individualité, écriture, philosophie de l'existence et psychologie.

Cette pluralité d'instances ressort d'ailleurs du titre latin choisi par Pétrarque : *Rerum vulgarium fragmenta*. Une œuvre caractérisée par un aspect fragmentaire, morcelé, et écrite en langue vulgaire ; une œuvre à laquelle l'humaniste italien n'avait accordé aucun espoir de passer à la postérité. C'est en effet sur sa production néo-latine que Pétrarque avait tout misé, production qui obtient une ample renommée au moins jusqu'à la fin du XVᵉ siècle quand on commence, au contraire, à faire montre d'un intérêt croissant envers le pétrarquisme vulgaire.

En affichant de nouvelles orientations possibles, le travail de P. Blanc garde toute son utilité dans la mesure où sa traduction versifiée, à laquelle s'ajoute un appareil critique toujours ponctuel et circonstancié, favorise l'appréciation d'un chef-d'œuvre qui, loin d'être un monument d'un temps révolu, se présente comme un livre de fondation. Ce projet a contribué au repositionnement du *Canzoniere* dans une dimension qui transcende le temps pour toucher à une éloquence cosmique, à une pureté où la parole ne requiert plus aucune exégèse et s'éclaire d'une vigueur inattendue.

Giovanna DEVINCENZO

*
* *

Aude BONORD et Christian RENOUX, sous la direction de, *François d'Assise, un poète dans la cité. Variations franciscaines en France (XIXe-XXe siècles)*, Paris, Classiques Garnier, 2019, 243 p.

Au printemps 2015, à Orléans, a été organisé le colloque *François d'Assise, un poète dans la cité. Variations franciscaines en France de la fin du XIXe siècle à nos jours*, dont ce volume présente les Actes, réunis sous la direction de deux spécialistes distingués des études dans ce domaine.

Le projet entend témoigner de la vitalité de l'intérêt envers la littérature mystique et franciscaine au cours de la période s'étalant de l'entre-deux-guerres à l'aube du XXIe siècle, des époques apparemment éloignées et qui pourtant se retrouvent autour d'un ressourcement à l'hagiographie médiévale, dans les pas de la « mode » franciscaine entamée déjà au tournant du XXe siècle.

Les contributions regroupées dans ce volume illustrent comment l'influence de François d'Assise est transversale et touche en égale mesure la littérature, la peinture, la sculpture, le cinéma, la musique. Pareillement, cette sensibilité franciscaine ne concerne pas seulement des auteurs confessionnels, mais touche des courants de pensée en dehors des milieux catholiques.

Au fil des trois parties qui composent le volume, les études s'étalent à partir d'une exploration des sources de l'engouement de bon nombre d'écrivains du XXᵉ siècle pour le saint d'Assise, en tenant compte aussi bien du rôle qu'ont joué les débats autour de la « question franciscaine » dès la fin du XIXᵉ siècle. Les essais de la deuxième partie s'interrogent sur l'ascendant que François d'Assise a eu sur les courants de pensée du XXᵉ siècle. Par la suite, on illustre l'actualité du saint pour le présent et sa place dans la fiction contemporaine. Les trois contributions de la dernière partie réfléchissent sur la place de choix que l'inspiration franciscaine occupe dans les arts.

L'hétérogénéité des approches entreprises dans les diverses études rassemblées dans cet ouvrage fait preuve de la souplesse par laquelle l'héritage franciscain peut encore donner des leçons à notre modernité sécularisée. Grâce à l'apport de littéraires, historiens, musicologues, historiens de l'art, François d'Assise continue à inspirer l'homme de tout temps, l'aidant à méditer sur sa relation au monde et à lui-même.

Giovanna DEVINCENZO

*

*   *

Armande PONGE, *Pour une vie de mon père*, tome II, *Rétrospective, 1919-1939*, préface de Jean-Marie Gleize, Paris, Classiques Garnier, 2020, 800 p.

Ce prestigieux volume présente le deuxième tome du monument qu'Armande Ponge a élevé à la mémoire de son père. Un signe de grande générosité envers les admirateurs de l'œuvre de ce grand écrivain du XXᵉ siècle, un don précieux que les lecteurs recevront avec émotion et reconnaissance.

Armande a toujours été très liée aux écrits de son père, dont elle a aussi dirigé la fondation. Depuis de nombreuses années, elle consacre son temps à l'organisation, à la valorisation et à la diffusion des archives familiales, patrimoine incontournable pour cerner des aspects inouïs de la pensée de Francis Ponge.

Notes de carnets, échanges épistolaires inédits – exception faite pour la correspondance avec Jean Paulhan publiée en deux volumes par Claire Boaretto en 1986, aux éditions Gallimard –, images, photos tirées des albums de famille, textes manuscrits et dactylographiés : une somme documentaire d'une valeur inestimable qui retrace les étapes de l'avancée de vingt nouvelles années de la vie de l'écrivain et qui nous permet d'avoir accès aux plis les plus abscons aidant la connaissance/ reconnaissance de son œuvre.

Jean-Marie Gleize, dans la préface qui ouvre l'ouvrage, en livrant ses premières impressions lors de la réception du manuscrit de ce volume, rappelle entre autres combien il a été « émouvant de voir qu'il s'ouvre sur une image, celle de deux monographies ayant appartenu à l'étudiant Francis Ponge en novembre 1919, son *Kant* et son *Spinoza*. Rappel salutaire du fait que cet ennemi des "idées", des abstractions vides ou vidées et des logiques abstraites, a lu et pratiqué les philosophes, s'est imprégné de "systèmes" » (p. 7).

Les années prises en considération sont caractérisées par un enchaînement d'événements importants dans la vie personnelle de Ponge. Après une courte rupture des rapports avec sa famille et un moment de déstabilisation psychologique, il se rapproche des siens pour replonger dans un état de confusion suite à la mort de son père en 1923. Puis, c'est le tour de son mariage, de la naissance de sa fille à laquelle il donne le nom de son père, Armande. Arrivent les années du début de sa carrière d'écrivain, de la publication de ses premiers écrits, de la reconnaissance de sa vocation.

Par la réalisation de cet ouvrage, Armande Ponge accomplit admirablement sa mission de fille dévouée. D'un côté, elle livre à tout amateur de la poésie de Ponge l'intimité du poète, de l'autre elle offre à tout chercheur des opportunités de réflexion et une clé d'accès unique à une œuvre censée avoir désormais tout dit.

Giovanna DEVINCENZO

*
* *

Vân Dung LE FLANCHEC, Michèle CLÉMENT et Anne-Pascale POUEY-MOUNOU, sous la direction de, *Maurice Scève. Le poète en quête d'un langage*, Paris, Classiques Garnier, 2020, 565 p.

À l'automne 2016 a eu lieu en Sorbonne et au Palais du Luxembourg, dans un cadre « à haute teneur intellectuelle » (p. 7), le premier colloque d'envergure internationale sur Maurice Scève, dont cet ouvrage regroupe les apports des contributeurs qui y ont participé. Le titre choisi pour les journées d'étude, qui a été conservé pour le volume des Actes, laisse évidemment cerner l'esprit de ce projet.

Une intuition linguistique a orienté la réflexion des spécialistes à partir de l'idée que seule une prise en compte des divers enjeux de l'élaboration formelle de l'ouvrage de cet auteur pourrait fournir à ceux qui accueillent ce défi herméneutique la clé d'accès au système complexe et mystérieux sur lequel se régit le travail scévien.

Les chantiers ouverts sur l'écrivain lyonnais sont vastes et nombreux – comme le rappelle Michèle Clément – ce qui témoigne d'un intérêt concret envers un ensemble de textes qui résiste au temps et qui continue de fasciner aussi bien les amateurs que les chercheurs.

C'est le poète lui-même qui fournit au lecteur le code d'entrée dans son univers abscons. Lorsqu'il écrit dans sa *Délie* : « Si chaque signe est par toy entendu » (d. 377), Scève engage son lecteur dans une chasse aux signes avec la certitude qu'elle pourra entraîner des erreurs. Dans cette perspective, les contributions rassemblées dans ce volume envisagent l'ambivalence et la complexité du langage de Scève et s'engagent dans l'exploration de la fabrique de sa langue poétique, en décelant la dynamique de création à travers les phases d'élaboration et de réorganisation des signes en réseaux signifiants.

L'enquête prend forme à partir de l'obscurité, élément incontournable lorsque l'on parle de Scève, pour passer par la suite à l'impersonnalité et au travail éditorial, dans un dialogue fécond entre filiations formelles et singularité, transferts culturels et tentatives de réappropriation, échos textuels et spécificité, jusqu'aux expériences de traduction, aux procédés rhétoriques de densification du style. L'écoute est aussi prise en compte, par le biais d'une oralité considérée en fonction de l'énonciation, «à travers la réactualisation de la voix et du corps dans l'écrit par le primat du rythme» (p. 23). La dimension synergique entre l'œuvre de Scève et les autres arts est également envisagée : la collaboration avec des musiciens, le rapport avec l'image, en termes de convergence ou de discordance, mais aussi à travers une exploration plus profonde et systématique des éléments constitutifs du blason héraldique et du déploiement du texte. Le lien entre le poète, la mort et l'œuvre retient également l'attention : un rapport qui se dissout dans le chemin qui conduit de la mort à l'immortalité poétique.

Le long d'un parcours riche et articulé, ce copieux volume débouche finalement sur la formulation d'hypothèses nouvelles, inédites et stimulantes autour du corpus de ce poète *en quête d'un langage*. La poésie de Scève connaît un souffle vivifié grâce à ce projet qui a remis au jour la question toujours fascinante de la forme et du sens.

Giovanna DEVINCENZO

*
*　*

Aude BONORD, Christian RENOUX, *François d'Assise, un poète dans la cité. Variations franciscaines en France (XIXᵉ-XXᵉ siècles)*, Paris, Classiques Garnier, « Polen – Pouvoirs, lettres, normes », 2019, 244 p.

Ce livre contient les actes du colloque *François d'Assise, un poète dans la cité. Variations franciscaines en France de la fin du XIXᵉ siècle à nos jours*, organisé par l'Université d'Orléans les 19 et 20 mars 2015. De mon point de vue, c'est un livre important qui ouvre tant de perspectives non seulement sur la figure du *Poverello*, mais aussi et surtout sur le lien de la modernité et de l'avant-garde avec le passé.

Pourquoi retourne-t-on à la « littérature mystique, franciscaine en particulier » (p. 7) ? Cette mode commence par la biographie de François d'Assise écrite par le protestant Paul Sabatier, que l'on connaissait pour ses importantes recherches dans le domaine des traditions populaires.

L'imaginaire franciscain offre tant de thèmes à la modernité, aux croyants et surtout aux non croyants. Il contribue au renouveau de l'inspiration, dans la littérature, la peinture, la sculpture, le cinéma et la musique, aussi en « divers courants de pensée non chrétiens, politiques ou philosophiques ».

Voici les thèmes traités : « Quelles sources franciscaines traversent ces courants de pensée non chrétiens et les pratiques artistiques qu'ils ont pu faire naître ? Puisent-ils dans les travaux d'historiens contemporains, se faisant l'écho de leurs débats largement diffusés dans la presse ? Reviennent-ils aux textes-sources du Moyen Âge ? Laissent-ils vagabonder leur imagination au fil des récits, où pointe parfois encore le merveilleux, comme dans les *Fioretti* ? Quels éléments retiennent-ils de la figure du saint et de sa spiritualité, quand la foi chrétienne n'est plus le référent ? Quelles nouvelles approches philosophiques ou politiques en tirent-ils ? Quels liens entretiennent-ils avec les artistes catholiques, comme Julien Green en leurs œuvres ? En quoi la situation française se distingue-t-elle ou non de celle d'autres pays européens ? » (p. 7-8).

Un éventail immense. Le *Poverello* qui parle avec les animaux et qui se comporte en écologiste ante litteram a une présence énorme aux XXe et XXIe siècles.

On comprend comment fonctionne la mémoire collective. La vérité historique est moins importante que la vérité spirituelle de la fiction.

Un livre à lire, pour méditer sur les problèmes de notre temps, très utile pour l'analyse de tant d'artistes et d'écrivains.

Mario SELVAGGIO
Université de Cagliari

*
* *

Fiona MᴄMᴀʜᴏɴ, Giuseppe Sᴀɴɢɪʀᴀʀᴅɪ, Brigitte Dᴇɴᴋᴇʀ-Bᴇʀᴋᴏꜰꜰ, Cécile Iɢʟᴇsɪᴀɪs, sous la direction de, *Penser le genre en poésie contemporaine*, Paris, Classiques Garnier, « Rencontres », 2019, 342 p.

Ce livre se constitue des actes du colloque « Penser le genre en poésie contemporaine », organisé les 15 et 16 mars 2012 à l'Université de Bourgogne - Franche Comté.

Les auteurs posent un problème crucial de notre temps : la notion de genre a-t-elle encore une valeur ? Peut-on encore l'appliquer dans la recherche et dans l'enseignement scolaire et universitaire ?

Qu'est devenue la poésie, texte fixe comme genre de la nuit des temps au tout début du xxᵉ siècle ? On la nomme encore poésie, mais est-ce toujours de la poésie ?

On pose désormais avec force quelles sont les frontières de la poésie, et comment la reconnaître. Peut-on encore parler de lyrisme ?

Y a-t-il d'autres paradigmes pour définir la poésie ? La théorie littéraire a-t-elle encore un sens ?

Cela fait émerger l'importance cruciale de ce livre collectif. Des poètes européens et anglo-américains confrontent leurs réflexions, aussi avec un volet de poèmes inédits en clôture de toute la recherche, pour conclure que la poésie ne peut qu'être liberté, de formes et de thèmes.

La tradition universitaire des genres reste inattaquable, grâce à une résistance profonde, et toutefois la question *genre* commence à prendre d'autres chemins. La tradition esthétique moderne, à partir du romantisme prend d'autres voies.

Face à des filiations hybrides, nous disent les auteurs de ce volume, on peut remarquer des points de convergence, et des lignées centrales.

La linguistique joue son rôle – surtout celle de Roman Jakobson. Le savoir générique de Castelvetro et de Nicolas Boileau, qui a résisté des siècles, a pris d'autres routes, celles du rêve et de la liberté. Le code est désormais celui de la transgression et pas de la forme fixe. On est face à une nouvelle « généricité ».

La structuration du livre est à rappeler, pour aller au-delà de cette recherche : La poésie comme genre, Les genres en poésie, Poème court et poème long, Transferts et interférences, Anthologie des poètes. Ce livre prouve que le « genre » poésie se porte bien, grâce à la créativité des poètes et à leur sens du rêve.

Mario SELVAGGIO

*

*   *

Lino ANGIULI, *Addizioni*, con un saggio di Daniele Maria Pegorari, Nino Aragno Editore, 67 p.

Opera multiforme e in certo modo sperimentale, dedicata «all'anima infuocata di Giordanobruno», *Addizioni* conferma il piglio giullaresco (*à la* Palazzeschi, per intenderci, ma con punti di espressionismo brechtiano e nominalismo anglosassone) di Lino Angiuli, la cui *ruse* principale – come sottolinea Daniele Pegorari nella densa postfazione – nasconde la «tendenza sempre più marcata alla costruzione del libro secondo principi formali e tematici che esaltino l'aspetto intenzionale, progettuale, quasi ingegneristico» (p. 135). La silloge è divisa in nove sezioni numericamente crescenti (*Un poemetto chiaro e tondo, Due confonie, Tre santini fattincasa, Quattro quarti di luna, Cinque utpicturapoesis, Sei per quattro di questo e di quello, Sette piaceri capitali, Tot affetti personali, Bancarella dell'usato*) con una nota dell'autore, *Parola di cappero*, che evidenzia per mezzo di un linguaggio burlesco il vigore spietatamente antiantropocentrico e antiegologico della poesia di Angiuli, un'«ecosofia in cui "Vegetalesimo" e cristianesimo popolare si coniugano con persuasiva leggerezza alla tradizione del marxismo» (*ibidem*, p. 152). Tuttavia, l'elisione dell'io nel poeta barese non coincide tanto con la povertà epistemologica jaccottetiana — si ricordi l'*ignorant* di una celebre lirica dell'autore svizzero —, quanto con l'idea di un arioso «non dire la sua», ossia di «ammettere nella poesia sguardi e sensibilità che non gli appartengono, come costringendosi a farsi attraversare da altre esperienze» (*ibidem*, p. 155). Il filtro dell'alterità, dell'indossare cechovianamente panni altrui, è legato al *fil rouge* — o meglio, *vert* — della concrezione numerica, struttura inscardinabile di dantesche figurazioni algebriche, battenti ossessioni di genetliaci e anniversarî (con particolare predilezione per il 6). A tali elementi si aggancia la preoccupazione di una «ver(d)ità», sempre in vista dell'addio alle *humanae quaestiones* per grazia fonematica: «Allora, ciao Umanesimo, cerca di farti un po' più in là e di passare dall'ego all'eco grazie a una sola consonante» (p. 132). È proprio la *viriditas* — sorta di «umanesimo vegetale» — una qualità che induce Angiuli a liberare l'estro di un dettame in nessun modo costretto a coercizione sintattica, capace di svirgolate e *lapsus* autoprodotti, paronomasie, allitterazioni, bisticci verbali, commistioni di linguaggio aulico, giornalistico, parlato e tuffi nel dialetto.

A cosa allude esattamente il titolo, *Addizioni?* Pegorari nota come questo rimandi «al bisogno di tornare alla logica dei numeri come autoeducazione alla progressività, allo sviluppo di un ragionamento che dura quanto la vita e che procrastina il bilancio consuntivo, perché esso (come per Pasolini nella metafora del montaggio filmico) si addice alla morte» (p. 142). La prima sezione, *Un poemetto chiaro e tondo*, è occupata da una lirica in ventiquattro strofe di sei versi ciascuna, con una coda finale che tira le fila del discorso. La dedica è rivolta a Raymond Queneau.

> Inciampando tra le ultime rovine di metaponto
> è caduto a terra il sogno equilatero di pitagora
> gli si è slogata l'ipotenusa e scassato un cateto
> tra 1 lunghissimo carrello di antipasti e 2 primi
> 2 secondi 1 dolce più frutta 1 caffè con l'amaro
> per festeggiare la testa vuota della pancia piena
> (p. 9)

Sin dall'incipit del poemetto è evidente l'intenzionalità geometrico-sarcastica: «pitagora» (sintomaticamente in minuscolo), «l'ipotenusa» e «un cateto», numeri espressi in cifre. L'impasto formale di questo *exercise de style* mantiene un tono di surrealismo («la tabellina non conta più pianeti né lune», *ibidem*), mentre nel prosieguo il linguaggio assume un andamento plurifunzionale facendo scintille nella commistione tra gergo ecclesiastico, dialettale-italianizzato e anglofono-pubblicitario — trascritto secondo pronuncia per aumentare l'effetto parodico — anche in un solo verso («o per accattare indulgenze plenarie ollìnclusiv», *ibidem*).

Le *Due confonie* sono attraversate da un diffuso sottofondo musicale che ricorda un celebre mottetto montaliano ma invertendone il messaggio in senso paradossale, e che personifica le note in modo tale che «un *si* scasato a primora dal pentagramma assaggia *la si*lente melodia del niente» o il *fa* «*fa la* luce di settembre» (p. 25). *Tre santini fattincasa*, terza sezione, riprende una modulazione lirica più regolare (quattro quartine costituite di novenari con schema di rime ABAB CDCD...), modificata però sempre secondo un disegno trilussiano di ironia sacra, di cristianesimo «laico e creaturale» (Pegorari, p. 143).

> Io me ne vado presto a letto
> dentro la capa un pensierino
> per agguantare un po' d'affetto
> mi devo fingere bambino
>
> chiudendo gli occhi si può fare
> — sta cosa mica è senza affanni —
> devo provare a smascherare
> il cuore ammaccato dagli anni
>
> madonnamia santamaria
> e dai fammi mezza carezza
> non grazia contro malattia
> nemmanco una quasi certezza
>
> ma solo il fiato di una mano
> poggiata bene sulla testa
> si riempie il cuore sanosano
> così la notte fa la festa.
> (p. 32)

La devozione alla Vergine è intrisa di una relazione fanciullesca e simpaticamente spavalda da parte del poeta che chiede un conforto nella notte della malattia, nel segno di Ripellino e della «buffoneria del dolore». Le quattro sezioni successive (*Quattro quarti di luna, Cinque utpicturapoesis, Sei per quattro di questo e di quello, Sette piaceri capitali*), centrali per la comprensione della silloge, volgono verso la prosa con versi

lunghi e ordinati e, ancora, con un deciso impulso per le proporzioni e
le squadrature. «C'è un altro elemento — scrive Pegorari —, che agisce
a livello tipografico e non metrico, che mi risulta essere stato utiliz-
zato da Angiuli la prima volta nell'*Appello della mano*, e consiste nella
consuetudine sempre più sistematica di impaginare le strofe (quando
non si tratti di versi isosillabici) come fossero dei rettangoli perfetti: i
versi, di misura prossima, ma non identica, vengono parificati tramite
una giustificazione della riga, sicché quello che non è omometrico per
l'orecchio lo diviene per l'occhio» (p. 145-146). Valga per tutte *Mi piace
troppo ritrovare a casa o per la strada* che fa ampio utilizzo del suffisso
-lino come *sphragis* ripetuto in maniera martellante e nascosto nelle
catene sillabiche:

> [...] un nome fatto di due consonanti e due vocali
> un nome proprio che passa per dublino berlino
> attraversa il cremlino e giunge nei paraggi di
> una terra fascinosa qual è quella di merlino
> dove poter dire al mondo forteforte ecce lino.
> (p. 65)

In *Tot affetti personali* campeggia la figura di William Shakespeare
con alcuni componimenti (*Amleto innamorato, La canzone di Romeo, Il
canto di Giulietta* e le traduzioni in dialetto di due sonetti, 22 e 55) che
dal bardo ereditano una latente critica sociale mista a una tensione di
stile indirizzata al sublime, questa volta senza alcun intento farsesco:

> Mi prese un sogno alle spalle a mano disarmata
> portava scritte in fronte le iniziali del tuo nome
> teneva in corpo un abbraccio da diciotto carati
> quando le parole entravano dal lato della notte
> per mettersi dolcemente a cavalcioni sul petto
> proprio sotto il miracolo dell'ombra di un noce
> dissi non avrò altro maggio fuorché la tua voce.
> (p. 79)

L'ampio soliloquio sulla morte, le virtù dell'umanesimo vegetale,
nuovi *calembours*, luoghi topici della Puglia (Marzagaglia, Punta Meliso),
antichi riti gaelici (*Lughnasadh*) sino alle Murge e alla conclusiva *Cartolina
dal monte dell'alba*: il discorso di Angiuli nell'ultima parte si amplia
oltre il gioco dei rimandi e la *clownerie* letteraria per entrare in una

dimensione crepuscolare di fitto dialogo, in una delicata penombra di
«bilanci sentimentali» (Pegorari, p. 158) nel ricordo della moglie Tina,
scomparsa il 27 dicembre 2017. Anche lei si nasconde nelle associazioni
fonetiche e nelle code delle parole divenendo *senhal* («piantina») che
resiste ai tentativi di devastazione causati dal tempo e dalla malattia.
La poesia degli affetti è così una risorsa ineguagliabile contro le pro-
fanazioni e i segni della sofferenza, proprio nel punto in cui «il dolore
già compie inedite rime con un amore/ buono a trainare un carretto di
carezze intere/ da versare nel pozzo sfondato di lacrime nuove» (*Pianto
per Tina = Piantina*, p. 80).

> Cosìccome non potevo sapere che si muore da vivi
> e si vive da morti restando immobili a occhi chiusi
> tra le tavole del sonno pieno inchiodate apposta
> per stipare quella minuscola eternità degli umani
> che sa ricambiare un dolore con un regalo e che
> sente di perdere tutto senza perdere un bel niente
> perché basta solo un colore a spalancare una storia
> come basta soltanto un rumore a dirmi che ci sei:
> col miracolo della cenere non c'è morte che tenga.
> (p. 81)

Qui, in questi *Appunti per un epitaffio*, come nell'*Anguilla* di Montale
(«la scintilla che dice/ tutto comincia quando tutto pare/ incarbonirsi»),
la resurrezione della vita nasce dal suo opposto, la «cenere», e la donna
che effigia al contempo il massimo potenziale del *dictum* poetico, la
Poesia stessa, risorge dalle sue spoglie al modo dell'araba fenice. Anzi,
il «miracolo della cenere» diviene la somma possibilità di presenza
dell'invisibile, di tangibilità dell'intoccabile, la «radice del mondo»
(*Giaculatoria di Lancillotto*, p. 83) al di là — direbbe Caproni — dei
«càrdini della morte», segno veritiero di un'oltranza da conseguire
dove sono raccolti tutti i trapassati amati, le persone che hanno lasciato
una traccia nella vita del poeta. Il brano che chiude la silloge, la già
citata *Cartolina dal monte dell'alba*, esprime questo eterno lasciare-an-
dare dell'interrogativo intorno alla natura della morte, serbando un
filo di speranza nell'immagine di un perenne rinnovarsi dell'aurora:
«Tante domande di creta rimaste aperte e/ lasciate seccare al sole
con i pomodori/ che accerchiano il coro di tegole anziane/ seminate
a spaglio sopra il monte dell'alba/ o affacciate alla valle della nostra

sorte/ quasi sempre incompiuta a metà/ come un crepuscolo appeso
all'infinito» (p. 126).

Alberto FRACCACRETA
Università di Urbino Carlo Bo

*
* *

Amedeo ANELLI, *L'alphabet du monde*, traduction en français d'Irène
Dubœuf, Paris, Éditions du Cygne 2020, 54 p.

La situazione della poesia nel nuovo millennio è particolare, procu-
rata dalla assenza di poetiche "impegnate" o militanti, e non perché
manchino problemi e occasioni da capire o tradurre in una cornice
poeticamente adatta a recepire quanto avviene nel mondo, nella società,
nella cornice ambientale, singolare e collettiva, da rifletterne il muta-
mento e dare spazio in versi ai dubbi, alle idee, alla costruzione di
apporti e a nuove visioni. L'impressione, parliamo in generale, è difficile da rubricare anche perché è difficile, col disimpegno della critica,
considerare qualità e importanza letteraria circolante. Ognuno cerca
di fare storia a sé. Ed è forse qui che andrebbe cercata la frattura
epocale della poesia, ridotta a "casi singoli", da farle perdere la sua
forza di persuasione.

L'Alphabet du monde oltre essere il nuovo titolo del libro di poesie
di Amedeo Anelli pubblicato dalle *Edition du Cygne* (Parigi, giugno,
2020, € 10), inseriscono l'autore lodigiano in una "collection" di scrittori
spagnoli, colombiani, irakeni, brasiliani, islandesi, canadesi, messicani,
statunitensi ecc. Non un generico mondo di poetanti, ma una selezione
di autori attenti alle insidie che vengono da certe banalità sentimentali
o dall'inventare un linguaggio che già c'è (da tempo).

Quella portata a compimento da Irène Dubœuf è la seconda traduzione in francese della poesia di Anelli. Fa seguito a *Neige pensée*, pubblicato dalle edizioni Ticinum qualche mese fa con in copertina un'opera di Gino Gini, autore ben noto ai lodigiani, mentre la nuova "couverture" – *Virus musical n.35* – è stata creata da sua moglie Fernanda Fedi, due apporti che si coniugano perfettamente con la costruzione poetica del direttore di Kamen'.

Poeta e critica letteraria la Dubœuf oltre al avere tradotto Amedeo Anelli, ha fatto conoscere ai francesi altri poeti italiani, noti ai lodigiani: l'estroverso Luigi Carotenuto (uno che legge e scrive per "sopportare la vita"), la dolente, nel linguaggio, Margherita Rimi (presentata da Oldani nella collana di poesia di Mursia, poeta originale che rielabora il linguaggio dei minori espressione di esperienze traumatiche), Massimo Silvotti (poeta piacentino, creatore del Piccolo Museo della Poesia) ha premesso alle cinquanta paginette di versi raccolti ne *L'Alphabet du monde*, suddivisi in due sezioni – *Contrapunctus*, diciotto testi in omaggio all'arte della fuga di Jean Sébastien Bach, già usciti per LietoColle una decina di anni fa e *L'Alphabet*, una quindicina di dedicazioni a conoscenti (Rimi, Cesari, Mazzon, Fedi, Gini, Conti, Angiuli, gli Amici lodigiani) e al fratello Guido defunto, che conferiscono una curvatura di affetti e simpatie ai versi del codognese.

Il fresco volume mette di nuovo in luce le qualità della Dubœuf traduttrice, attenta nell' essere *"la plus proche possibile"* all'autore, alle strutture della sua scrittura e fedele nel restituire *"la tonalità et la dimension rythmique"*.

Preposizioni quali la natura, le stagioni, la terra, il futuro creano un confronto con l'uomo, la vita, il presente e il passato, garantendo rapide illuminazioni che proiettano il dialogo oltre le percezioni autobiografiche. La Dubœuf interpreta tutto in modo convincente, acuto e sottile, ne interpreta con freschezza e convinzione la tradizione e la filosofia. Il suo è sostanzialmente un invito alla buona lettura e a collezionare l'opera.

Aldo CASERINI
Critique

RÉSUMÉS/*ABSTRACTS*

Antonio RODRIGUEZ, « Vers une Europe de la poésie. Des nations littéraires aux réseaux transnationaux des agglomérations »

Les organisations de la poésie en Europe ont pris appui sur trois modèles distincts dans les dernières décennies : 1. La reproduction des « nations littéraires » dans les régions 2. Le passage de la « démocratisation culturelle » à la représentation de la « diversité » 3. La densification des échanges entre des territoires « créatifs ». À partir d'une sociologie des réseaux, nous pouvons voir comment ces modes et les motivations des acteurs concrétisent une approche continentale de la poésie.

Mots-clés : Politiques culturelles, littérature nationale, littérature régionale, reconnaissance, industrie littéraire.

Antonio RODRIGUEZ, *"Toward a Europe of poetry. From literary nations to transnational networks of agglomerations"*

Poetry organisation modes in Europe have relied on three distinct models in recent decades: 1. The reproduction of "literary nations" in regions 2. The shift from "cultural democratisation" to the representation of "diversity" 3. The densification of exchanges between "creative" territories. Based on a sociology of networks, we can observe how these modes and the actors' motivations realise a continental approach of poetry.

Keywords: Cultural policies, national literature, regional literature, recognition, literary industry.

Jean BALSAMO, « Le poète et le peintre. Note sur un "lieu" de la poésie amoureuse, de Pétrarque à Gaspara Stampa »

Les sonnets de Pétrarque consacrés au portrait de Laure peint par Simone Martini (*Rvf* 77 et 78) sont à l'origine d'un « lieu » de la poésie amoureuse qui a connu un certain succès au XVIᵉ siècle : l'invocation du peintre. Cette figure justifie la description des beautés de la dame aimée sur le mode de la surenchère, et elle donne lieu à une comparaison avec le peintre, pour valoriser le poète-amoureux.

Mots-clés : Beauté, lyrisme amoureux, portrait, lieux rhétoriques, variation, paragone, Simone Martini, Vasari.

Jean BALSAMO, *"The poet and the painter. A note on a 'topic' of love poetry, from Petrarch to Gaspara Stampa"*

The two sonnets Petrarch dedicated to Laura's portrait painted by Simone Martini (Rvf 77-78) were the ground on which was based a successful topic in the XVIth love-poetry: the invocation of the painter's name. Such a figure introduces the description of the loved lady's beauties, and, by the paragone with the painter, it emphasizes the poet as a lover, able to express the divine essence of beauty.

Keywords: Beauty, love lyricism, portrait, rhetorical places, variation, paragone, Simone Martini, Vasari.

Pedro BAÑOS GALLEGO, « Prose poétique et poème en prose. Une tentative pour éclaircir le chaos terminologique »

Prose poétique, poème en prose : deux concepts entremêlés mais utilisés de manière indistincte pour faire référence à des typologies textuelles assez différentes, même opposées. Dans cet article nous voulons poser une ligne de démarcation entre les deux notions, toujours sur la base des critères génériques du poème en prose fournis par Suzanne Bernard (1959) dans son ouvrage de référence, *Le poème en prose de Baudelaire jusqu'à nos jours*.

Mots-clés : Poème en prose, prose poétique, théorie des genres, narrative, littérature du XIXᵉ siècle.

Pedro BAÑOS GALLEGO, *"Poetic prose and prose poetry. An attempt to clear up the terminological confusion"*

Poetic prose, prose poem: two concepts intertwined but used indistinctly to refer to quite different, even opposite, textual typologies. In this article we want to draw a line of demarcation between the two notions, always on the basis of the generic criteria of the prose poem provided by Suzanne Bernard (1959) in his reference work Le poème en prose de Baudelaire jusqu'à nos jours.

Keywords: Poem in prose, poetic prose, genre theory, narrative, 19th century literature.

Bernard FRANCO, « Rimbaud et Trakl. Pour une symbolique des couleurs »

Chez Trakl comme chez Rimbaud, la symbolique des couleurs, qui s'exprime en particulier à travers le mythe d'Ophélie et la signification prêtée au bleu, devient le socle d'une poésie synesthésique.
Mots-clés : Trakl, Rimbaud, symbolique des couleurs, bleu, synesthésie.

Bernard FRANCO, *"Rimbaud and Trakl. Toward a symbolism of colors"*

In Trakl's as in Rimbaud's poetry, the symbolism of colors, which is expressed in particular through the myth of Ophelia and the meaning attributed to blue, becomes the basis of synaesthetic poetry.
Keywords: Trakl, Rimbaud, symbolism of colors, blue, synesthesia.

René CORONA, « Poètes enchanteurs. Tristan Klingsor et Maurice Fombeure »

Il existe dans la poésie française tout une famille de poètes liés aux vieilles traditions des provinces françaises et surtout appartenant à ce que l'on nomme : la fantaisie. Nous parlerons de deux poètes : Tristan Klingsor et Maurice Fombeure.
Mots-clés : Magie, poésie, enchanteurs, fantaisie, musicalité.

René CORONA, *"Enchanting poets. Tristan Klingsor and Maurice Fombeure"*

There is a whole family of poets in French poetry linked to the old traditions of the French provinces and above all belonging to the so-called fantasy. we will talk of two poets: Tristan Klingsor and Maurice Fombeure.
Keywords: Magic, Poetry, Enchanting, Fantasy, Musicality.

Frédéric-Gaël THEURIAU, « Résonance du génie intuitif de Rimbaud sur le rôle médical des couleurs »

Bien des aspects de la poésie rimbaldienne demeurent obscures et complexes. L'une des clefs de compréhension est la prise en compte de la dimension intuitive de sa démarche créative. Son étude permet non seulement de révéler le niveau symbolique des couleurs mais aussi leur rôle médical pressenti par le poète.
Mots-clés : Couleur, intuition, médecine, poésie, Rimbaud.

Frédéric-Gaël THEURIAU, *"The resonance of Rimbaud's intuitive genius on the role of colors in medicine"*

Many aspects of rimbaldian poetry remain obscure and complex. One of the keys to understand it is to take into account the intuitive dimension of its creative approach. The study of it does not only reveal the symbolic level of colors but also their medical role predicted by the poet.
Keywords: Color, intuition, medicine, poetry, Rimbaud.

Michel AROUIMI, « Rimbaud sur les traces des Juifs errants »

La mention des « Autels de Salomon », dans le poème *Faim*, révèle la curiosité de l'auteur d'*Une saison en enfer* pour le Premier Livre des Rois dans l'Ancien Testament. Dans ce court poème, cette référence à Salomon contrebalance la mention des « vieilles pierres d'églises ». Malgré ce syncrétisme, la plupart des motifs de ce poème apparaissent comme autant de reflets altérés des motifs-clefs des versets relatant la construction du Temple et du palais de Salomon.
Mots-clés : Faim de Rimbaud, Bible, Livre des Rois, Salomon, sacrifice.

Michel AROUIMI, *"Rimbaud on the traces of Wandering Jews"*

An allusion to the Altars of Salomon, in the poem Faim, in Une saison en enfer, reveals the interest of Rimbaud for the First Book of Kings, in the Hebrew Bible. In this short poem, this allusion to Solomon counterbalances the mention of the stones of old churches. Despite this syncretism, most of details in this poem seem to echo various verses in the Book of King, concerning the building of the Temple and the palace or Solomon.
Keywords: Hunger of Rimbaud, Bible, Book of Kings, Solomon, Sacrifice.

Pierre BRUNEL, « Sur un poème de Germain Nouveau. Les trois épingles »

Un élégant ou un académicien peut être, comme on dit en français, « tiré à quatre épingles ». Germain Nouveau (1851-1920), qui ne fut ni l'un ni l'autre, et publiait souvent sous le nom d'Humilis, ou écrit quand il était jeune un plaisant poème où il dote Paul (Verlaine) d'une épingle d'ivoire – lisse comme son crâne chauve –, (Ernest) Delahaye, l'ami de Rimbaud d'une épingle à « tête d'or » et lui-même d'une « humble épingle à tête d'ébène », noire comme ses cheveux et sa conception de la vie.
Mots-clés : Germain Nouveau, Paul Verlaine, Ernest Delahaye, conception de la vie.

Pierre BRUNEL, *"On a poem by Germain Nouveau. 'Les trois épingles'"*

An elegant or an academician can be, as we say in French, « tiré à quatre épingles » [« dressed to the nines »]. Germain Nouveau (1851-1920), who was published under the name of Humilis, wrote when he was young a pleasant poem in which he endowed Paul (Verlaine) with a « pin ivory » – smooth as his bald head –, (Ernest) Delahaye, Rimbaud's friend of a « gold-headed » pin and himself a "humble ebony hairpin", black as his hair and his conception of life.
Keywords: Germain Nouveau, Paul Verlaine, Ernest Delahaye, life conception.

Michel AROUIMI, « Les dédicaces à Baudelaire dans les poèmes de Damien Dickès »

Damien Dickès est un jeune poète français, mort à dix-huit ans, en 1997. Juste après sa mort est paru son recueil de poèmes *Florilège* (1997), grandement inspiré par le dogme chrétien, même si plusieurs de ses poèmes expriment ses déceptions amicales ou amoureuses. Certains de ses poèmes sont dédiés à Baudelaire. Damien semble en fait donner une leçon à Baudelaire, qui s'accorde bien des libertés avec le sacré.
Mots-clés : Damien Dickès, Rimbaud, imitation littéraire, mysticisme, christianisme.

Michel AROUIMI, *"Dedications to Baudelaire in the poetry of Damien Dickès"*

Damien Dickès is a young french poet, died at 18 years old, in 1997. Just after his death was published his book of poetry Florilège *(1997), highly inspired by the Christian religion, even if many poems of Damien concern his sad felling about disappointing friendship or love. Some of his poems are dedicated to Baudelaire. Damien seems in fact to give a sort of lesson to Baudelaire, concerning his ambiguous game with the sacred.*
Keywords: Damien Dickès, Rimbaud, literary imitation, mysticism, Christianity.

Seiji MARUKAWA, « Nuit, cygne, mélancolie. Michel-Ange, Baudelaire »

L'article prend pour point de départ la remarque ancienne d'E. Wind qui a émis l'hypothèse que Baudelaire, évoquant *La nuit* de Michel-Ange dans le sonnet *L'Idéal*, pensait aussi à *Léda et le cygne* de l'artiste. Cette supposition permet de dégager des *correspondances* entre les deux créateurs mélancoliques préférant tous deux l'*inversio* (allégorie et antiphrase). Entre l'extase de *Léda* et la léthargie de *La nuit* peut intervenir le motif du cygne si riche en valeurs symboliques.

Mots-clés : Mélancolie, allégorie, cygne, Baudelaire, Michel-Ange.

Seiji MARUKAWA, *"Night, Swan, Melancholy. Michelangelo and Baudelaire"*

This article takes the ancient remark by E. Wind, who conjectured that Baudelaire, evoking Michelangelo's sculpture, The Night, *in his sonnet* The Ideal, *was also thinking of another work by the artist,* Leda and the Swan, *as its starting point. This assumption allows us to see the* correspondences *between these two melancholic artistes, both inclined to the* inversio. *Between* Leda's ecstasy *and* The Night's *lethargy can come the motif of the swan, so rich in symbolic values.*

Keywords: Melancholy, allegory, Swan, Baudelaire, Michelangelo.

Encarnación MEDINA ARJONA, « Vampire et combat du poète. Textes réfléchissants : *Le Vampire dans la poésie française* de Giovanni Dotoli et Mario Selvaggio »

Giovanni Dotoli et Mario Selvaggio, dans leur anthologie *Le Vampire dans la poésie française*, explorent les modulations du thème dans la poésie française. En effet, le vampire est une figure de l'altérité. Comment expliquer cette présence constante par tous les temps ? Il s'agit de choisir un chemin d'écriture dans le sublime de l'obscurité, comme Baudelaire. Le poète est mort et vivant. Il est un revenant. Il est un spectre par le monde, victime de l'ennui éternel, du Temps qui passe.

Mots-clés : Vampire, poésie, Giovanni Dotoli, Mario Selvaggio, sublime.

Encarnación MEDINA ARJONA, *"The vampire and the poet's struggle. Reflective texts:* Le Vampire dans la poésie française *by Giovanni Dotoli and Mario Selvaggio"*

Giovanni Dotoli and Mario Selvaggio, in their anthology Le Vampire dans la poésie française, *explore the modulations of the theme in French poetry. Indeed, the vampire is a figure of otherness. How to explain this constant presence in all times? It is a matter of choosing a path of writing in the sublime darkness, like Baudelaire. The poet is dead and alive. He is a ghost. He is a specter through the world, a victim of eternal boredom, of passing Time.*

Keywords: Vampire, poetry, Giovanni Dotoli, Mario Selvaggio, sublime.

Pierre BRUNEL, « De l'angoisse à l'espoir. Le Chant des Sirènes »

Il pouvait paraître inattendu de réunir Palsson, poète islandais très attaché à la France et Mikaël Hautchamp, dont l'œuvre poétique, profonde et originale, mérite d'être mise en lumière. Ils sont réunis dans cet article sous le signe des Sirènes, non pas des sirènes-poissons mais des sirènes-oiseaux telles qu'elles apparaissent dans l'*Odyssée*. De *Sentiers de poésie* (1982) de Palsson au *Vol des oiseaux filles* (2019) d'Hautchamp, c'est le mythe premier qui se trouve représenté.
Mots-clés : Palsson, Mikaël Hautchamp, Sirènes, danse, chant.

Pierre BRUNEL, *"From anxiety to hope. The Song of the Sirens"*

It might seem unexpected to bring together Palsson, an Icelandic poet very attached to France and Mikaël Hautchamp, whose poetic, deep and original work deserves to be highlighted. They are united in this article under the sign of Sirens, not sirens-fishes but sirens-birds as they appear in the Odysseus. *From Palsson's* Sentiers de poésie *(1982) to Hautchamp's* Vol des oiseaux filles *(2019), it is the first myth that is represented.*
Keywords: Palsson, Mikaël Hautchamp, Sirens, dance, song.

Michèle DUCLOS, « D'un poète à l'autre. La plénitude du temps poétique »

Dans ce poème-lettre, dans le train qui les emmène au Festival de poésie à Spolète, Charles Tomlinson aborde le thème majeur du poète mexicain, la nature du Temps, pour le poète mexicain cyclique et intemporel, donc jouissif comme aussi dans les mythes hindous. D'abord dubitatif et adepte d'un temps scientifique linéaire, le Britannique se laisse finalement convaincre au hasard d'un détour de leur wagon, qui livre simultanément en un éclair présent et futur immédiat.
Mots-clés : Temps poétique, érotisme, hindouisme, Mexique, Paz, Tomlinson.

Michèle DUCLOS, *"From one poet to another. The abundance of poetic time"*

This first of a long exchange of poems-letters between British poet Charles Tomlinson and his friend Octavio Paz proves an opportunity to approach the Mexican poet's major theme of the nature of Time as a cyclical and extra temporal approach to be enjoyed as in Hindu myths. On the train to the festival of poetry of Spolete, as their carriage jostles, this approach is made good as they catch sight briefly of the town close by waiting for them and in a flash the present and the immediate future coincide.
Keywords: Poetic time, eroticism, Hinduism, Mexico, Paz, Tomlinson.

Nicolas GRENIER, « Propos d'un poète au XXIᵉ siècle »

Aussi vieille que l'histoire de l'humanité, la poésie est vivante au XXIᵉ siècle. Le poète, aujourd'hui, se retrouve face au trésor de la poésie mondiale qui s'est construit depuis l'Antiquité. Dans la mondialisation, portée par les valeurs de la démocratie, tout le monde serait poète. Comment les poètes écrivent-ils leurs poèmes ? Quel est l'avenir pour la poésie dans ce troisième millénaire ?

Mots-clés : Poésie française, poème contemporain, poésie, bibliothèque, art poétique, mondialisation.

Nicolas GRENIER, *"Remarks of a twenty-first-century poet"*

Poetry is as old as the history of mankind, but it is alive in the 21ˢᵗ century. The poet is alone in the face of the treasure of world poetry that has been constructed since Antiquity. In globalization, driven by the values of democracy, everyone would be a poet. How do poets write their poems? What is the future for poetry in this third millennium?

Keywords: French poetry, contemporary poem, poetry, library, poetic art, globalization.

Armelle LECLERCQ, « Au petit bonheur la poésie contemporaine (années 2000). Christophe Lamiot Enos, Valérie Rouzeau, Stéphane Bouquet et Sophie Loizeau »

De la poésie actuelle se dégage une certaine idée du bonheur. Bonheur touristique, des vacances, des voyages chez Christophe Lamiot Enos, bonheur journalier (quand il est présent…) chez Valérie Rouzeau, d'une dispersion dans la foule chez Stéphane Bouquet, du corps féminin et de son insertion dans la nature chez Sophie Loizeau. À partir de ces quatre auteurs, l'on étudiera la façon dont la poésie contemporaine la plus actuelle, celle des années 2000, envisage les « instants parfaits ».

Mots-clés : Au petit bonheur la poésie contemporaine (années 2000), Christophe Lamiot Enos, Valérie Rouzeau, Stéphane Bouquet, Sophie Loizeau.

Armelle LECLERCQ, *"The everyday joy of contemporary poetry (2000s). Christophe Lamiot Enos, Valérie Rouzeau, Stéphane Bouquet, and Sophie Loizeau"*

A certain notion of happiness emanates from contemporary French poetry. Touristic happiness, in the poems of Christophe Lamiot Enos; everyday joy (when it exists…) in Valérie Rouzeau's work; an outpouring of happiness, dispersing oneself in the crowd, according to Stéphane Bouquet; enjoying one's female body and its contact with nature in Sophie Loizeau's poetry. This study explores the role of so-called perfect moments in French contemporary poetry from the 2000s.

Keywords: *Randomly contemporary poetry (2000s), Christophe Lamiot Enos, Valérie Rouzeau, Stéphane Bouquet, Sophie Loizeau.*

Genara PULIDO TIRADO, «Elena Martín Vivaldi. La esperanza como materia poética»

Elena Martín Vivaldi est née en 1907 : une femme en avance sur son temps. À vocation romantique et classiciste, son œuvre poétique a un caractère personnel marqué dans lequel, après les pertes sociales et intellectuelles subies par les femmes pendant la guerre civile espagnole et dans l'immédiat après-guerre, Martín Vivaldi revendique une écriture qui rend compte de ce que c'est que d'être une femme à son époque.

Mots-clés : Poésie, poésie espagnole, poésie féminine, Elena Martín Vivaldi, guerre civile espagnole.

Genara PULIDO TIRADO, "*Elena Martín Vivaldi. Hope as poetic material*"

Elena Martín Vivaldi is born in 1907: A woman ahead of her time. A romantic vocation, as well as a classicist, his poetic work has a marked personal character in which, after the social and intellectual losses suffered by women in the Spanish Civil War and in the immediate post-war period, Martín Vivaldi claims a writing that gives an account of what it is to be a woman in her time.

Keywords: *Poetry, Spanish poetry, female poetry, Elena Martín Vivaldi, Spanish Civil War.*

Achevé d'imprimer par Corlet Numéric,
Z.A. Charles Tellier, Condé-en-Normandie (Calvados), en janvier 2021
N° d'impression : 170141 - dépôt légal : janvier 2021
Imprimé en France

CLASSIQUES GARNIER

Bulletin d'abonnement revue 2021
Revue européenne de recherches sur la poésie
1 numéro par an

M., Mme :

Adresse :

Code postal :   Ville :

Pays :

Téléphone :   Fax :

Courriel :

Prix TTC abonnement France, frais de port inclus		Prix HT abonnement étranger, frais de port inclus	
Particulier	Institution	Particulier	Institution
35 €	44 €	45 €	53 €

Cet abonnement concerne les parutions papier du 1er janvier 2021 au 31 décembre 2021.

Les numéros parus avant le 1er janvier 2021 sont disponibles à l'unité (hors abonnement) sur notre site web.

Modalités de règlement (en euros) :
- Par carte bancaire sur notre site web : www.classiques-garnier.com
- Par virement bancaire sur le compte :
  Banque : Société Générale – BIC : SOGEFRPP
  IBAN : FR 76 3000 3018 7700 0208 3910 870
  RIB : 30003 01877 00020839108 70
- Par chèque à l'ordre de Classiques Garnier

Classiques Garnier
6, rue de la Sorbonne – 75005 Paris – France
Fax : + 33 1 43 54 00 44
Courriel : revues@classiques-garnier.com

mis à jour le 10/09/2020

Abonnez-vous sur notre site web :
www.classiques-garnier.com